KB061903

집안제사 해설

고전예서에 근거한
집안제사 해설

초판 1쇄 인쇄일 2017년 7월 31일
초판 1쇄 발행일 2017년 8월 15일

지은이 이형두
펴낸이 양옥매
디자인 남다희
교 정 임수연

펴낸곳 도서출판 책과나무
출판등록 제2012-000376
주소 서울특별시 마포구 방울내로 79 이노빌딩 302호
대표전화 02.372.1537 **팩스** 02.372.1538
이메일 booknamu2007@naver.com
홈페이지 www.booknamu.com
ISBN 979-11-5776-446-4(03380)

이 도서의 국립중앙도서관 출판시도서목록(CIP)은 서지정보유통지원 시스템
홈페이지(http://seoji.nl.go.kr)와 국가자료공동목록시스템
(http://www.nl.go.kr/kolisnet)에서 이용하실 수 있습니다.
(CIP제어번호 : CIP2017015353)

*저작권법에 의해 보호를 받는 저작물이므로 저자와 출판사의 동의 없이 내용의 일부를
 인용하거나 발췌하는 것을 금합니다.
*파손된 책은 구입처에서 교환해 드립니다.

고전예서에 근거한

집안제사 해설

편저 **이형두**

君子生則敬養死則敬享思終身弗辱也

군자는 살아 계실 때는 공경히 봉양하고
돌아가셨을 때는 공경히 제사 지내어
종신토록 욕되게 하지 않을 것을 생각한다

책과나무

君子生則敬養死則敬享思終身弗辱也

군자는 살아계실 때는 공경히 봉양하고,
돌아가셨을 때는 공경히 제사 지내어
종신토록 욕되게 하지 않을 것을 생각한다.

– 예기禮記

• 제삿날

기일忌日											
날짜	월 일	월 일	월 일	월 일	월 일	월 일	월 일	월 일	월 일	월 일	월 일
묘제墓祭											
날짜	월 일	월 일	월 일	월 일	월 일	월 일	월 일	월 일	월 일	월 일	월 일

『독례통고讀禮通考』에서 구식사瞿式耜가 이르기를,
조선祖先의 기일은 오래되면 잊어버릴까 참으로 염려된다.
이에 마시고 먹는 잔치가 있으면
당연히 선대의 기일을 낱낱이 살펴야 하니,
차례로 새겨 표를 만들어 사당 벽에 게시해서
자손들이 보게 하여 잊지 말도록 하라.

– 가례증해

• 차례

• 머리말

祭祀제사는

『예기禮記』에 '追養繼孝(추양계효)',

돌아가신 뒤에도 봉양하여 효를 이어가는 것이며,

가르침의 근본이라고 하였다.

제례는, 조상에게 보은하는 의식을 통해 가문 구성원으로서 소속감, 동질성과 정체성을 느끼게 하며, 문중의 결속과 번영을 추구하는 필수적인 의례행위이다. 경건한 제사는, 어버이 생시의 순종적 봉양, 슬픔을 다한 장례와 더불어 효자의 기본 도리로 생각되어 왔다. 또한 오랫동안 유교적 양식으로 규범화되어 전승되어 오면서, 다하지 못한 '효'를 계속하여 인륜과 도의를 실천하고, 선조들의 발자취를 되새겨 그 정신을 계승하도록 가르치는 교육의 장이기도 하였다. 제사는 인간이 일방적으로 신에게 복을 구하는 주술적 행위가 아니며, 자손의 정성과 조상의 음덕이 오고가는 우리나라의 대표적인 전통문화로 우리의 삶에 녹아서 계승되어 왔다. 특히 종묘와 종묘제례는 세계유산으로 등록되며 문화적 가치도 인정받았다. 그러나 일상 속에서는 가부장적 문화의 전형으로 인식되면서 양성평등의 장애물로 치부되고 있고, 서구화 과정에서 널리 퍼진 유일신교의 편견과 서구 문화와 종교의 우월감에 맞물려 유교적 가치관에 대한 몰이해, 느슨해진 뿌리의식과 윤리개념 등으로 인해 점차 쇠퇴해 가고 있음을 부인할 수 없다. 그러므로 제사의 의미를 이해하고 있는 각 집안의 어른들이 자손들에게 지속적으로 강론하여 그 중요성을 어릴 때부터 깨닫도록 하고, 주부들의 부담을 줄일 수 있도록 제수의 간소화와 역할 조정에도 관심을 가져야 하겠다.

　돌아가신 조상을 추모하는 데 정성이 가장 중요하지만, 율곡 선생께서 말씀하신 대로 예법을 이해하지 못하면 마침내 문란과 무질서를 면하지 못할 것이다. 그러므로 행례의 뜻과 그 규범을 올바르게 이해하여 절차가 법도에 심하게 어긋나지 않도록 하여야 예로써 조상님을 받들었다고 할 수 있다. 그러나 집안제사는 각 가정마다 대개 어깨너머로 배우기 때문에, 전수되면서 점차 바른 예법에서 멀어지기 쉽다. 그러므로 제례를 해설한 서적을 곁에 두고 자주 바로잡아야 하지만, 활용할만한 자료가 많지 않으며, 고전예서에 근거하여 전통적 예법을 제시하고 있는 것은 찾아보기 어렵다. 저자는 조상 섬김을 중시하였던 집안 분위기 속에서 자랐지만 선고先考께서 떠나신 뒤 행례가 어지러워짐을 느껴 제례에 관한 옛글을 공부하기 시작하였다. 학문적 소양이 모자라 비록 오랜 시간이 필요하였지만, 조선시대에 편찬된 『가례집람』, 『사례편람』, 『가례증해』, 『상변통고』, 『사의』 등 예학을 집대성한 훌륭한 책들을 만날 수 있었고, 또 여러 학자들의 노력으로 만들어진 '한국고전종합DB'를 통해 많은 선유들의 글을 검색할 수 있어서, 일반 가정에서 지내는 제사의 기본적 예법의 대강을 이해할 수 있었다.

얕은 지식이지만 주위의 권유로, 깨우친 내용을 전통제례에 관심이 있는 분들과 나누고자, 책으로 펴내니 부족한 점은 예에 밝은 분들의 가르침을 기다리는 바이다. 다만 전통을 이어 후대에도 집안제사가 계속되도록 하기 위해서는 요즈음의 풍속을 가미하고 적절하게 간소화해야 함을 진실로 느낀다. 그러나 흡족한 답안을 만들 수 없었으니, 예법의 기본을 이해하고 나서 적절히 줄여 행하기를 바란다. 부록으로 '절'에 대해서 『가례집람』과 『우복집』에 근거하여 설명해 놓았으며, 『격몽요결』의 '상제장', '제례장'과 '제의초', 『사례편람』의 '제례', 『사례집의』의 '선조묘제의'를 싣고 한글로 옮겨 예서의 원문을 확인해 볼 수 있도록 하였다.

이 책이 집안제사에 대한 이해를 높여, 뿌리에 보답하고 조상을 추모하는 의식이 예에서 멀리 벗어나지 않도록 하며, 후손에게는 효성과 공경의 마음을 가르치는 데 도움이 되기를 바란다. 끝으로 꼼꼼한 교정과 성심을 다한 조판과 디자인으로 원고에 생기를 불어넣어 준 임수연, 남다희 선생님과 출판을 위해 애써주신 도서출판 '책과나무'의 양옥매 대표님께 감사드린다.

2017년 여름

陜川人 李炯斗 적다

조선朝鮮의 제사는
유일신唯一神 사상에 위반되지 않는다

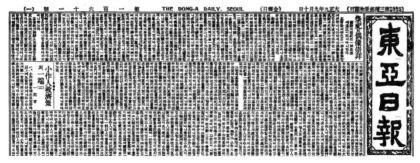

제사祭祀와 우상숭배偶像崇拜 - 1920년 9월 10일 동아일보 사설

고전예서에 근거한 집안제사 해설

기독교의 특색은 유일신을 받들어 모시는 것인데, 바리새의 우상교偶像敎를 배척하는 이유도, 하나님이라는 유일신으로 페르시아의 조로아스터교보다 빼어남도, 두 신에 대한 유일신의 화신으로 그리스의 범신교汎神敎를 능가함도, 유일신의 권능으로 기독교가 세계화된 것도, 유일신을 내세워 모든 미신을 타파하고 유일신의 진리를 드러내어 밝힘에 있다. 그러므로 유일신을 철저히 표명하려는 기독교의 취지에서 보면, 조선의 제사의식이 꼭 맞는다고 말하기 어렵다. 그러나 조선의 제사라 하는 예식의 유래와 그 정신을 생각해 보면 결코 우상을 숭배하는 것도 아니고 여러 신을 종교적으로 믿는 것도 아니다.

조선의 제사는 동양 사상에서 나왔고, 동양 사상은 공자의 학설로 대표된다. 공자는 다신교를 믿지도 우상을 숭배하지도 않았다. 공자 가로되, 제사를 지낼 적에는 있는 것 같이 하며(제여재祭如在), 신께 제사 지낼 적에는 신이 있는 것같이 하라 하시고(제신여신재祭神如在)[01], 또 가로되, 하늘에 죄를 얻으면 빌 곳이 없다고 하시고, 또 가로되, 나의 도道는 하나로 꿰어져 있느니라 하시니, 도가 하나로 꿰어져 있음을 이야기함은 '이理'[02]가 한군데로 돌아감을 논함이며, '이'가 한군데로 돌아감을 말하는 것은 천지자연의 도리가 한결같음을 논함이니 곧 하늘이 하나라 함이고,

---

01) 『논어한글역주』에, 도올 가로되, "예나 지금이나 신은 보이지 않는다. 그러나 신에게 제사 지낼 적에는 마치 신이 그곳에 강림해 나와 같이 있는 것처럼 생각해야만 그 제사의 의미가 있다. 이 신의 존재는 일방적으로 인간에게 강림하는 것이 아니라, 인간이 주체적으로 요청하는 것이다. 신의 존재는 오로지 내가 제사에 주체적으로 참여함으로써만 확보되는 것이다. 신의 궁극적 의미는 나의 감응의 장 속에 있는 것이다."

02) 『한국민족문화대백과』에, 좁은 의미로는 사물의 원리 내지 법칙, 넓은 의미로는 우주의 본체.

죄를 하늘에 지으면 빌 곳이 없다 함은 하늘 이외에는 기원할 곳이 없음을 설명함이다. 그러므로 공자의 하늘과 예수의 하늘은 다르지 않고 동일하다. 하늘을 하나로 믿고 이를 존경하였으니 이로써 공자가 하늘을 신앙하는 일신교인임을 가히 알 것이며, 하늘 이외에는 기원할 곳이 없다 하시니 여러 신을 신앙하지 아니하고 우상을 숭배하지 아니함을 또한 알 것이다.

　결국 선조先祖에게 제사 지내는 예禮를 말하고 자기도 제사를 받들어 모심은 그 정신이 우상을 숭배하는 데서 나온 것이 아니고, 선조의 영혼을 위로하여 편안하게 하고 선조가 존재하였던 사실을 잊지 않으려는 기념의 개념에서 나왔다.

　사람의 영혼이 있음을 인정하면 그 영혼을 위로하는 것이 옳고, 선조가 실제로 존재하였다는 사실을 부인하지 못하면 그 사실을 기념함이 올바르다. 제사를 지냄에 존재하는 것같이 한다는 것은 영혼이 존재함을 말하며, 그 영혼이 제사 지내는 때에 존재함이 신을 제사 지낼 때에 신이 존재함과 같음을 가르치는 것이다. 선조에게 대한 기념의 간절함을 말함이니 곧 영혼의 실재實在를 인식하고 간절한 기념의 슬픈 정을 표하는 정신을 어찌 우상숭배라 하겠는가.

　영혼이 있다는 것은 예수도 믿은 바이므로 영혼을 위로하고 선조를 기념함이 기독교의 취지에 위반되지 않음은 설명할 필요도 없다. 그런데 조선인의 제사하는 예법도 공자교를 믿어 공자의 정신을 익히고 봉행함이니 기독교의 사상에 배치되지 아니하거늘 이를 다신多神이니 우상이니 하며 행하느니 마느니 하는 것이 어찌 옳겠는가. 조선사회에는 공자의 사상과 예수의 사상이 나란히 있으나 나의 관찰로는 그 취지에서는 두 성

　　　　　고전예서에 근거한 집안제사 해설

인聖人 사이에 큰 차이가 없으므로 지엽적 형식 문제로 각각 파벌을 지어 논란하는 것은 옳지 않다고 생각한다.

기독교의 조선 전래는 역사도 서양에만, 문화도 서양에만 있다고 하는 자기 존대 관념이 과도하게 높은 서양인의 전도로 시작되었는데, 때는 지금으로부터 칠십 년 전으로 조선 문화가 극히 타락한 시대였다. 조선의 역사를 읽지 않아서 과거의 문화를 알지 못하는 선교사로서는, 더구나 자기 존중의 선입견을 가지고 난생 처음 보는 조선의 제사예법을 괴이하게 생각하지 않을 수 없었을 것이다. 그러므로 아프리카 등지에 거주하는 야만인종들이 공포와 미신으로 고목에도 절하고 거석에도 절하며 복을 구하는 우상숭배를 항상 문제시해온 선교사들이, 조선의 문화를 인정하지 아니하고 곧이곧대로 제사의 형식만 보고 이를 야만인들이 풍수목석風水木石에 절하는 것과 같이 판단하고 그 신도에게 제사는 우상숭배이니 행하지 말라고 금지하였다.

유교사상에 과도하게 심취하여 다른 종교를 극단적으로 배척하던 조선에서, 지식계급 가운데 선구적으로 기독교를 받아들인 사람이 거의 없었다. 최초로 기독교를 받아들인 사람은 배우지 못한 계급이었는데, 선교사가 조선의 제사는 우상을 숭배함과 같으니 이를 행하지 말라고 가르치니 무지한 신도는 우상이 무엇인지 제사가 무엇인지 알지 못하고 맹목적으로 선교사의 말을 믿어서 제사를 봉행하지 않게 되었다. 이로 인하여 기독교도들은 제사를 행하지 않고 조선의 제사를 일종의 우상숭배로 알게 되었다.

그러므로 기독교가 조선으로 전래되던 초기에 지식인이 선구가 되어 제사의 유래와 정신을 두텁게 설명하여 야만인들이 행하는 우상숭배와 완전히 다름을 논의하였으면 결코 제사가 우상숭배라 하는 생각을 저들이 가지지 아니하였을 것이다. 그런즉 기독교도는 전의 잘못을 깨닫고 제사가 우상숭배가 아님을 역설하고, 이를 폐단이 생기지 아니하는 범위 내에서 부활시킴이 옳거늘 이제 그러하지 아니하니 이는 내가 받아들이지 못하는 바이다.

그러나 조선의 제사는 너무 형식으로 흘러 본래의 정신을 잊어버리는 일이 없지 않다. 예컨대 제례를 거행함에 집안마다 예법이 각각이어서 의식의 속박이 몹시 심하며, 제물祭物을 풍성히 갖추어서 이로써 자기의 효성을 자랑하려 하고, 제사를 야간시간으로 한정하여 행하며, 4대까지 한 위位만을 제사 지내는 등의 일이다. 영혼을 위로하고 기념을 표함에 밤낮의 구분이 있을 수 없고, 가급적 선조의 각위各位를 모두 기념함이 옳지마는 선조가 계셨던 사실만 기념하면 족한지라 특별히 훌륭한 조상님 이외에 2대 이상을 제사 지낼 필요는 없다. 제물을 풍족히 갖추어서 그 정성과 효심을 나타내려 하는 것은 극히 어리석은 행동이니 가급적 깨끗한 물자로 정성을 표하여 쓸데없이 낭비하지 않는 것이 옳다. 예절이 복잡하고 번잡하여 각 집안마다 각각의 예법을 세우는 것도 몹시 옳지 않으니 극히 간편한 방법을 택함이 옳다. '祭如在(제여재)'라 하니 제사 지냄에 그 영혼이 있는 것같이 하면 족하거늘 어찌 번잡한 예법과 풍성한 제물이 필요하겠는가. 그러므로 나는 기독교도들이 제사를 우상으로 생각하는 것도 비난하지만 형식만을 위주로 하는 제사도 본래 취지에 맞지 않는 행동으로 옳지 않다고 하는 바이다.

父兮生我　母兮鞠我
拊我畜我　長我育我
顧我復我　出入腹我
欲報之德　昊天罔極

아버님 날 낳으시고 어머님 날 기르시니
어루만지고 먹이며 키우고 기르셨네.
보살피고 또 돌보시고 나들면서 안아주신
이 은혜 갚고자 하나 하늘처럼 가없어라.

〈시경〉

1

집안제사의
종류와 변천

조선시대 예학의 근본이 된 『가례家禮』[01]에는, 중월仲月(음력 2, 5, 8, 11월)에 사당에서 고조高祖까지 4대 조상에게 지내는 사시제四時祭, 동지에 시조始祖를 잇는 종자宗子(종가宗家의 맏아들)가 시조에게 지내는 초조제初祖祭, 입춘에 고조 이상을 잇는 종자가 각각의 선조(초조 이하 고조 이상의 조상)에게 제사 지내는 선조제先祖祭, 계추季秋(음력 9월)에 아버지를 잇는 종자가 아버지에게 제사 지내는 녜제禰祭(예제, 니제, 이제), 돌아가신 날 모시는 기일제忌日祭, 삼월 상순에 지내는 묘제墓祭 등 여섯 가지의 집안제사가 있다.[02]

통일신라와 고려시대에는 불교가 주된 이념이었으므로 제사도 명복을 비는 재齋의 형식으로 절에서 지냈다. 성리학이 우리나라에 전래된 고려 말부터 사대부를 중심으로 유교적 제사가 점차 보급되었으며, 1474년 조선 성종 때 강희맹, 신숙주 등이 편찬한 『국조오례의國朝五禮儀』에 대부사서인大夫士庶人의 제사로 4중월의 시향 그리고 기일과 속절의 제사에 대해 설명되어 있다. 조선시대 중기에 접어들면서 『가례』에 대한 이해가 깊어짐에 따라, 주자예학을 널리 보급하고자 우리나라의 풍속을 가미한 예서들이 편찬되었다. 명종 5년인 1550년 회재晦齋[03]가 가정의 제사에 대해

01) 『가례』-주희朱熹(중국 남송南宋의 철학자로 신유학新儒學인 송학宋學의 대성자. 호 회암晦庵)가 가정에서 일용하는 예절을 모아 엮은 책으로 통례通禮, 관례冠禮, 혼례婚禮, 상례喪禮, 및 제례祭禮에 대해 서술하였다.

02) 『사계전서沙溪全書』, 「가례집람家禮輯覽」, '제례祭禮'에, 진씨陳氏(진순陳淳, 주희의 수제자, 호 북계北溪) 가로되, "달의 초하루는 한 달의 처음이고, 사시는 천도天道가 변하며, 동지는 양陽이 생기는 시초이고, 입춘은 만물이 생기는 처음이고, 계추는 만물이 이루어지는 시초이고, 기일은 어버이가 죽은 날이다. 군자는 이에 대해서 반드시 슬프고 두려운 마음이 있다. 그러므로 이로 인하여 조상을 추모하는 예를 행한다." 하였다. ·『사계전서』-김장생金長生(조선 중기의 학자이며 문신. 본관 광산光山, 호 사계沙溪)의 시문집. 유고 13권에 『경서변의經書辨疑』, 『근사록석의近思錄釋疑』, 『전례문답典禮問答』, 『가례집람』, 『상례비요喪禮備要』, 『의례문해疑禮問解』 등을 합하여 간행하였다.

03) 이언적李彦迪-조선 중기의 문신이며 학자. 본관 여주驪州

고전예서에 근거한 집안제사 해설

저술한『봉선잡의奉先雜儀』는 중월의 사시제, 녜제, 기일제와 당시의 풍속을 좇아 설, 한식, 단오와 추석에 지내도 좋다고 한 묘제에 대해 설명하고 있으며, 이어 선조 10년인 1577년 율곡栗谷이 편찬한『격몽요결擊蒙要訣』[04]에는 춘분, 하지, 추분, 동지의 사시제, 기제와 설, 한식, 단오 및 추석에 지내는 묘제에 대해 서술되어 있다. 또 1648년 간행된『상례비요喪禮備要』[05]에는 중월의 시제, 기제 그리고 묘제가 설명되어 있고, '우리나라 예학禮學의 종장宗長'이라 일컫는 사계沙溪가『가례』를 증보, 해설하여 예설을 집대성한『가례집람』은 1685년(숙종 11)에 간행되었는데,『가례』를 따라 사시제, 초조제, 선조제, 녜제, 기일제와 묘제에 대해 설명하고 있다. 1700년대 초에 편찬되어 1844년 간행된『사례편람四禮便覽』[06]은 조선시대 후기의 대표적 예서인데, 사시제를 가장 중요한 제사로 다루었고, 녜제, 기제 및 삼월 상순의 봉사친奉祀親(친미진조親未盡祖, 현재 제사를 모시고 있는 친속親屬)에 대한 묘제와 시월 초하루의 친진조親盡祖(제사 모시는 대수가 다한 선조)에 대한 묘제가 설명되어 있다. 1922년 간행된『사례집의四禮集儀』[07]에는 사시제, 녜제, 기제 및 삼월 상순과 시월 초하루의 묘제가 자세히 설명되어 있다. 이와 같이 예서들은 사시제를 가장 비중 있는 제사로 강조하였지만,

---

04)『격몽요결』-율곡栗谷이 학문을 시작하는 이들을 가르치기 위해 편찬한 책. 입지立志, 혁구습革舊習, 지신持身, 독서讀書, 사친事親, 상제喪制, 제례祭禮, 거가居家, 접인接人, 처세處世의 10장으로 구성되어 있으며, 책 끝에『제의초祭儀鈔』가 수록되어 있다.

05)『상례비요』-신의경申義慶(조선 중기의 예학자이며 문신. 본관 평산平山, 호 서파西坡)이『주자가례』를 위주로 하여 지은 것을 친구인 김장생이 증보하였고, 김집金集(조선 중기의 문신이며 학자. 호 신독재愼獨齋, 김장생의 아들)이 교정하여 1648년(인조26) 간행하였다.

06)『사례편람』-이재李縡(조선 후기의 문신. 본관 우봉牛峰, 호 도암陶菴)가 지은 관혼상제冠婚喪祭에 관한 종합 예서.

07)『사례집의』-박문호朴文鎬(조선 후기의 문신. 본관 영해寧海, 호 호산壺山)가 편집, 간행한 예서.

『성호전집星湖全集』[08]에 실려 있는, 이익李瀷이 1700년대 중반에 쓴 것으로 보이는 '제식祭式'의 머리글에서, "지금의 풍속은 사시四時의 정제正祭를 거행하는 경우가 드물다. 그러므로 단지 기제, 묘제, 참례의 세 조목만 다음과 같이 기록한다."고 한 것처럼 이미 이 시기에 묘제를 중시하는 풍속으로 인해 묘제가 사시제를 대신하게 되었다.

대개 16세기까지는 성별에 관계없이 자녀들에게 균등하게 재산상속이 이루어져 왔기 때문에, 재齋나 제사에 대한 경제적 부담도 자녀들이 나누어서 지고 있었다. 그러므로 제사를 한 자녀가 전담하는 것이 아니라 돌아가면서 지내는 방식(윤회봉사輪廻奉祀)이 일반적이었다. 율곡이 『격몽요결』에서 "세간의 풍속은 묘제와 기제를 자손 간에 돌려가며 지내는데 이는 예가 아니다. 묘제는 비록 돌려가며 지내더라도 모두 묘소에서 제사를 올리니 오히려 괜찮다. 기제는 신주에 제사 지내지 않고 지방에 제사를 지내야 하니 매우 미안한 일이니, 비록 돌아가며 지내더라도 모름지기 제물을 갖추어 사당에서 지내는 것이 대체로 옳은 일이다."라고 지적한 것을 보면, 당시에는 윤회봉사가 널리 행해졌음을 알 수 있다. 그 후 임진왜란을 수습하며 유교적 종법宗法 질서가 자리 잡아 남존여비와 가부장적 규범이 뿌리내리게 되었다. 종손에게는 조상의 제사를 모실 수 있도록 별도의 유산이 상속되어, 장자는 상대적으로 많은 재산을 분배받았다. 물론 제사를 위해 상속받은 재산은 매매할 수 없고, 제사를 주관할 다음 자손에게 넘기도록 되어 있었다. 아울러 종손에게는 가문을 계승한다는 자부심과 집안을 통솔하는 권한이 주어졌지만, 살아계신 어른에 대한 봉양과 봉제사가 책임으로 남았다.

---

08) 『성호전집』—이익李瀷(조선 후기의 실학자. 본관 여주驪州)의 문집.

　고전에서에 근거한 집안제사 해설

봉사 대수에 있어서는, 고려 말과 조선 초기에 신분에 따라 3대, 2대, 또는 부모만 봉사하도록 하였으나,[09] 조선 후기에 와서는 4대 봉사를 하

---

09) 『가례』, '사시제'에, 정자程子(중국 송나라의 정호程顥 명도明道 선생과 정이程頤 이천伊川 선생 두 형제의 존칭) 가로되, "고조高祖는 스스로 복복이 있는데 제사를 지내지 않는 것은 매우 잘못된 일이다." 하였다.

『사계전서』, 『의례문해』, '통례', '서인역제급고조庶人亦祭及高祖(서인도 또한 고조까지 제사를 지낸다.)'에, 송준길宋浚吉(조선 후기의 문신이며 학자. 본관 은진恩津, 호 동춘同春)이 묻기를, "옛날에는 서인은 단지 부모만 제사 지냈고, 나라의 규범도 또한 그렇습니다. 이른바 서인이 만약 벼슬하지 않은 사람을 일반적으로 이르는 말이라면, 단지 부모만 제사 지내는 것은 너무 간략한 듯합니다. 어떻습니까?" 하니, 답하기를, "정자가 말하기를 '비록 삼묘三廟, 일묘一廟에서 제침祭寢(사당 없이 안방에서 제사 지냄)까지도 반드시 고조까지 미친다.' 하였고, 또 가로되, '비록 서인이라 하더라도 제사는 반드시 고조까지 이른다.' 하였으니, 지금 세상에서 이 예법을 따라 행하는 것은 근거가 없다고 할 수 없다." 하였다.

『성호사설星湖僿說』, '인사문人事門', '묘제廟制'에, 묘묘廟의 규범은 7묘로부터 이하로는 둘씩 줄어드는데, 모두 시조始祖를 아울러 말한다. 우리나라의 제도는 6품 이상은 3세를 제사하며, 왕자와 훈신勳臣에 대해서는 부조不祧(불천不遷)하는데, 이른바 3세라는 것은 또한 아마 시조까지 아울러 말한 듯하다. 고려의 제도도 대부大夫 이상은 3세를 제사 지내고 6품 이상은 2세를 제사하며 7품 이하부터 서인까지는 단지 부모만을 제사하는 데 그치며, 아울러 가묘家廟(사당)를 세웠으니 지금 법에 비하면 약간 상세하게 갖추어진 것 같다. 그 7품 이하의 2세는 곧 옛날의 조녜공묘祖禰共廟(조와 녜를 한 사당에 함께 모심)의 제도이다. 제후국諸侯國의 대부는 역시 천자국天子國의 상사上士(대부인 공公과 경卿의 바로 아래 계층으로 아래로는 중사中士와 하사下士가 있다.)에 준하니 그 뜻이 또한 알맞다. 그러나 서인은 안방(寢침)에서 제사 지내는데 어찌 사당이 있겠는가? 정자 가로되, "7묘와 5묘부터 제침祭寢까지 또한 고조에 미치는 것은 복복이 있어서 제사 지내지 않을 수 없어서이다." 하였고, 『가례』는 4세를 제사 지내도록 허용하여 귀천의 차등이 없기 때문에, 많은 가난한 백성들의 집에서도 모두 고조의 신주를 받들게 되었다. 옛날에는 대부 이하는 목주木主(나무로 만든 신주나 위패)를 세우지 못하였는데, 목주는 제후의 예법이었고, 단지 비단으로써 신을 의탁하게 하다가, 지금은 목주를 사용하니 처리하기가 더욱 어렵다. 옛날에는 기제, 묘제, 녜제, 명절, 초하루와 보름의 참례가 없었는데, 『가례』에 이르러 모두 갖추어 놓았으니, '밭이 없으면 천천薦만 하고 제사 지내지 않는다.'는 것과 다르다. 빈부貧富는 영원하지 않는데, 제사의 절차는 더욱 번다하니 장차 제사에 바치기 위해 여러 번 어떻게 마련할 것이며, 가난한 집은 와옥蝸屋, 토방土房에 구부리고 들어가서 서로 베개 삼아 자는 형편에 사당을 마련할 겨를이 어찌 있으리오. 나는, 벼슬이 있는 자만 2세의 신주를 받들고 그 나머지는 안방에서 제사하며 사당을 없애면, 옛 제도에도 맞고 지금의 현실에도 어긋나지 아니하리라 생각한다. ·『성호사설』-이익이 평소에 기록해 둔 글과 제자들의 질문에 답한 내용을 정리한 저술.

『제례고정祭禮考定』, 「제법고祭法考」, '고아국립제수대부지제지어삼대이후방아故我國立制雖大

夫之祭止於三代以侯邦也(원래 우리나라의 제도에, 설사 대부大夫의 제사도 3대에 그치는 것은 제후의 나라이기 때문이다.)'에, 『경국대전經國大典』에 이르기를, 문무관 6품 이상은 3세를 제사하고, 7품 이하는 2대를 제사하며, 서인은 단지 고와 비만 제사한다. 종자宗子의 품계가 낮고 지자支子의 품계가 높으면 대수代數는 지자를 따른다. 명나라 사신 동월董越이 『조선부朝鮮賦』에서 가로되, "경대부卿大夫는 3세를 제사 지내고 사서인士庶人은 단지 고와 비만 제사한다." 하였다. 다산의 생각, 우리나라의 예법은 온공溫公(사마광司馬光, 북송의 유학자, 역사가, 정치가로 온국공溫國公에 추봉追封됨)의 『서의書儀』, 주자의 『가례』, 구씨丘氏(구준丘濬, 명나라 학자, 호 경산瓊山)의 『의절儀節』을 많이 따른다. 그러나 이 세 분은 모두 천자의 신하이거나 으뜸 지위의 재상(上相상상)이거나 혹은 국공國公에 추봉되었으니 그 지위와 품계는 모두 옛날의 제후이다. 그러므로 그러한 예서를 지어 그들의 집안에 전한 것에는 제후의 예법을 많이 사용하였다. 우리나라 사람들이 그 본분을 잊고 흉내 내어 똑같이 해보려고 욕심을 내면 분수에 넘치게 되는 것이 많다. 당연히 『경국대전』을 삼가 준수해야 한다. ·『제례고정』-정약용丁若鏞(조선 정조正祖 때의 대학자이며 문신. 본관 나주羅州, 호 다산茶山, 삼미三眉, 여유당與猶堂, 사암俟菴)이 강진 유배 시절 제례를 상고하여 저술한 책. 『서의』-사마광이 각종 예법과 서장書狀 형식에 관하여 편찬한 책. 『가례의절家禮儀節』-구준이 주희가 저술한 『가례』를 해설한 책.

『제례고정』, 『제법고』, '고선정명유지론개이제삼대위정故先正名儒之論皆以祭三代爲正(원래 선현들과 이름난 유학자들은 모두 3대만 제사 지내는 것이 바르다고 하였다.)'에, 회재 가로되, "문공 『가례』에 고조까지 제사 지내는 것은 대개 정씨程氏의 『의례』에 기초하였다. 그러나 『예기』에 대부는 3묘廟, 사士는 2묘廟라고 하였고 고조까지 제사 지낸다는 글은 없다. 그러므로 주자 역시 고조까지 제사 지냄을 참람하다고 하였다. 또한 지금 나라의 제도가 6품 이상은 3대를 제사 지내게 하므로 거스를 수 없다." 하였다. 퇴계退溪 가로되, "4대를 제사 지내는 것은 고례에 그러하지 않았다. 주자가 정자의 설에 근거하여 4대의 예법을 세웠다. 지금 사람들이 3대를 제사 지내는 것은 현재 왕조의 제도이다. 현재 왕조의 제도는 마땅히 준수해야 한다. 4대를 제사 지내는 것은 대현大賢이 의리를 좇아 일으킨 예이다. 지금은 3대를 제사 지내고 고조는 이미 체천하였으므로 합제하고자 하면 당연히 지방을 설치해 제사 지내야 한다." 하였다. 율곡 가로되, "3대를 제사 지낸다. 『격몽요결』의 '사당도'와 '시제도'를 보라. 성호 가로되, "나라의 제도에 6품 이상은 3세를 제사하는 것이 대부에게 허용된 예법이다. 7품 이하는 사의 예를 당연히 써야하는데, 지금 사서인의 집에서 4대를 제사 지냄은 고례를 어기고 지금의 제도를 거스르며 단지 송나라의 법을 지키는 것이니 올바른 도리가 아니다. 하물며 제후의 사서인으로서 천자 대부의 예를 분수에 넘치게 쓰니 옳겠는가? 나는 가법을 정하여 3세의 제도를 확실히 따르도록 하였다." 다산의 생각, 우리나라의 유학자 사계가 예를 가장 잘 아는데 4세의 제도를 특별히 좇아서 이로 인하여 온 세상이 준용하게 되었다. 그러나 사계의 예법은 대개 『가례』를 따랐고 『가례』는 『서의』에서 나왔다. 그는 천자의 으뜸 재상으로 상공上公의 예법을 쓸 수 있었다. 제후국(번방藩邦)의 사서인이 감히 이것에 기대겠는가?

『가례증해家禮增解』, '제례'에, 모든 제사는 모름지기 조祖까지 미쳐야 한다. 어미만 알고 아비를 모르는 것이 개와 돼지이며, 아비만 알고 조祖를 모르는 것이 날아다니는 새이다. 사람은 모름지기 그 위에다 한 등급을 세워서 스스로 금수禽獸와 다른 까닭을 추구해야만 비로소 되는 것이다. ·『가례증해』-이의조李宜朝(조선 후기의 선비. 본관 연안延安, 호 경호鏡湖)가 『가례』를 보충하고 해설한 책으로 1824년(순조24)에 간행되었다.

는 집안이 점점 늘어났는데, 특히 1894년 갑오경장甲午更張으로 신분제도
가 철폐되면서 보편화되었다. 그 배경으로『제사와 제례문화』는, 종손에
대한 사회적 우대와 아울러, "양반 신분을 사거나 모방한 사람들이 자신
의 가계를 증명하는 방법으로 제사를 이용하는 경우가 적지 않았다. 17세
기 10%에 불과하던 양반이 19세기가 되면 80%를 상회하는 것에서 신분
상승이동의 정도를 실감할 수 있듯이, 4대 봉사를 통한 가계의 증명은 그
들에게 무엇보다도 절실한 문제였던 것이다."라고 설명하고 있다.

　일제 강점기인 1934년 조선총독부는『의례준칙』을 제정하여, 제례를 2
대에 대한 기제와 한식, 추석, 중양 또는 적당한 시기의 친진조에 대한 묘
제로 제한하였고, 묘제에는 주酒(술), 과果(과일), 포脯(얇게 저며 말린 고기), 병
餠(떡), 채菜(나물)만 차리도록 하였으나 잘 지켜지지 않았다. 정부는 1969
년『가정의례준칙』을 공포하여 2대 조상에 대한 기제, 추석의 절사節祀[10]
와 양력 1월 1일의 연시제年始祭만 허용하였다.

　현재 우리의 최대 명절인 설날은, 일제의 영향으로 태양력이 도입되어
1896년 1월 1일을 양력설로 정한 이후 오랜 기간 탄압을 받아 왔다. 일제
는 양력설만을 공휴일로 정하였고, 대한민국 정부가 수립된 뒤에도 양력
설 즉 '신정新正' 우대 정책은 변함이 없었으나, 대다수의 국민들은 이중과
세二重過歲의 논란 속에서도 음력설을 고집하여 왔다. 정부는 1985년 '구정
舊正'이라고 불리던 음력 1월 1일을 '민속의 날'이라는 명칭으로 공휴일로
정했고, 1989년 다시 3일 연휴로 개정하면서 '설날'이라는 명칭과 명절의
위상을 되찾았다.

---

10)『한국세시풍속사전』에, 설, 한식, 단오, 추석 등 명절에 지내는 제사라 하여 절사節祀라 하
는데, 넓은 의미에서 명절에 지내는 묘제墓祭와 차례茶禮를 총칭하기도 하며, 좁은 의미에서
묘제만을 뜻하기도 한다.

이어 1999년 공포된 『건전가정의례준칙』[11]에서는 2대까지의 조상에 대한 기제사와 명절 차례만 지내도록 하였다.

요즈음 대부분의 집안은 2대, 3대 혹은 4대 조상에 대해 기제를 지내고, 설날과 추석에 차례를 지내고 성묘하며, 10월에 친진조에 대해 묘제를 지낸다.

---

11) 『건전가정의례준칙』의 제례 관련 내용

　제1장 총칙

　　제2조(정의) 이 영에서 사용하는 용어의 뜻은 다음과 같다.

　　4. '제례祭禮'란 기제사忌祭祀 및 명절에 지내는 차례(이하 '차례'라 한다)의 의식절차를 말한다.

　　7. '제주祭主'란 제례의 의식절차를 주관하는 사람을 말한다.

　제5장 제례

　　제19조(제례의 구분) 제례는 기제사 및 차례로 구분한다.

　　제20조(기제사) ① 기제사의 대상은 제주부터 2대조까지로 한다.

　　② 기제사는 매년 조상이 사망한 날에 제주의 가정에서 지낸다.

　　제21조(차례) ① 차례의 대상은 기제사를 지내는 조상으로 한다.

　　② 차례는 매년 명절의 아침에 맏손자의 가정에서 지낸다.

　　제22조(제수) 제수는 평상시의 간소한 반상 음식으로 자연스럽게 차린다.

　　제23조(제례의 절차) 제례의 절차는 [별표 5]와 같다.

　　제24조(성묘) 성묘는 각자의 편의대로 하되, 제수는 마련하지 아니하거나 간소하게 한다.

[별표 5]

제례의 절차(제23조 관련)

1. 일반절차

　가. 신위 모시기: 제주는 분향한 후 모사茅沙에 술을 붓고 참사자參祀者는 일제히 신위 앞에 재배再拜한다.

　나. 헌주: 술은 한 번 올린다.

　다. 축문 읽기: 축문을 읽은 후 묵념한다.

　라. 물림절: 참사자는 모두 신위 앞에 재배한다.

2. 신위 모시기

　신위는 사진으로 하되, 사진이 없는 경우에는 지방紙榜으로 대신한다. 지방은 한글로 흰 종이에 먹 등으로 작성하되, 다음 각 목에 따른다.

　　　　　　　　　고전예서에 근거한 집안제사 해설

養則觀其順也　喪則觀其哀也　祭則觀其敬而時也
盡此三道者　孝子之行也

어버이 섬김에 생시 봉양에는 그 순종함을 살피고, 상이 나면 그 애통함을
살피며, 제사에는 그 공경함을 살펴야 때에 맞다. 이 세 가지 도리를 다하
는 것이 효자의 행실이다.

〈예기〉

가. 부모의 경우　　　나. 배우자의 경우　　　다. 차례(합동제사)의 경우

비고 : 지방의 ○○○○에는 본관本貫과 성씨를 적는다.

2

제
사
의

준
비

⠿ 지방紙牓

옛날에는 시동尸童이나 소상塑像으로 제사를 지내다가, 신주神主(죽은 사람의 혼魂을 의탁시키는 나무패)로 대상을 바꾸어 제사를 지내 왔다. 돌아가신 조상을 살아계신 듯이 모시기 위해 신령이 깃든 표상表像의 뜻으로 나무판에 고인의 벼슬과 본관을 써넣어 신주를 만들어, 사당祠堂에 모셔서 제사의 대상으로 삼았으며, 집안의 대소사도 아뢰어 왔다. 요즈음 일반 가정에서는 사당을 세우지 않으므로 지방紙牓으로 신주를 대신한다. 영정影幀 또는 사진을 쓸 때에도 지방을 함께 모시는 것이 바람직하다.[12]

지방은 지위紙位라고도 하며, 세수하고 의복을 단정히 한 후에 작은 글자로 한지韓紙에 붓으로 정성을 다해 쓰는 것이 바람직하지만, 요즈음은 형편에 따라 컴퓨터로 출력하기도 한다. 크기는 신주에 준하면 너비 6cm, 높이 25cm 정도인데,[13] 지방틀에 맞게 한다. 신주의 윗부분은 하늘

---

12) 『지산집芝山集』, 「가례고증家禮考證」, '사당', '영당影堂'에, 초상화를 영영이라고 한다. 장자張子(장재張載, 북송의 철학가. 횡거橫渠 선생) 가로되, "옛날 사람들은 초상화를 쓰지 않았다. 그림은 진짜가 아니어서 세대가 멀어지면 버리게 되어 소홀하게 취급됨을 면치 못한다." 하였다. 『초사楚詞(辭)』를 살펴보면 '像設君室靜安閒些(상설군실정안한사, 임 계시던 방에 임의 초상을 모시니 조금 고요하고 편안하며 한가롭네)'라고 하였는데, 세속에서 사당에 영정을 숭상하는 것은 여기에 근본한 것이다. ·『지산집』−조호익曹好益(조선 중기 문신. 본관 창녕昌寧)의 시문집.
『지산집』, 「가례고증」, '사당', '제시불가용영祭時不可用影(제사를 지낼 때 영정影幀을 써서는 안 된다.)'에, 정자 가로되, "요즈음 사람들은 영정으로 제사를 지내는데, 혹 화공畫工이 그려 전한 바가 터럭 하나라도 서로 비슷하지 않으면 제사 지내는 대상이 이미 다른 사람이 되니 몹시 부적절하다." 하였다.

13) 『가례도家禮圖』, '신주식神主式'에, 이천伊川 선생 가로되, "신주는 밤나무로 만들고 시일월신時日月辰의 법식을 취했는데, 받침대의 사방 4치는 한 해의 4계절, 높이 1자 2치는 열두 달, 몸체 너비 30푼은 달의 날 수, 두께 12푼은 날의 시간을 상징한다. 위쪽 5푼을 깎아서 머리를 둥글게 한다. (하략)" 하였다.

고전예서에 근거한 집안제사 해설

을 상징해 둥글고, 아래는 땅을 상징해서 모가 졌기 때문에, 지방도 위쪽 1cm 정도의 모서리를 자른다(그림 1).

병제幷祭[14]에 합설合設하는 경우 고위考位와 비위妣位를 지방 하나에 나란히 쓰기도 하지만, 신주를 대신하는 것이므로 각각 만드는 것이 옳으며, 서쪽[15]에 고위, 동쪽에 비위를 모신다.[16] 단위單位 지방은 중앙에 대상을

『가례도』, '척식尺式'에, 신주는 주척周尺을 쓴다. ・주척은 한 자가 약 20.8cm 정도이다.
『미호집渼湖集』, '답강중홍答康仲鴻'에, 묻기를, "『가례도』에 대해 구경산丘瓊山은 주자가 지은 것이 아니라고 말하면서 댄 근거가 매우 상세한데, 과연 누가 지은 것입니까? 어떤 이는 원나라 사람이 지은 것이라고 하는데, 이 설은 어떻습니까?" 하니, 답하기를, "사계 또한 '신주식의 그림에 대덕大德이란 글자가 있다. 대덕은 바로 원나라 성종成宗의 연호이다. 그렇다면 주자가 만든 것이 아님이 분명하다.'라고 생각하였다. 그러나 사계 역시 누가 만든 것인지는 분명하게 말하지 않았으며, 우옹尤翁(송시열宋時烈, 조선 후기의 문신이며 학자. 본관 은진恩津, 호 우암尤菴)과 현석玄石(박세채朴世采, 조선 후기의 문신이며 학자. 본관 반남潘南, 호 현석 또는 남계南溪)도 모두 그러하다. 대체로 원나라 사람에게서 나왔음을 의심할 여지가 없는 듯하다." 하였다. ・『미호집』-김원행金元行(조선 후기의 문신이며 학자. 본관 안동安東)의 시문집.
『사의士儀』, '이척편易戚篇', '부耐', '지방紙牓'에, 종이를 길이 1자 2치, 너비 4치로 하고, 앞면에 '顯某祖考某官府君神位(현모조고모관부군신위)'라고 쓰고, 내상內喪이면 '顯某祖妣某封某貫某氏神位(현모조비모봉모관모씨신위)'라고 써서 판에 붙이고 교의 위에 기댄다. ・『사의』-허전許傳(조선 후기의 문신이며 학자. 본관 양천陽川, 호 성재性齋)이 선비의 예법에 관한 내용을 모아 쓴 책.
『사례집의』, '기제의'에, 지방으로 제사를 지내면 손을 씻고 닦은 뒤 잔글씨로 써서 교의 위에 붙인다. 길이와 너비는 신주의 모양에 준하며, '府君(부군)' 아래에 '神位(신위)' 두 자를 쓰며 방제旁題는 쓰지 않는다.

14) 병제幷祭(배제配祭)는 기일에 고考(돌아가신 아버지)와 비妣(돌아가신 어머니)를 함께 제사 지내는 것을 말하며, 이 때 한 상에 제수祭需(제사 음식)를 차리는 것을 합설合設이라 하고, 각각 상을 차려 함께 제사 모시는 것은 각설各設이라 한다. 제사 대상인 한 분만 제사 모시는 것은 단설單設 또는 단위제單位祭라고 한다.

15) 『사의』의 '시제양위공탁설찬신도時祭兩位共卓設饌新圖' 방위 표시를 살피면, 동서남북의 실제 방위와 관계없이 신위가 자리하는 쪽이 북쪽이고 참례자들이 자리하는 쪽이 남쪽이다. 참례자가 신위를 마주보고 서서 오른손 방향이 동쪽이고 왼손 방향이 서쪽이다.

16) 『지산집』, '가례고증', '사당', '신도상우神道尚右(귀신은 오른쪽을 숭상한다.)'에, 가씨賈氏(가공언賈公彥, 당나라의 학자) 가로되, "산 사람은 양陽이므로 왼쪽을 숭상하고, 귀신은 음陰이므로 오른쪽을 숭상한다." 하였다. 주자 가로되, "자리가 남향이나 북향이면 서쪽을 상上

그림 1. 『가례도家禮圖』 신주식神主式

쓰며, 고비考妣를 병서竝書하는 경우 서쪽 즉 지방의 우측에 고위를, 동쪽 즉 지방의 좌측에 비위를 쓴다. 고위가 재취再娶(재혼)하여 비위가 두 분인 경우 서쪽부터 고위, 중앙에 초취初娶부인, 동쪽에 재취부인의 순으로 각 위의 지방을 모시며, 하나의 지방에 병서하는 경우는 서쪽부터 고위, 중앙에 초취부인, 동쪽에 재취부인의 순으로 쓴다. 지방은 지방틀에 붙여 세운다.

으로 삼고, 동향이나 서향이면 남쪽을 위로 하니, 남향이나 북향한 자리는 모두 오른쪽을 위로 하고, 동향이나 서향한 자리는 모두 왼쪽을 위로 한다." 하였다. 지금 제례에서 고와 비가 한 자리에서 남쪽을 향하면, 고는 서쪽, 비는 동쪽에 모시는 것이 자연히 예의 뜻과 맞는다.

고전예시에 근거한 집안제사 해설

지방은 봉사자奉祀者와 제사 대상과의 관계를 나타내어 작성하는데, 아내의 제사에는 자식이 있어도 남편이 제주祭主가 되고, 장자長子의 제사에는 손자가 있어도 아버지가 살아 계시면 아버지가 사당의 주인이므로 제주가 되며, 남편의 제사일 때는 자손이 없을 때만 아내가 제주 즉 봉사자가 된다.

지방 작성법과 해석

· 顯考學生府君神位(현고학생부군신위)

'顯(현)'[17]은 '나타날(著名저명)', '밝을(明명)', '통달할(達달)', '높을(高고)'의 뜻

---

17) 『가례도』, '신주식'에, 『예경禮經』과 『가례』 구본舊本에는 '高祖考(고고고)' 위에 모두 '皇(황)'자를 썼다. 대덕大德 연간에 성부省部에서 금지하여 '皇(황)'자를 회피하니 이제는 '顯(현)'자를 쓰는 것이 옳다.

『송자대전宋子大全』, 「어록語錄」, '최신록崔愼錄'에, 내(최신崔愼, 조선 후기의 문신. 본관 회령會寧, 호 학암鶴菴)가 『예기禮記』를 배울 적에 '故某親某官封諡(고모친모관봉시)' 등의 대문에 이르자 선생께서 가로되, "이는 송나라의 제도이다. '顯(현)' 자를 고비 위에 넣는 것은 오랑캐인 원나라 제도이다. 그러므로 우리 집에서는 오랑캐 제도를 피하여 신주神主의 분면粉面에 '顯(현)' 자를 쓰지 않고 다만 '考(고)', '妣(비)'만을 쓰며, 축문은 이 예문에 의거하여 '故(고)' 자를 고비 위에 넣는다." 하셨다. ·『송자대전』─송시열의 시문집.

『남당집南塘集』, 「가례소의부첨家禮疏義付籤」, '제주칭현자제主稱顯字'에, 신주글을 쓸 때 '顯(현)' 자를 칭하는 것은 원나라 시절부터 전해진 규범에서 나왔다. 우암이 답습할 수 없는 오랑캐의 예법이라고 여겨서, 당시 효종 때에 깨끗이 없애고 쓰지 못하도록 나라에서 계속 영을 내렸으며 지금은 이미 조정의 명령이 있으니 쓰지 않는 것이 실로 옳다. 그러나 옛 것을 따라 쓴다면 오로지 옳지 않다고 할 수는 없다. (중략) 신주글에 '顯(현)' 자를 더하는 것은 비록 오랑캐의 제도에서 나온 것이 사실이더라도 이미 조고祖考를 존칭하는 말로써 의리에 해로움이 없으면 오로지 함부로 어겼다고 할 필요는 없다. 하물며 '皇考(황고)', '顯考(현고)'라고 일컫는 것은 본디 주나라 제도에서 나왔으며, 후한 정현鄭玄(후한後漢 말기의 대표적 유학자)의 주석註釋은 이른바 조상을 높이는 것이라고 했다. 나중에 단지 '皇(황)' 자를 조고祖考의 위에 널리 더하여 왔고 원나라에 이르러 '皇(황)' 자를 회피하여 '顯(현)' 자로 대신 썼는데, 어찌 '顯(현)' 자가 원나라 제도에서 나온 것이라고 할 수 있겠는가? 주나라 이래로 조고祖考의 위에는 모두 '皇(황)', '顯(현)' 등의 글자를 반드시 더하였는데 조상을 높여 칭하는 것으로 여겨서 행한 지 이미

이 있다. '考(고)'는 '亡父(망부, 죽은 아비)'를 뜻한다. 할아버지는 '祖考(조고)', 증조할아버지는 '曾祖考(증조고)', 고조할아버지는 '高祖考(고조고)'라 한다. '顯考(현고)'는 돌아가신 아버지의 존칭으로 '높으신 아버지'나 '밝으신 아버지'라는 의미이다. 동생과 처, 자 등 봉사자보다 아랫사람의 지방에는 '顯(현)' 대신 '亡(망)' 또는 '故(고)'를 쓴다.

여기서 '學生(학생)'은 벼슬을 하지 못하고 돌아가신 선비의 호칭으로 쓰이고 있는데,[18] '生員(생원)'으로 일컫는 것이 옳다는 학자들도 있다.[19] 벼

오래되었다. (중략) 『주자대전朱子大全』의 선조에게 고하는 축문에 '惟我顯祖(유아현조)'라는 글이 있다. 오랑캐 원나라의 제도도 또한 여기에서 나왔으니 '顯(현)' 자를 칭함으로 말미암아 꺼려하는 바는 없다. ·『남당집』-한원진韓元震(조선 후기의 학자. 본관 청주淸州)의 시문집. 『고산선생문집鼓山先生文集』, '답생질박경진答甥姪朴敬鎭'에, 신주글을 적으면 마땅히 '顯始祖(현시조)' 혹은 '顯幾代祖云云(현기대조운운)', '孝幾代孫云云(효기대손운운)'으로 할 수 있다. ·『고산선생문집』-임헌회任憲晦(조선 후기의 문신이며 학자. 본관 풍천豊川)의 문집.

18) 『사계전서』, 「의례문해」, '상례喪禮', '제주題主'에, 송준길이 묻기를, "관직이 없으면서 학생도 아닌 경우에 신주글을 쓰면서 '學生(학생)'이라고 칭하는 것은 온당치 못한 듯합니다. 그리고 자손들이 4대의 조상을 쓸 경우에도 모두 합당한 칭호가 없습니다. 어떻게 생각하십니까? 부인의 경우에는 '孺人(유인)'이라고 쓰지 않고 단지 관향貫鄕(본관)만 칭하여도 또한 무방하지 않습니까?" 하니, 답하기를, "벼슬 없이 죽은 자는 학생이라고 칭하지 않으면 다른 칭호가 없다. 상황이 하는 수 없으니 '學生(학생)', '處士(처사)'나 '秀才(수재)'로 쓰되, 각각 그 마땅함을 따르면 좋다. 부인에 대한 '孺人(유인)'의 칭호는 써도 좋고 쓰지 않아도 좋다. 구씨丘氏가 말하기를, '관작이 없는 부인은 세간의 풍속과 같이 유인으로 칭함이 마땅하다.' 하였는데, 대개 예가 궁할 경우에는 아래에서 하는 것을 따른다는 뜻이다." 하였다.

19) 『성호사설』, '인사문'에, 지금 풍속에 벼슬 없는 선비들을, 살아서는 '유학幼學'이라 하고 죽으면 '학생學生'이라 하는데 그것은 옳지 않다. 선비는 다 학교에 속하는데, 살아서는 어찌 학생이 아니겠는가? 또 늙어도 벼슬을 하지 않으면 여전히 가리켜 유학이라 하니 옳지 않다. 학생이란 배우는 중으로 여러 유생儒生의 구성원이니 생원生員이라 일컫는 것이 무방할 것이다.
『임하필기林下筆記』, '문헌지장편文獻指掌編'에, 우리나라에서 과거에 응시한 유생을 유학幼學이라 부르는 것은 언제부터 시작된 것인지 모르겠지만, 그 뜻은 대개 모두 『예기』「곡례曲禮」와 『맹자孟子』에서 취한 것이다. 과거시험장에서 뜻을 이루지 못한 자를 나이 45세가 넘었는데도 여전히 유학이라 부르는 것은 이미 의의가 없다. 또 세간에 전해 내려오는 이야기가 있는데, 살아서는 '유학'이라 칭하고 죽어서는 '학생'이라 한다는 것이다. 과거보는 사람은 4대의 조상

을 쓰는데, 그 아비나 할아비가 살아서 관직이 없었으면 반드시 유학이라 한다. 그 아비와 할아비를 유학이라 하니, 어찌 너무나 가소롭지 않겠는가? 속설에 또 사마시司馬試에 오른 자를 살아서는 '생원生員', '진사進士'라 부르고 죽은 뒤에 바야흐로 '성균成均' 두 글자를 더하는 규범이 있다. 4대의 조상을 쓰는 자가 혹 할아비나 아비가 생존해 있어서 성균생원, 성균진사로 쓰면 보는 자들이 크게 꺼리니, 또한 너무 가소롭다. 이제 정통正統 원년(명나라 영종 때의 연호. 1436년)에 간행된 『삼체시권三體詩卷』 끝에 기록된 교정인校正人의 성명을 보면, '성균생원 성姓아무개'라고 쓴 것이 세 사람이나 되니, 속설이 그릇되었음을 알 수 있는데, 다만 근세에 그렇게 되었다. 또 『송서宋書』를 보면, 채유학蔡幼學이라는 사람이 있는데 자字가 장행보壯行甫이니, 중국에는 유학이라는 칭호가 없음을 알 수 있다. ·『임하필기』-이유원李裕元(조선 후기의 문신. 본관 경주慶州, 호는 귤산橘山, 묵농默農)의 문집.

『우서迂書』, '논학교선보지제論學校選補之制'에, 선비 중에는 어린 사람도 있고 나이 많은 사람도 있는데, 어찌 80세, 20세를 따지지도 않고 '유학幼學'이라고 통칭할 수 있는가? 유학이란 칭호는 아마도 「곡례」에서 따왔다. 『예기』에 '사람이 나서 10년이면 유학이라 하고, 20년이면 약관弱冠이라 부른다.'고 하였는데, 이것이 어찌 장성한 뒤에도 부를 수 있다는 것인가? 그것 역시 심히 근거가 없다. 이제는 마땅히 나이와 생사를 따지지 말고 학생 머릿수에 속한 사람은 모두 아무 주州, 아무 부府, 아무 군郡, 아무 현縣 학교의 생원生員이라고 부르는 것이 옳겠다. 아, 우리나라가 비록 문文을 숭상한다고 하지만 '생원生員' 두 글자의 뜻을 지금까지도 알지 못하고 있다. 생원이란 생도生徒의 '생生'과 '원액員額(인원 머릿수)'의 '원員'이니 반드시 입학한 인원을 생원이라 부를 수 있는 것이다. 지금의 소과小科는 입학入學과는 다르니 원래 아무 의의가 없다. 게다가 초장初場은 진사進士, 이장二場은 생원生員이라 부르는데, 둘로 나눈 것은 더욱 근거가 없다. 주나라 때부터 진사가 관리로 들어가는 제도가 있었으며, 당송 이래로는 을과乙科 이하를 모두 진사급제라 불렸으니 이것은 벼슬아치의 최초 경력의 명칭이다. · 『우서』-류수원柳壽垣(조선 후기의 문신이자 실학자. 본관 문화文化, 호 농암聾菴)이 사회개혁안을 제시한 책.

『해동역사海東繹史』, '예지禮志'에, 조선에서는 조정의 책력册曆을 준수하여, 향시鄕試는 자子, 오午, 묘卯, 유酉의 해에, 회시會試와 전시殿試는 진辰, 술戌, 축丑, 미未의 해에 시행한다. 성균관은 항상 오백 명을 양성하는데, 3년마다 명경明經으로 선발된 사람을 생원이라 하고, 시부詩賦로 선발된 사람을 진사라고 하며, 또 남중동서의 사학四學에서 천거된 자를 승학升學이라고 한다. 생원, 진사로 마침내 전시殿試에 합격한 자를 식년式年이라 하는데, 비로소 관리로 들어간다. 합격하지 못하면 그대로 성균관에서 공부한다. 식년시는 3년마다 실시하며, 33명만 선발되는 데 그친다. ·『해동역사』-한치윤韓致奫(조선 후기의 학자. 본관 청주淸州, 호 옥유당玉蕤堂)이 찬술한 한국통사.

·이충무공의 방목榜目(과거 합격자 명부)에, 갑사甲士 신흠申欽은 구경하具慶下(부모가 모두 살아 계신 환경)인데, 그의 부父 응문應文을 '학생學生'으로 기록한 것으로 보면, 벼슬 없는 선비를 생시에도 '학생'이라 칭하였다.

도 한다.[20] 벼슬을 하였다면 관직을 '學生(학생)' 대신 써 넣는데,[21] 직함職銜

---

20) 『지산집』, 「가례고증」, '사당', '진사進士'에, 진사는 선발에 응한 사람이다. 『예기』「왕제王制」에 이르기를, 사도司徒에게 선발된 선비들인 조사造士들 가운데 대악정大樂正에 의해 뛰어난 자로 뽑혀 왕에게 천거薦擧된 자를 진사라고 한다. 처사處士는 주자가 이른바 선발에 응하지 않은 사람이다.

21) 『경국대전』, 「이전吏典」에, "모든 직함職銜은 계階, 사司, 직職의 순으로 표기하되, '영사領事' 부류는 '領(영)' 자를 '司(사)'의 위에 둔다. '階(계)'가 높고 '職(직)'이 낮으면 '行(행)'이라 일컫고, '階(계)'가 낮고 '職(직)'이 높으면 '守(수)'라고 일컫는다. 7품 이하는 2계, 6품 이상은 3계를 벗어난 높은 관직을 맡을 수 없다. '行(행)'과 '守(수)'는 '司(사)'의 위에 붙인다." 하였다.
· '계'는 품계(표 1)로 직급職級이며, '사'는 소속된 관사官司(관청官廳)이고 '직'은 직책職責이다. '資憲大夫吏曹判書(자헌대부이조판서)'라면 품계는 정2품 자헌대부이고, 소속 관청은 이조이며 직책은 판서이다. 현대의 관직으로 '副理事官東萊區廳長(부이사관동래구청장)'이라면 품계는 부이사관, 소속 관청은 동래구청이고 직책은 구청장이다. 사후 관직을 추증追贈받으면 품계 앞에 '贈(증)'을 붙인다. '행수行守'의 예로, 해좌海左 정범조丁範祖(조선 후기의 문신. 본관 나주羅州)가 쓴 '資憲大夫行司憲府大司憲淸臺權公神道碑銘(자헌대부행사헌부대사헌청대권공신도비명)'은 정2품의 자헌대부가 종2품의 관직인 대사헌大司憲을 지내 '行(행)'을 넣었고, 추사秋史가 쓴 '通政大夫守慶州府尹林川趙公諱基復墓(통정대부수경주부윤임천조공휘기복묘)'라는 비문은, 정3품인 통정대부가 종2품인 경주부윤을 지냈으므로 '守(수)'를 넣었다.
· 조선시대 품계별 대표적 관직―①정1품: 領事영사, 領議政영의정, 左議政좌의정, 右議政우의정, 都提調도제조 ②종1품: 提調제조, 左贊成좌찬성, 右贊成우찬성, 判事판사 ③정2품: 判書판서, 提調제조, 大提學대제학, 左參贊좌참찬, 右參贊우참찬, 漢城府判尹한성부판윤, 都摠官도총관 ④종2품: 參判참판, 提調제조, 提學제학, 同知事동지사, 大司憲대사헌, 副摠官부총관, 觀察使관찰사, 兵馬節度使병마절도사, 防禦使방어사, 內禁衛將내금위장, 水軍統制使수군통제사 ⑤정3품: 參議참의, 副提調부제조, 副提學부제학, 直提學직제학, 大司成대사성, 大司諫대사간, 修撰官수찬관, 承旨승지, 牧使목사, 水軍節度使수군절도사, 上護軍상호군 ⑥종3품: 集議집의, 司諫사간, 司成사성, 都護府使도호부사, 大護軍대호군 ⑦정4품: 舍人사인, 直閣직각, 掌令장령, 應敎응교, 司藝사예, 護軍호군 ⑧종4품: 僉正첨정, 副應敎부응교, 郡守군수, 萬戶만호, 副護軍부호군, 同僉節制使동첨절제사 ⑨정5품: 正郞정랑, 持平지평, 校理교리, 直講직강, 別坐별좌, 司直사직 ⑩종5품: 判官판관, 副校理부교리, 縣令현령, 副司直부사직 ⑪정6품: 佐郞좌랑, 監察감찰, 正言정언, 別提별제, 修撰수찬, 司果사과 ⑫종6품: 主簿주부, 別提별제, 直閣직각, 副修撰부수찬, 義禁府都事의금부도사, 縣監현감, 兵馬節制都尉병마절제도위, 從事官종사관, 副司果부사과 ⑬정7품: 待敎대교, 博士박사, 注書주서, 設書설서, 參軍참군, 司正사정 ⑭종7품: 直長직장, 算士산사, 明律명률, 副司正부사정 ⑮정8품: 司錄사록, 著作저작, 學正학정, 司猛사맹 ⑯종8품: 奉事봉사, 別檢별검, 典穀전곡, 副司猛부사맹 ⑰정9품: 正字정자, 檢閱검열, 學錄학록, 訓導훈도, 典經전경, 司勇사용 ⑱종9품: 參奉참봉, 學諭학유, 驛丞역승, 訓導훈도, 副司勇부사용

고전예서에 근거한 집안제사 해설

이 많으면 여러 줄로 나열하여 쓴다. [22]

『사계전서』, 「의례문해」, '통례通禮', '유사즉고有事則告'에, 강석기姜碩期(조선 후기의 문신. 본
관 금천衿川, 호 월당月塘)가 묻기를, "신주에 어떤 이는 증직贈職을 먼저 쓰고 뒤에 실직實職
을 쓰고, 어떤 이는 실직을 먼저 쓰고 나서 증직을 쓰는데, 어느 것이 옳습니까?" 하니, 답하기
를, "송나라 때에는 실직을 먼저 쓰고 증직을 뒤에 썼으나, 우리나라는 증직을 먼저 쓰고 실직
을 뒤에 썼다. 우리 집 선대에서도 또한 그렇게 했으니, 갑자기 고칠 수는 없다." 하였다. 노소
재盧蘇齋(노수신盧守愼, 조선 중기의 문신이며 학자. 본관 광주光州)가 묻기를, "증직을 먼저
쓰는 것은 우리나라의 풍속인데, 거리끼지 않습니까?" 하니, 퇴계가 답하기를 "우리나라의 풍
속에서 증직을 먼저 쓰는 것은 나라의 은혜를 우선으로 하는 뜻에서이다. 그러나 벼슬의 높고
낮음과 일의 앞뒤가 모두 도치되었으므로, 고쳐서 옛날을 따르려 하나 아직 실현하지 못하고
있다." 하였다.
『사의』, 「여재편如在篇」, '상중행사지절喪中行祀之節'에, 실직과 증직은 모두 나라의 은혜이다.
(중략) 나라의 제도가 아니면 주자를 따르는 것이 옳다. (중략)『대전大全』에, 주자가 고비考妣
에게 고하는 축문을 '皇考太史吏部贈通議大夫府君(황고태사이부증통의대부부군) 皇妣孺人贈
碩人祝氏(황비유인증석인축씨)'로 하였다. (중략) 우암 가로되, "『주자대전』에 근거하면 먼저
실직을 쓰고 뒤에 증직을 쓴다. 우리 집안은 이 규범을 준용한다." 하였다.
· 정조대왕이 친히 글을 지은 이충무공의 '신도비神道碑'에, '御製有䖝水軍都督朝鮮國 贈効忠
仗義廸毅協力宣武臣 大匡輔國崇祿大夫議政府領議政兼領 經筵弘文館藝文館春秋館觀象
監事德豐府院君行正憲大夫全羅左道水軍節度使兼三道統制使諡忠武公李舜臣神道碑銘幷
序(어제유명수군도독조선국 증효충장의적의협력선무공신대광보국숭록대부의정부영의정겸영
경연홍문관예문관춘추관관상감사덕풍부원군행정헌대부전라좌도수군절도사겸삼도통제사시충
무공이순신신도비명병서)'로 증직을 먼저 썼다.

22)『사의』, 「이척편」, '제주題主'에, 신주글을 적을 때 직함職啣이 많으면 나열하여 쓴다. 안
按, 직함이 많아서 100여자에 이르면 한 줄에 다 쓰는 것은 불가하다. 옛날 사람들은 비갈碑
碣에 모두 두세 줄로 썼다. 어찌 오직 신주 면에는 반드시 한 줄을 만들어야겠느냐? 수암遂菴
(권상하權尙夏, 조선 후기의 학자. 본관 안동安東, 호 수암遂菴, 한수재寒水齋)의 언급도 이
와 같다.
· 사계의 직함은 '嘉義大夫刑曹參判贈大匡輔國崇祿大夫議政府領議政兼領經筵弘文館藝文館春
秋館觀象監事世子師諡文元公(가의대부형조참판증대광보국숭록대부의정부영의정겸영경연홍문
관예문관춘추관관상감사세자사사시문원공)'이다.

品階품계	文班문반	武班무반	宗親종친	儀賓의빈
正一品 정1품	大匡輔國崇祿大夫대광보국숭록대부 輔國崇祿大夫보국숭록대부		顯祿大夫현록대부 興祿大夫흥록대부	綏祿大夫수록대부 成祿大夫성록대부
從一品 종1품	崇祿大夫숭록대부 崇政大夫숭정대부	崇祿大夫숭록대부 崇政大夫숭정대부	昭德大夫소덕대부 嘉德大夫가덕대부	光德大夫광덕대부 崇德大夫숭덕대부
正二品 정2품	正憲大夫정헌대부 資憲大夫자헌대부	正憲大夫정헌대부 資憲大夫자헌대부	崇憲大夫숭헌대부 承憲大夫승헌대부	奉憲大夫봉헌대부 通憲大夫통헌대부
從二品 종2품	嘉義大夫가의대부 嘉善大夫가선대부	嘉義大夫가의대부 嘉善大夫가선대부	中義大夫중의대부 正義大夫정의대부	資義大夫자의대부 順義大夫순의대부
正三品 정3품	通政大夫통정대부 通訓大夫통훈대부	折衝將軍절충장군 禦侮將軍어모장군	明善大夫명선대부 彰善大夫창선대부	奉順大夫봉순대부 正順大夫정순대부
從三品 종3품	中直大夫중직대부 中訓大夫중훈대부	建功將軍건공장군 保功將軍보공장군	保信大夫보신대부 資信大夫자신대부	明信大夫명신대부 敦信大夫돈신대부
正四品 정4품	奉正大夫봉정대부 奉列大夫봉렬대부	振威將軍진위장군 昭威將軍소위장군	宣徽大夫선휘대부 廣徽大夫광휘대부	
從四品 종4품	朝散大夫조산대부 朝奉大夫조봉대부	定略將軍정략장군 宣略將軍선략장군	奉成大夫봉성대부 光成大夫광성대부	
正五品 정5품	通德郎통덕랑 通善郎통선랑	果毅校尉과의교위 忠毅校尉충의교위	通直郎통직랑 秉直郎병직랑	
從五品 종5품	奉直郎봉직랑 奉訓郎봉훈랑	顯信校尉현신교위 彰信校尉창신교위	謹節郎근절랑 愼節郎신절랑	
正六品 정6품	承議郎승의랑 承訓郎승훈랑	敦勇校尉돈용교위 進勇校尉진용교위	執順郎집순랑 從順郎종순랑	
從六品 종6품	宣敎郎선교랑 宣務郎선무랑	勵節校尉여절교위 秉節校尉병절교위		
정7품	務功郎무공랑	迪順副尉적순부위		
종7품	啓功郎계공랑	奮順副尉분순부위		
정8품	通仕郎통사랑	承義副尉승의부위		
종8품	承仕郎승사랑	修義副尉수의부위		
정9품	從仕郎종사랑	效力副尉효력부위		
종9품	將仕郎장사랑	展力副尉전력부위		

의빈: 왕족王族과 통혼通婚한 사람으로 왕족의 신분이 아닌 사람.

표 1-1. 조선시대 품계. 문무관, 종친 및 의빈 〈상례비요〉

고전에서에 근거한 집안제사 해설

品階 품계	外命婦외명부	
	文武官妻 문무관처	宗親妻 종친처
정1품	貞敬夫人정경부인	府夫人부부인(大君妻대군처)/郡夫人군부인
종1품	貞敬夫人정경부인	郡夫人군부인
정2품	貞夫人정부인	縣夫人현부인
종2품	貞夫人정부인	縣夫人현부인
정3품	淑夫人숙부인/淑人숙인	愼夫人신부인/愼人신인
종3품	淑人숙인	愼人신인
정4품	令人영인	惠人혜인
종4품	令人영인	惠人혜인
정5품	恭人공인	溫人온인
종5품	恭人공인	溫人온인
정6품	宜人의인	順人순인
종6품	宜人의인	
정7품	安人안인	
종7품	安人안인	
정8품	端人단인	
종8품	端人단인	
정9품	孺人유인	
종9품	孺人유인	

외명부: 조선시대에 왕족 및 문무관의 처에게, 남편의 품계에 따라 내리던 봉작.

표 1-2. 조선시대 품계. 외명부 〈상례비요〉〈경국대전〉

'府君(부군)'[23]은 죽은 바깥 조상에 대한 존칭이다. '~공公' 또는 '~님'이라는 뜻이다. 항렬이 낮거나 어리면 '府君(부군)' 두 글자를 뺀다.

---

23) 『지산집』, 「가례고증」, '사당', '부군府君'에, 주자 가로되, "관작官爵이 없으면 '부군府君', '부인夫人'이라고 부른 것은 한漢나라 사람들의 비문에 이미 있는데, 이는 단지 신을 존경하는 말이다. '부군'은 관부官府(지방 관청)의 군君과 같으며, 혹은 '명부明府(현령)'라고도 한다. 지금 사람들도 아버지를 '가부家府'라고 일컫는다." 하였다. 살펴보건대, '부군'은 본디 한나라 사람들이 태수太守를 부르는 칭호로, 공후公侯의 '공公'과 같은데, 바뀌어 남자의 존칭이 되었을 따름이다.

'神位(신위)'²⁴⁾는 죽은 이의 영혼이 의지할 자리를 이르는 말이다. 한문은 존대할 경우 줄을 바꾸거나 한 자字 띄어 쓰는데, '神(신)'을 높여 한 자 띄어쓰기도 하지만, 『가례』 '제목주題木主'와 『가례도』와 『가례집람』 '도설'의 '신주식神主式'에 '府君(부군)'과 '神主(신주)' 사이를 띄어 쓰지 않았고, 『사의』 '지방'에도 '신위' 앞을 띄우지 않았으니 붙이는 것이 좋겠다.

죽은 아들의 신주를 만들 때 여헌旅軒²⁵⁾은 '亡子某名神主(망자모명신주)'로, 한강寒岡²⁶⁾은 '亡子秀才神主(망자수재신주)'로 쓰도록 하였다. 그러므로 지방문도 신주글을 따라 작성하는데, 관직이 있으면 '秀才(수재)' 대신 쓰고, '神主(신주)'는 '神位(신위)'로 바꾼다. 동생도 어릴 때, 특히 관례冠禮 이전에 사망하였다면 '秀才(수재)'를 쓰는 것이 일반적이다. 동생과 아들의 지방문을 쓸 때에, '亡(망)' 대신 '故(고)'를 써도 되며, 같은 항렬의 죽은 이가 여럿이면 분별을 위해 이름을 쓰지만 혼자면 넣지 않아도 좋다. 죽은 이의 이름을 휘諱하여²⁷⁾ 아들의 경우 '一郎(일랑, 첫째 아들)', '二郎(이랑, 둘째 아들)'을

---

24) 『가례증해』, '기일'에, 묻기를, "어떤 사람의 집에서 기일 제사를 지내려 하는데 집의 방들이 정결하지 못하여 지방으로써 지자支子(맏이 이외의 아들)의 집에 설치하여 행하려 한다면 그 의식은 어떠합니까?" 하니, 지촌芝村(이희조李喜朝. 조선 후기의 문신. 본관 연안延安) 가로되, "일찍이 예에 정통한 분으로 여겼던 선인들의 학설을 보니 '지방으로 지내는 제사는 축이 없다.'는 말씀이 따로 없었다. 단지 '먼저 강신하고 뒤에 참신하는데, 당연히 먼저 사당에 사유를 고하고 나중에 축문에 종손의 이름을 써 넣는다.'고 하였다. 지방에 쓰는 글은 신판神版을 하나같이 따르되, '府君(부군)' 아래에 당연히 '神位(신위)' 두 글자를 쓴다." 하였다.

25) 장현광張顯光-조선 중기의 학자. 본관 인동仁同

26) 정구鄭逑-조선 중기의 문신이며 학자. 본관 청주淸州

27) 『사계전서』, 「가례집람」, '기일'에, 「곡례」에 이르기를, 졸곡卒哭*이 지나면 비로소 휘諱한다. 주註에, 귀신의 이름을 공경하는 것이다. '諱(휘)'는 '避(피, 피하다, 꺼리다)'다. 산 사람은 서로 이름을 부르는 것을 꺼리지 않는다. 임금과 신하의 이름이 같아도 『춘추春秋』는 나무라지 않았다. 왕숙王肅(중국 삼국시대 위나라 학자이자 정치가) 가로되, "죽고 처음에는 애통하고 놀라 허둥지둥하므로 졸곡제를 지내고 비로소 휘諱하게 한 것이다." 하였다. 『좌전左傳』에 이르기를, 주周나라 사람은 휘諱하는 것으로써 신을 섬겼다. 이름을 부르다가 죽으면 곧 이름

고전예서에 근거한 집안제사 해설

쓰기도 한다.

'顯考學生府君神位(현고학생부군신위)'를 마치 지방문紙榜文의 표준인 것처럼 여겨 벼슬 유무와 관계없이 이렇게 쓰는 사람도 있는데 매우 잘못된 것이다. 조상의 아름다움은 드러내어야 한다.[28] 오늘날에도 관직 또는 공직에 있었던 분들이나 학위를 가진 분들은 그 직함 또는 학위를 써넣는 것이 바람직하다. 옛날과 달리 직업이 매우 다양하므로 기업의 직책을 쓸 수도 있다.

· 顯妣孺人某氏神位(현비유인모씨신위)

'妣(비)'는 '亡母(망모, 죽은 어미)'를 뜻한다. 할머니는 '祖妣(조비)', 증조할머니는 '曾祖妣(증조비)', 고조할머니는 '高祖妣(고조비)'라 한다. '顯妣(현비)'는 돌아가신 어머니의 존칭으로 '높으신 어머니'나 '밝으신 어머니'라는 의미이다. 아내는 '亡室(망실)' 혹은 '故室(고실)'이라 한다.

을 휘諱하였다. *졸곡-삼우제三虞祭를 지낸 뒤에 무시애곡無時哀哭을 끝낸다는 뜻으로 지내는 제사로, 사람이 죽은 지 석 달 만에 오는 첫 강일剛日(갑甲, 병丙, 무戊, 경庚, 임壬)에 지낸다. 우제虞祭에 강일과 유일柔日을 쓰는 것은, '강剛'은 양陽에 속하면서 동動하고, '유柔'는 음陰에 속하면서 정靜하기 때문이다. 옛날에 장사는 유일을 썼으니, 장사는 그 고요한 뜻을 취하였다. 그러므로 초우初虞와 재우再虞는 모두 유일을 썼다. 삼우의 경우는 장차 옮겨서 사당에 합부合祔하려 할 때이니, 그 움직이는 뜻을 취하였다. 그러므로 강일을 썼다. 졸곡 또한 그러하다. 『의례주소儀禮註疏』의 설명이 대개 이와 같다. 〈미호집〉

28) 『상변통고常變通攷』, '상례', '석물石物'에, 『예기』 「제통祭統」에 이르기를, '명銘'이란, 그 선조의 아름다움을 드날려 후세에 밝게 드러내는 것을 말한다. '명'의 도리는 아름다운 것은 일컫고, 나쁜 것은 일컫지 않으니, 효자와 효손의 마음이다. (중략) 그 선조에게 미덕이 없는데 칭송하면 속이는 짓이며(무誣), 훌륭함이 있는데도 알지 못하는 것은 밝지 못함이고(불명不明), 알고도 전하지 못하는 것은 어질지 못함이다(불인不仁). 이 세 가지는 군자가 수치로 여기는 바이다. ·『상변통고』-류장원柳長源(조선 후기의 학자. 본관 전주全州, 호 동암東巖)이 『가례』의 체재에 따라 편찬한 책으로 영남학파 계열의 대표적 예서이며 1830년(순조 30) 후손에 의하여 편집, 간행되었다.

'孺人(유인)'은 원래 9품 문무관의 아내를 일컫는데, 여기서는 생전에 벼슬하지 못한 사람의 아내를 높여 부르는 말로, '學生(학생)'과 대구對句가 된다. 남편이 벼슬을 했다면 그 직급(표 1)에 따라 '貞敬夫人(정경부인)', '貞夫人(정부인)', '淑夫人(숙부인)', '淑人(숙인)' 등 부인의 작호爵號를 쓰는데, 지금은 성균관에서 '夫人(부인)'으로 할 것을 권하고 있다. 비위妣位의 관직이나 학위가 있으면 '夫人(부인)' 대신 쓸 수 있다.

'某氏(모씨)'에는 '慶州李氏(경주이씨)', '高靈朴氏(고령박씨)'처럼 제사 대상의 본관과 성씨를 쓴다.[29]

여러 문헌[30]을 참고하여 지방문의 예시를 표 2에 나타내었다. 백숙부모

---

29) 『사의』, 「이척편」, '제주'에, 명재明齋(윤증尹拯, 조선 후기의 학자. 본관 파평坡平) 가로되, "부인의 '성姓'과 '관향貫鄕'에 대해서는, 아마 우리나라의 풍속이 비록 성은 같더라도 관향이 다르면 혼인을 맺으므로, 성과 관향을 써 같은 성이 아님을 구별하는 것이다. 풍속을 따라 쓰는 것이 무방하다." 하였다. 『예설유편禮說類編』에는, "'성'과 '관향'을 풍속을 따라 쓰는 것은 식별에 도움이 된다. 중국의 성보姓譜(족보)에는 '이씨李氏는 농서隴西에서 나왔고 류씨柳氏는 하동河東에서 나왔다.'같이 되어 있으며 우리나라처럼 갈림이 많지 않으니 반드시 쓸 필요가 없다. 그러므로 예에는 빠져있다." 하였다. ·『예설유편』-이익이 『퇴계집退溪集』에 수록되어 있는 편지 가운데 예에 대해 논한 것을 분류하여 편찬하였다. 『퇴계집』-1598년(선조 31) 간행된 대유학자 퇴계 이황李滉의 문집.

30) 『사계전서』, 「상례비요」, '급묘及墓', '축문식'을 보면, 백부모는 '顯伯父某官府君(현백부모관부군)', '顯伯母某封某氏(현백모모봉모씨)'라 하고 숙부모叔父母도 마찬가지로 하며, 형은 '顯兄某官府君(현형모관부군)', 형수는 '顯嫂某封某氏(현수모봉모씨)', 누나는 '顯姊某氏(현자모씨)', 아내는 '亡室某封某氏(망실모봉모씨)', 동생은 '弟某(제모)' 아들은 '子某(자모)'에게 고하는 양식으로 설명되어 있으며, 『주원양제록周元陽祭錄』을 인용하여 남자 상주가 없어서 며느리가 시부모 제사를 모실 경우 '顯舅某官封諡(현구모관봉시)', '顯姑某氏(현고모씨)'라 하고 아내가 남편에게 제사 지내면 '顯辟某官封諡(현벽모관봉시)'라고 한다 하였다.
『상변통고』, '시제', '제처친속칭祭妻親屬稱'에, 퇴계 가로되, "처의 친속의 제사는 옛날에도 근거가 없다. 지금 풍속을 따라 이미 행해야 한다면 처부妻父에 대해서는 외구外舅라 부름이 마땅하고, 처모妻母에 대해서는 외고外姑라 부름이 마땅하다." 하였다.
『퇴계집』, 「언행록」에, 학봉鶴峰(김성일金誠一, 조선 중기의 문신이며 학자. 본관 의성義城)이 "아내가 죽었는데 자식이 없고 그 뒤를 이을 양자도 없을 때 그 신주나 축문의 글을 어떻게 합니까?" 하니, 선생께서 가로되 "그 신주에는 '故室某封某氏(고실모봉모씨)'라고 써야 한다. 주자의 문인이

고전예서에 근거한 집안제사 해설

伯叔父母는 '考(고)'와 '妣(비)'를 쓰지 않은 제문이 많지만, '考妣(고비)'를 쓰는 것이 옳다는 학자들도 있다.[31]

일찍이 이에 대해 물었더니, 주 선생은 당연히 '亡室(망실)'이라고 써야 한다고 하셨다. 그러나 내 생각에는 '亡(망)' 자는 너무 박절한 것 같아 차마 죽음에 이르지 못하게 하려했던 마음을 나타내는 뜻이 아닌 듯하니, '故(고)' 자로 쓰는 것이 무방할 듯하다. 그리고 축의 고하는 글 또한 같다. 다만 고하는 사람에는 당연히 남편의 성명을 써야 하지만 '夫(부)' 자는 꼭 쓸 필요 없다. 또 '敢昭告(감소고)'도 또한 고쳐서 '謹告(근고)'라고 하거나 '敢昭(감소)' 두 자는 빼는 것이 아마도 옳은 듯하다." 하셨다.

『율곡전서栗谷全書』, 「어록語錄」에, 묻기를, "처妻의 상喪에 남편이 주상主喪인데, 신주는 어떻게 쓰며, 축사祝詞는 또한 어떻게 칭해야 합니까?" 하니, 답하여 가로되, "신주는 의당 '故室某鄕某氏(고실모향모씨)'라고 쓰고 방주旁註는 없는 것이 옳다. 축은 의당 '夫某告于故室某鄕某氏(부모고우고실모향모씨)라고 일컫는다." 하셨다. ·『율곡전서』-해동공자海東孔子라고 일컬어지는 율곡의 전집으로 이미 간행된 시집, 문집, 속집, 외집, 별집 등을 합본하고 『성학집요聖學輯要』, 『격몽요결』 및 부록을 보충하여 1749년(영조 25) 간행되었다.

『사의』, 「이척편」, '제주'에, 주자는 처의 신주에 '亡室(망실)'이라 썼고, 퇴계는 '亡(망)' 자가 미안하여 '故(고)' 자로 고쳤다. 그러나 『예기』에는, 살아서는 '父(부)', '母(모)', '妻(처)'라 부르고, 죽으면 '考(고)', '妣(비)', '嬪(빈)'으로 부른다고 되어 있고 주註에 '嬪(빈)'은 법도가 있는 부인의 칭호라고 하였다. (중략) 한위공韓魏公(한기韓琦, 중국 북송의 정치가)의 『제식祭式』은, 처가 죽으면 또한 '顯嬪(현빈)'이라고 한다고 하였다. 『예설유편』은, 『가례』에는 '皇(황)' 자, '顯(현)' 자 있는 것을 보지 못하였는데, 처의 신주는 실로 마땅히 이 법식을 따라야한다. '亡(망)' 자와 '故(고)' 자는 모두 확실하지 않으며 '嬪(빈)'으로 일컫는 것이 실로 마땅하다. 후대에 법률이 세밀해져서 '皇(황)' 자를 금지하는 따위의 일이 이따금 있을 것이다. 그러면 '嬪(빈)'을 칭하면 사람들은 반드시 몹시 두려워하며 바라볼 것이니 하는 수 없으면 '配(배)'라 칭하는 것이 아마도 비슷하게 가까운 답일 것이라고 하였다. (중략) 안按, 옛날 사람들은 '嬪(빈)'이라고 칭하는 것을 꺼려하지 않았다.

『백호전서白湖全書』, 「잡저雜著」, '독서기효경외전하讀書記孝經外傳下'에, 『이아爾雅』 '친속기親屬記'에는, 형의 아내를 '嫂(수)'라 하고 동생의 아내를 '婦(부)'라 한다고 하였다. ·『백호전서』-윤휴尹鑴(조선 후기의 문신이며 학자. 본관 남원南原)의 문집. 『이아』-중국에서 가장 오래 된 된 자전字典, 훈고서訓詁書.

31) 『상변통고』, '제주題主', '백숙부모신주속칭伯叔父母神主屬稱'에, 묻기를, "백숙부모는 '伯考妣(백고비)', '叔考妣(숙고비)'라고 쓰고, 방주旁註는 '姪子某奉祀(질자모봉사)'라고 하는 것이 마땅합니까?" 한강 가로되, "'顯伯考(현백고)'라고 말해야 마땅할 듯하고, 방주를 쓰면 '從子某(종자모)'라고 해야 마땅할 듯하다." 하였다.
『여헌집旅軒集』, '답문목答問目', '답김여함答金汝涵'에, 우리나라 선현들은 백숙부에게도 '考(고)' 자를 사용하였을 따름이다. ·『여헌집』-장현광의 문집.

증조부	증조모	조부	조모	부	모
顯曾祖考處士府君神位	顯曾祖妣孺人青松沈氏神位	顯祖考學生府君神位	顯祖妣孺人晉陽姜氏神位	顯考文學博士釜山大學校教授府君神位	顯妣夫人密陽朴氏神位
현증조고처사부군신위	현증조비유인청송심씨신위	현조고학생부군신위	현조비유인진양강씨신위	현고문학박사부산대학교교수부군신위	현비부인밀양박씨신위

장인	장모	숙부	숙모	형	형수
顯外舅生員晉陽鄭府君神位	顯外姑孺人全州李氏神位	顯叔父副理事官東萊區區廳長府君神位	顯叔母夫人延安李氏神位	顯兄浦項製鐵理事府君神位	顯嫂校長金海許氏神位
현외구생원진양정부군신위	현외고유인전주이씨신위	현숙부이사관동래구구청장부군신위	현숙모부인연안이씨신위	현형포항제철이사부군신위	현수교장김해허씨신위

| 동생 | 제수 | 남편 | 아내 | 아들 | 며느리 |

亡弟學生夢龍神位 / 망제학생몽룡신위

亡弟婦孺人慶州崔氏神位 / 망제부유인경주최씨신위

顯壁法學士府君神位 / 현벽법학사부군신위

故室孺人文化柳氏神位 / 고실유인문화류씨신위

亡子秀才二郎神位 / 망자수재이랑신위

亡子婦孺人光山金氏神位 / 망자부유인광산김씨신위

표 2. 지방 서식 예시

孝子之祭可知也 其立之也 敬以詘 其進之也 敬
以愉 其薦之也 敬以欲 退而立 如將受命 已徹而
退 敬齊之色不絕於面

효자의 제사는 알 수 있다. 서 있음에 공경하여 몸을 굽히고, 앞으로 나아
감에 공경하여 기쁜 안색으로 하며, 음식을 올림에 흠향하시기를 바라고,
물러나 서 있음에 장차 명을 받을 것처럼 하며, 음식을 거두고 물러남에
공경하고 삼가는 기색이 얼굴에서 끊어지지 않는다.

〈예기〉

❀ 축祝과 고사식告辭式

축은 봉사자가 제사의 대상에게 제사의 연유와 감회를 밝히고 마련한 제수祭需를 권하는 글이다. 또 옛날에는 '유사즉고有事則告'라 하여 일이 있을 때마다 축문을 작성해 사당에서 조상님들께 고했기 때문에, 제사와 여러 대소사에 따른 축식이 예서에 나와 있다. 그러므로 제사의 종류에 맞는 축문 서식을 택하여 날짜, 봉사자와 봉사대상을 써넣으면 되므로, 조금만 익히면 누구나 쉽게 축을 만들 수 있다. 축문을 한지에 붓으로 쓰면 정성스럽고 또 제사를 마친 후 분축焚祝하기에 용이하지만, 컴퓨터로 작성하고 출력하여 사용하기도 한다. 종이의 크기는 대략 A4용지 정도가 적당하다.

축과 고사식의 작성법과 해석

축과 고사식의 작성은 『사례편람』과 『사례집의』에서 대부분 근거하였다. 두 예서의 축식은 거의 같지만 『사례편람』은 '연호'를 넣었고 『사례집의』는 '연호' 없이 '維歲次(유세차)'로 시작하여 조금 차이를 보인다. 『사례편람』의 축문식祝文式과 고사식告辭式을 검토해 보면, 한문표기법의 대두擡頭 방법을 따라, 조상을 뜻하거나 제사 대상과 직접 관계있는 글자나 단어, 즉 '顯某親(현모친)', '諱日(휘일)', '神(신)', '封瑩(봉영)', '尊靈(존령)', '先訓(선훈)', '祠堂(사당)', '土地之神(토지지신)', '古塚之神(고총지신)', '古墓之靈(고묘지령)', '始祖(시조)', '饗(향)' 등은 줄을 바꾸고 첫 글자를 다른 줄의 첫 글자보다 한 자 높게 쓰거나, 줄을 바꾸지 않은 경우는 한 자 띄어 써서 존대하였다. 임금이나 조정朝廷과 연관이 있는 '年號(연호)', '制書(제서)', '教旨(교지)', '恩(은)', '朝(조)', '襃贈(포증)', '陛(폐)' 등의 글은 줄을 바꾸어 다른 줄보다 두 자 높게 쓰거나, 한 자 띄어 써서 더 존중하였다.

· **기제축**忌祭祝

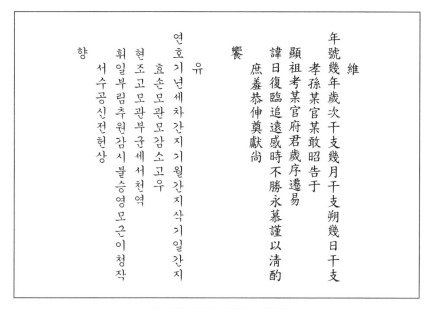

維
年號幾年歲次干支幾月干支朔幾日干支
　孝孫某官某敢昭告于
顯祖考某官府君歲序遷易
諱日復臨追遠感時不勝永慕謹以清酌
庶羞恭伸奠獻尚

饗

유
연호기년세차간지기월간지삭기일간지
　효손모관모감소고우
현조고모관부군세서천역
휘일부림추원감시불승영모근이청작
서수공신전헌상

향

표 3. 할아버지 단위제 기제축식 〈사례편람〉

표 3과 4의 축식을 참고한다.

'維(유)'는 제문의 첫머리에 쓰는 말로 '생각하건대' 정도의 뜻이다.

'年號(연호)'[32]의 경우, 성균관에서 '檀君紀元(단군기원)'을 연호로 쓸 것을

─────────

32) 연호年號는 명대明代까지 쓰다가, 병자호란(인조14년, 서기1636년) 후 민간에서 되의 나라인 청의 연호를 배척하여 연호를 빼고 '維歲次云云(유세차운운)'으로 쓰거나, 명나라의 마지막 황제인 의종毅宗의 연호인 '崇禎(숭정, 인조6년 1628년 무진戊辰부터 인조22년 1644년 갑

권장하고 있다. 연호는 줄을 바꾸어서 두 자 높게 쓴다.

'歲次(세차)'는 '간지干支를 따라서 정한 해의 순서'를 말하며, '歲次(세차)' 다음에 그 해의 간지를 넣는다. 예로서 단기 4345(서기 2012, 임진)년에 10월 15일이 기일이면, '維檀君紀元四千三百四十五年歲次壬辰云云(유단군기원4345년세차임진운운)'이다.

'幾月干支朔(기월간지삭)'은 제사 지내는 달과 제사 지내는 달 초하룻날의 일진日辰이며,[33] '幾日干支(기일간지)'는 제사 지내는 날짜와 제사 지내는 날의 일진이다. 2012년 시월 초하루의 일진이 '己卯(기묘)'이고, 15일의 일진이 '癸巳(계사)'이므로 '維檀君紀元四千三百四十五年歲次壬辰十月己卯朔十五日癸巳云云(유단군기원4345년세차임진시월기묘삭십오일계사운운)'으로 한다.

'孝孫(효손)'에서 '孝(효)'는 '맏이'라는 뜻으로 제사를 지낼 권리와 의무를 내포하고 있다. 고비考妣 기일제사에는 '孝子(효자)', 조고비 제사에는 '孝孫(효손)', 증조고비 제사에는 '孝曾孫(효증손)', 고조고비 제사에는 '孝玄孫

신甲申까지)'을 계속 써 왔다. '維崇禎紀元四十九年歲次丙辰(유숭정기원사십구년세차병진)', '維崇禎甲申後七十三年丙申(유숭정갑신후칠십삼년병신)', '維崇禎百六十九年歲次丙辰(유숭정백육십구년세차병진)', '維崇禎後歲次再丙辰(유숭정후세차재병진)', '維崇禎三周戊子(유숭정삼주무자)', '維崇禎紀元後五回甲庚子(유숭정기원후오회갑경자)' 등의 양식이 조선후기의 제문에 흔히 보인다. 그 후 대한제국의 '光武(광무)', '隆熙(융희)'를 잠시 거쳐, 일제의 연호인 '明治(명치)', '大正(대정)', '昭和(소화)' 역시 축문에 쓸 수 없었다. 대한민국 정부 수립 후 1948년 9월 25일, 국회 60차 본회의에서 통과된 대한민국 법률 제4호 '연호에 관한 법률'에 의해 '檀君紀元(단군기원)'이, 1962년 1월 1일 '서력기원'으로 바뀌기 전까지, 국가공용연호로 쓰였다. 단군기원은 우리나라 시조 단군왕검이 고조선을 개국하고 즉위한 BC. 2333년을 원년으로 하는 연호이다.

33) 『사계전서』, '상제례답문변의喪祭禮答問辨疑'에, 퇴계가 김백영金伯榮에게 답하여, "모삭某朔이라고 칭하는 것은 월건月建(각 달의 간지干支)으로 칭해야 마땅할 듯하다. 그러나 일찍이 옛글을 상고해 보니 진실로 모두 삭일朔日(초하룻날)의 간지干支를 가리키고 있었다. 대개 옛사람들은 삭일을 중하게 여겼는데, 삭일이 차이가 나면 날짜가 모두 차이가 나기 때문에 반드시 겉으로 드러내어 말했을 따름이다." 하였는데, 모삭이라고 칭한 것은 월건이 아니라, 바로 삭일의 간지임이 분명하다. 『서경書經』「이훈伊訓」에 보인다.

(효현손)'[34])으로 한다. 남편의 제사에는 '主婦(주부)', 아내의 제사에는 '夫(부)'
라 하며, 기타 친속관계에 따라 쓴다.

'某官某(모관모)'는 '아무 벼슬하는 누구' 즉 제사 지내는 주인(봉사주인奉祀
主人)의 벼슬과 이름이다. 예서에는 관직을 적도록 되어 있지만 요즈음은
보통 이름만 쓴다. 제弟 이하의 제사에는 쓰지 않는다. 만일 봉사주인이
사정이 있어 직접 제사 지내지 못하고 대행하게 할 때에는, 글을 덧붙여
야 한다. [35])

<hr>

34) 『백호전서』, 「잡저」, '독서기효경외전하'에, 『이아』 '친속기'에는 자손의 호칭이 아래로 자
子, 손孫, 증손曾孫, 현손玄孫, 내손來孫(5대손), 곤손昆孫(6대손), 잉손仍孫(7대손), 운손雲
孫(8대손)으로 되어 있다.
『사계전서』, 「의례문해」, '유사즉고'에, 송나라 진종眞宗 대중상부大中祥符 5년 겨울 10월에 성조
聖祖가 연은전延恩殿에서 태어났는데, 황제의 명으로 성조의 이름을 '玄(현)'이라 하고 곧 '玄(현)'
자를 쓰지 못하게 하였다. 이보다 앞서 공자를 '玄聖文宣王(현성문선왕)'에 추봉追封하였는데, 이
때에 '至聖文宣王(지성문선왕)'으로 고쳤으니, 이는 '玄(현)' 자가 성조의 휘諱를 범하였기 때문이
다. 구씨 가로되, "송나라 때 '玄(현)' 자를 피휘하여 모든 경전 중의 '玄(현)' 자를 모두 '元(원)' 자
로 고쳤다. 그러므로 『가례』에 '元孫(원손)'이라 칭했다. 지금은 모두 고쳐서 '玄(현)' 자를 따른
다." 하였다. '玄(현)'은 친속親屬관계가 희미하여 분명하지 않은 것이고, '孫(손)'은 후손이다.
『사계전서』, 「의례문해」, '부附 길제吉祭', '고오대조자칭현손告五代祖自稱玄孫'에, 황종해黃宗
海(조선 중기의 학자. 본관 회덕懷德, 호 후천朽淺)가 묻기를, "오대조에게 고하면, 자기 자신
은 당연히 오대손 혹은 내손來孫이라고 칭해야 하는데, 지금은 현손이라고 하고 있습니다. 현
손은 바로 고조에게 고할 때 쓰는 칭호입니다. 어떻습니까?" 하니, 답하기를, "'예경』에 가로
되, '증조 이상은 모두 증조라고 칭한다.' 하였으니, 이로 미루어 보면 현손이라고 칭하는 것도
또한 가능하네. 그러나 오대손이라고 칭해도 또한 무슨 방해가 되겠는가. 내손이라는 칭호는
옛날에는 비록 있었으나, 선현들이 쓰지 않은 바이니, 감히 해설하지는 못하겠다." 하였다.
· 현손玄孫은 먼 자손을 통칭하는 의미로도 쓰인다.

35) 『가례』, '사시제'에, 옛사람은 종자가 가문을 잇고 제사를 주관하며, 벼슬살이도 고향을 벗
어나지 않았다. 그러므로 사당에는 신주가 비지 않았으며, 제사는 반드시 사당에서 지냈다. 오
직 종자가 멀리 다른 나라에 있으면 제사를 지낼 수 없어서 집에 거주하는 서자庶子(맏아들 이
외의 모든 아들)가 대신하였는데, 축은 '孝子某使介子某執其常事(효자모사개자집기상사)', '효
자 아무개가 개자 아무개로 하여금 제사를 주관하게 시켰습니다.'라고 한다. 그러나 오히려 감
히 사당에 들어가지 못하고, 특별히 사당을 바라보는 제단을 만들어 제사를 지냈다. 대개 조상
을 높이고 종자를 공경하는 엄숙함이 이와 같았다.

·개자介子는 맏아들 이외의 아들로 벼슬이 있을 때 칭한다. 『증자문曾子問』 진주陳註에, '개자介子는 서자庶子이다. 서자라고 하지 않고 개자라고 한 것은 서자는 비천한 칭호이기 때문이다. 개介는 보좌한다는 뜻이니 또한 귀한 이를 귀하게 여기는 도리이다.' 하였다.

『상변통고』, '시제', '섭주축식攝主祝式'에, 묻기를, "종자가 늙어서 조상의 제사를 자식에게 물려주었다면(전중傳重), 사정이 있어 제사에 참여하지 못하는 경우와는 차이가 있다. 만약 제사를 물려받았다고(수중受重) 하여 갑자기 '孝(효)'를 칭한다면 마음에 결코 편안하지 못한 바가 있다." 하니, 동춘 가로되, "다만 마땅히 '孝子某衰耗不堪事使子某云云(효자모쇠모불감사사자모운운)', '효자 아무개가 쇠약해져 제사를 감당하지 못하여 아들 아무개를 시켜서~' 하고 아뢰는 것이 옳다." 하였다. (중략) 종자에게 특별한 사정이 있으면 축사에 '使(사)'자를 당연히 쓰는데, 아마도 항렬의 높고 낮음이 없다. 대개 종자에게는 군주의 도가 있으니, 비록 부형이 주인의 앞줄에 자리하더라도, 오히려 주인의 동쪽에 있으면 도리어 주인의 아래에 자리한 것이다.

『가례증해』, '사시제'에, 퇴계가 가로되, "종자가 죽었는데 입후立後하기 전이라면 임시로 막내가 섭주를 하고, '孝(효)'는 칭하지 말며 단지 이름만 써서 섭주하는 뜻을 섭행하는 첫 제사에 마땅히 고해야 한다. 그 뒤에는 단지 '攝祀事子某云云(섭사사자모운운)', '대신하여 제사 지내는 일을 맡은 아들 아무개가~'라고 한다." 하였다. (중략) 우암 가로되, "무릇 제사에 주인에게 연유가 있어 자제를 시켜 대신하는 것은 『가례』부주附註에 상세하다. 그러나 대행하는 사람이 존항尊行(부모의 항렬 이상에 해당하는 항렬)이면 '使(사)'자를 쓰는 것이 편치 않다. 그러므로 속례俗禮는 고쳐서 '孝子某有故代叔父或兄云云(효자모유고대숙부혹형운운)', '효자 아무개가 특별한 사정이 있어서 숙부 또는 형님께 대행하게 하여~'이라 하고, 조상에 대한 속칭屬稱(친족 간의 호칭)은 당연히 대행하는 이를 따르는데, 예에 꼭 맞는지는 알지 못하겠구나." 하였다. 또 가로되, "숙부가 대행하는데 종자의 속칭을 써서 그 아버지를 조부라고 칭하는 것은 이미 편안하지 못한 바가 있다. 만약 혹시 자기의 속칭으로 칭한다면, 또 조상을 높이고 종자를 공경하여 감히 사당에 들어가지 못한다는 뜻과 서로 어긋난다. 이에 대해 예사롭게 멋대로 지어내려는 뜻을 감히 가지지 못하였으므로 지난번 편지에서 '어떠할지 모르겠다.'고 답하였다." 하였다. (중략) 수암이 가로되, "종자가 질병이 있어 제사에 참여하지 못하면, 축사祝辭를 고쳐서 '孝孫某有疾病介子某代行薦禮敢昭告云云(효손모유질병개자모대행천례감소고운운)', '효손 아무개가 질병이 있어 개자 아무개가 대행하여 제사를 올리며 ~께 감히 소상히 아룁니다.'라고 한다." 하였다. 우안愚按, 존항이 섭행攝行할 때 조상의 속칭은, 우암이 비록 두 가지 설을 냈지만, 종자가 서자를 시켜 제사를 대행하게 하는 축에 '使介子某(사개자모)', '아들 아무개를 시켜서'로 하고 '使介弟(사개제)', '동생을 시켜서'로 하지 않은 『증자문』에 근거하면, 이는 조상이 하는 속칭을 사용하지 종자가 쓰는 속칭을 사용하지 않음이 분명하다. 이제 만약 '代叔父或兄(대숙부혹형)'이라고 하면 이는 종자의 속칭을 사용한 것으로 『증자문』의 '介弟(개제)'라고 칭하지 않은 뜻이 아니다. 이제 고조의 제사에 숙부가 섭행하여 고하기를, '代叔父敢昭告于曾祖(대숙부감소고우증조)', '숙부가 대신하여 감히 증조께 소상히 아룁니다.'라고 하면, 거기에 '숙부'라고 한 것은 종자를 위주로 하였고, '증조'라고 한 것은 대행하는 자를 위주로 하여 한 개의 축문에 호칭이 뒤섞여 반쯤 올리다가 아래로 떨어져 아마도 편안하지 않겠다. 마땅히 '介曾孫某敢攝告于曾祖云云(개증손모감섭고우증조운운)', '지차증손 아무개가 감히 섭행하여 증조~께 아룁니다.'라고 해야 하고, 모두 '代(대)'자나 '使(사)'자를 쓰지 않는 것이 옳다. 서자로서 벼슬이 있는 자는 이미 개자라고 불렸고, 사당에 들어가서 제사를 대행하는 것을 허용한 『증자문』에 근거하면, 이와 같이 칭하여도 불가하지 않은 것 같다. 우암이 이른바 감히 사당에 들어갈 수 없다고 한 것은 아마 반드시 그렇지는 않은 것 같다. 또한 『가례』에서 일반적으로 개자라고 부른 것은 벼슬이 있고 없음을 헤아리지는 않았다. 이는 자제로 하여금 대행하게 하면서 고하는 것과는 일의 근본이 스스로 다르다. 만약 자제에게 시키면, 아마도 어쩔 수 없이 '使介子某或使子某告于高祖云(사개자모혹사자모고우고조운)', '개자 아무개를 시켜서 또는 아들 아무개를 시켜서 고조~께 아룁니다.'라고 하는데 어떨지 모르겠다.

『사의』, 「여재편」, '사시제'에, 만일 종자에게 연유가 있어 존항을 시켜 대신하게 하면 '謹代某親某(근대모친모)', '아무 친속 아무개로 삼아 대신하게 하여'로 이르면 마땅할 듯하며, '使(사)'를 쓰는 것은 적합하지 않다. 남계 가로되, "존항은 '屬(촉)' 자를 마땅히 쓰지만 아마도 '代(대)' 자만 못한 것 같다." 하였다.

『사례집의』, '사시제', '축문식'에, 종자가 어리면 '某幼未將事屬某親某(모유미장사촉모친모)', '아무개가 어려서 제사를 받들 수 없어 아무 친속 아무개에게 부탁하여'로 한다.

『사례집의』, '기제', '축문식'에, 어머니 기일제사에 아버지를 대신하면 '夫某使子某(부모사자모)', '남편 아무개가 아들 아무개를 시켜서'로 한다.

『사례집의』, '묘제의', '축문식'에, 사정이 있어서 대행하면 '某有故未得將事使某親某(모유고미득장사사모친모)', '아무개가 사정이 있어 제사를 받들기 적합하지 못하여 아무 친속 아무개로 하여금'으로 한다.

『사례집의』, '선조묘제의', '축문식'에, '五代孫某有故未得將事代某官某(오대손모유고미득장사대모관모)', '5대손 아무개가 사정이 있어 제사를 받들기 적합하지 못하여 아무 벼슬 아무개가 대행하게 하여', 항렬이 다르면 '五代孫某有故未得將事代幾代孫某官某(오대손모유고미득장사대기대손모관모)', '5대손 아무개가 사정이 있어 제사를 받들기 적합하지 못하여 몇 대손 아무 벼슬 아무개가 대행하게 하여'라고 하며, 선조의 호칭은 대행하는 사람의 속칭을 쓴다.

『상변통고』, '기일', '출주고사出主告辭'에, 대신 고하고 출주할 경우에도 주인의 속칭을 씀이 마땅하니, 고하는 자와 속칭이 서로 부합하지 않아서이다. 또한 '故室(고실)'이나 '亡子(망자)' 등과 같은 경우에는 더욱 극히 거북하니, 축사를 '孝子某今以顯考某官府君遠諱之辰使男某敢請神主云云(효자모금이현고모관부군원휘지신사남모감청신주운운)', '효자 아무개가 지금 아버지께서 돌아가신 날에 아들 아무개로 하여금 감히 신주께 청하여~'로 조처함이 아마도 마땅할 것이다. 신위에 따른 축사 준비는 모두 이 예를 따른다.

· 항렬이 다른 사람에게 제사를 대행하게 하는 경우, 축문에 대행하는 자의 속칭은 종자를 위주로 설명되기도 하였고, 조상을 위주로 해야 한다는 설도 있다. 또 선조의 호칭은 대행하는 사람을 위주로 칭한다고 『사례집의』에 쓰여 있으나, 우암의 언급대로 종자를 공경한다는 뜻과 맞지 않는다. 『가례증해』에서 대행자의 호칭은 조상을 위주로 하고, 조상에 대한 호칭 역시 대행자를 기준으로 작성함이 옳다고 하면서도, 고조 제사에 아들을 대행시킬 때 '使子某告于高祖(사자모고우고조)'라고 할 수밖에 없다고 한 것을 보면 어려운 문제임에는 틀림없다. 먼 조상에게 제사 지내는 친진조 묘제는 종자의 개념이 이미 없고, 신주를 설치하지도 않으므로, 축문에서 조상을 기준으로 대행자를 호칭하고, 또 대행자를 위주로 조상을 호칭하면, 아무런 문제가 없고 예서들의 해설과도 합치된다. 그러나 기제나 명절제사를 지낼 때 축문에서 대행자를 위주로 조상을 속칭하면, 축문의 조상에 대한 호칭과 신주의 내용이 맞지 않아서 몹시 혼란스러웠을 것이다. 『사례집의』에서 대행자에 따라 조상의 속칭을 고치라는 구절이 '선조묘제의'에만 있

'敢昭告于'는 일반적으로 '감소고우'라고 읽지만, '감조곡우'로 읽어야한 다고 주장하는 일부 학자도 있다. '감소고우'면 '감히 소상히 ~께 아룁니다.', '감조곡우'면 '감히 밝혀 ~께 청합니다.'로 풀이할 수 있다.[36] 아내에게는 '敢(감)'자를 빼고 '昭告于(소고우)'라고 쓰고,[37] 弟弟 이하에는 '敢昭(감소)'를 빼고 '告于(고우)'라고 쓴다.

'顯祖考(현조고)' 이하는 '지방 작성법과 해석'을 참고한다.

'歲序遷易(세서천역)'은 '해가 바뀌었다.'는 뜻이다.

'諱日復臨(휘일부림)'은 '돌아가신 날에(이) 다시 임하여'[38]의 뜻이다. 처妻, 弟弟 이하는 '亡日復至(망일부지)'[39]라 쓴다. '죽은 날에(이) 다시 이르러'라는 뜻이다.

병제를 지내는 경우 '敢昭告于(감소고우)' 다음에 고위와 비위를 나란히 쓰

고, '기제의'나 '묘제의'에 없는 것은 이 때문이 아닌가 생각된다. 이처럼 예서마다 차이가 있는데, 누가 제사를 대행하더라도 축문을 종자가 조상에게 아뢰는 글로 본다면, 『상변통고』 기일의 출주고사에 제시된 대로 종자와의 친속관계에 따라 대행자를 호칭하고, 또 종자가 대행자를 시켜 조상에게 간접적으로 고하는 글이므로, 조상의 속칭도 종자를 위주로 한다면, 혼란스럽지 않겠다. 즉 고조 제사에 종자의 숙부가 대행하면 '孝玄孫某有故(未得將事)使(또는 代代, 謹代 근대 또는 屬촉)叔父某敢昭告于顯高祖(효현손모유고사숙부모감소고우현고조)'로 하고, 동생이 대행하면 '孝玄孫某有故(未得將事)使弟某敢昭告于顯高祖(효현손모유고사제모감소고우현고조)'로 하며, 아들이 대행하면 '孝玄孫某有故(未得將事)使子(또는 男남)某敢昭告于顯高祖(효현손모유고사자모감소고우현고조)'로 할 수 있다.

36) 『대한한사전大漢韓辭典』에, '昭'는 운韻이 '소'면 '소명할(詳)', '태평세월'의 뜻이고, 운이 '조'면 '나타날(著)', '빛날(光)', '깰(曉)', '밝을(明)'의 뜻이다. '告'는 운이 '고'면 '알릴(報)', '여쭐(啓)', '물을(問)', '가르칠(敎)' 등의 뜻이고, '곡'이면 '청할(請)', '보일(示)', '찾을(尋)'의 뜻이다. · 『대한한사전大漢韓辭典』-장삼식張三植 편, 성문사省文社, 1964.

37) 『사의』, 「여재편」, '기일'에, 처에게는 '謹告(근고, 삼가 고합니다.)'-『퇴계집』에는 '謹告于(근고우)'로 되어 있다. 주석 30번 참고-로 하고 자제子弟 이하는 단지 '告于(고우)'라고 한다.

38) '復의 운韻은 '부'로 하여야 '다시'라는 뜻이다.

39) 『사의』, 「여재편」, '기일'에, 처, 제 이하는 '忌日復至(기일부지)', '기일이 다시 오니'로 한다.

고전예서에 근거한 집안제사 해설

維歲次干支幾月干支朔幾日干支

孝孫某官某敢昭告于

顯祖考某官府君

顯祖妣某封某貫某氏歲序遷易

顯祖考諱日復臨追遠感時不勝永慕

謹以清酌庶羞恭伸奠獻尚

饗

유세차간지기월간지삭기일간지

효손모관모감소고우

현조고모관부군

현조비모봉모관모씨세서천역

현조고휘일부림추원감시불승영모

근이청작서수공신전헌상

향

표 4. 할머니와 병제幷祭하는 할아버지 기제사 축식 〈사례집의〉

고, '歲序遷易 某親諱日復臨(세서천역 모친휘일부림)', '해가 바뀌어 아무 친속
의 돌아가신 날에(이) 다시 임하여'로 하는데, '某親(모친)'에 '顯考(현고)' 또
는 '顯妣(현비)'를 넣으며 속칭에 따라 바꾼다. 〈상례비요〉 성호星湖는 '某
親(모친)'에 '顯考府君(현고부군)' 또는 '顯妣夫人(현비부인)'을 넣게 하였다.[40]
고와 비가 같은 날이면 '某親(모친)'을 언급하지 않는다(표 4).

'追遠感時不勝永慕(추원감시불승영모)'에서 '追遠(추원)'[41]은 '조상님을 추모

---

40) 『성호전집』, 「잡저雜著」, '제식'에, 선고의 기일이면 '顯考府君諱日復臨(현고부군휘일부
림)', '아버님의 돌아가신 날이 다시 임하여'라고 하고, 선비의 기일이면 '顯妣夫人諱日復臨(현
비부인휘일부림)', 어머님의 돌아가신 날이 다시 임하여'라고 하며, 선비가 두 분 이상이면 '顯
妣某氏夫人(현비모씨부인)'이라고 한다.

41) '追'는 '좇다'라는 뜻인데, 정신적으로 무엇을 추구하거나 따르는 행위를 말하며, '遠'은 '멀
다'라는 뜻이 주이지만 '선조先祖'라는 뜻도 있다. 『주희집주논어朱熹集註論語』에서는 '追遠者祭

하며' 또는 '제사에 정성을 다하며', '感時(감시)'는 '그 때를 느끼니' 또는 '시절을 느끼니', '不勝永慕(불승영모)'는 '길이 흠모하는 마음을 이길 수 없습니다.'는 의미이다. 즉 '조상님의 얼을 본받고 추모하며 살아계시던 당시를 회상하니, 또는 조상님의 제사에 정성을 다하며 시절을 느끼니, 길이 흠모하는 마음을 이길 수 없습니다.'로 풀이된다. 아버지와 어머니의 기제축에는 '不勝永慕(불승영모)'를 '昊天罔極(호천망극)'으로 고친다. '昊天罔極(호천망극)'은 '은혜가 하늘같이 넓어서 끝이 없습니다.'는 뜻이다. 방친傍親(방계의 친척)과 처妻와 제弟 이하는 '追遠感時不勝永慕(추원감시불승영모)' 여덟 글자를 없애고, '不勝感愴(불승감창)'으로 한다. 『사례집의』에 아내는 여덟 자 대신 '不勝愴悼(불승창도)'로, 제弟 이하는 '不勝悲念(불승비념)'으로 하게 했다. 이는 모두 '슬픔을 이길 수 없다.'는 의미이다.

'謹以(근이)'는 '삼가'의 뜻이다. 처와 제 이하는 '茲以(자이)'로 고치는데, '이에'라는 의미다. '淸酌庶羞(청작서수)'는 '맑은 술과 여러 가지 음식으로'라는 뜻이다.[42] '恭伸奠獻(공신전헌)'은 '공손히 제사를 펼치오니'의 뜻이다. 처와 제 이하에게는 '伸此奠儀(신차전의)'로 하는데, '이 제사를 베푸니'라는 의미이다. '尙饗(상향)'은 '부디 흠향歆饗하십시오.'의 뜻이다.

盡其誠(추원자제진기성)', '추원은 제사에 그 정성을 다하는 것이다.' 하였다.

42) 『사계전서』, 「가례집람」, '우제'에, 『곡례』에 이르기를, 술을 청작淸酌이라고 한다. 주註에, 옛날의 술과 단술은 모두 맑은 것(청淸)도 있고 탁한 것(조糟)도 있었다. 거르지 않은 것을 '조糟'라고 하고 이미 거른 것을 '청淸'이라고 한다. 『소뢰궤식(사)례少牢饋食禮』의 주에 이르기를, '서庶'는 '중衆(여러)'이다. 돼지고기로 중수衆羞를 하는 것은 별미인 까닭이다. 『주례』 「천관天官」의 주에 이르기를, '수羞(음식)'는 '신進(선사膳賜)'이다. '수羞'는 맛있는 음식을 갖추기 위하여 희생과 짐승에서 나왔다. 그것을 서수庶羞라고 한다.
『성호전집』, 「잡저」, '제식'에, 『예기』의 소疏를 상고해 보니, 내수內羞가 있고 정수正羞가 있고 서수庶羞가 있다. 미식米食, 면식麵食과 곡물 종류는 내수이고, 과일, 채소, 포와 젓갈 종류는 정수이며, 단지 희생犧牲한 제물만 서수가 된다고 나와 있다.

이상의 해석을 모아 표4의 축문 뜻을 밝혀보면, '아무 년 아무 월 아무 일에 맏손자 아무개가 할아버지와 할머니께 감히 소상히 아룁니다. 해가 바뀌어 할아버지께서 돌아가신 날이 다시 임하여, 제사에 정성을 다하며 시절을 느끼니, 길이 흠모하는 마음을 이길 수 없습니다. 삼가 맑은 술과 여러 가지 음식으로, 공손히 제사를 펼치오니, 부디 흠향하십시오.'가 된다.

표 5는 단기 4345(서기 2012)년에 장남 길동이가 아버지의 기일인 음력 10월 15일 단위제를 지낼 때 기제축의 예시이며, 표 6은 장남 길동이가 기일이 음력 10월 15일인 어머니 밀양박씨의 제사에 아버지를 병제하는 서기 2012년도 어머니 기제축의 예시로 연호를 쓰지 않았으며, 성호의 안대로 '顯妣夫人諱日復臨(현비부인휘일부림)'으로 하였다.

維
檀君紀元四千三百四十五年歲次壬辰十月己卯朔
十五日癸巳孝子吉童敢昭告于
顯考學生府君歲序遷易
諱日復臨追遠感時昊天罔極謹以淸酌庶羞恭伸
奠獻尚
饗

유
단군기원사천삼백사십오년세차임진시월기묘삭
십오일계사효자길동감소고우
현고학생부군세서천역
휘일부림추원감시호천망극근이청작서수공신
전헌상
향

표 5. 기일이 10월 15일인 길동이 선고先考의 단기 4345(서기 2012)년도 단위제 기제축

維歲次壬辰十月己卯朔十五日癸巳孝子吉童
敢昭告于
顯考文學博士府君
顯妣夫人密陽朴氏歲序遷易
顯妣夫人諱日復臨追遠感時昊天罔極謹以淸酌
庶羞恭伸奠獻尙
饗

유세차임진시월기묘삭십오일계사효자길동
감소고우
현고문학박사부군
현비부인밀양박씨세서천역
현비부인휘일부림추원감시호천망극근이청작
서수공신전헌상
향

표 6. 기일이 10월 15일인 어머니제사에 문학박사인 아버지를 병제하는
봉사자 길동의 서기 2012년도 어머니 기제축. 연호를 쓰지 않을 경우의 예시이다.

축문을 읽을 때는 소리가 너무 커도 안 되고 너무 작아도 안 되며, 참례
한 사람들이 다 들을 수 있을 정도로 하며, 〈퇴계〉 그 의미를 이해하게 되
면 끊어 읽어야 할 곳을 자연히 알게 된다.

· 출주고사식出主告辭式과 지방행제강신고사식紙榜行祭降神告辭式

사당에 신주를 모시고 있는 집안에서 기제를 지내면 신주를 정침으로
모셔낼 때 표 7의 양식으로 주인이 고한다. '이제(今以금이) 현모친모관부
군顯某親某官府君의 어머니는 '某封某氏(모봉모씨)'. 같은 날이면 두 줄로 쓰고, 아내는 '亡
室(망실)'. 항렬이 낮거나 어리면 '顯(현)'을 '亡(망)'자로 고치고 '府君(부군)' 두 글자를 없앤

고전예서에 근거한 집안제사 해설

今以
顯某親某官府君母云某封某氏同日則雙書妻云亡室卑幼
改顯爲亡去府君二字替行則替事者告喪中以主人告遠諱
之辰妻弟以下云亡日敢妻弟以下不用敢字請
神主幷祭則云顯考顯妣神主祖曾高祖考妣放此出就正寢
或廳事恭伸追慕妻弟以下云追伸情禮

금이
현모친모관부군母운모某봉모씨동일즉쌍서처운망실비유
개현위망거부군이자체행즉체사자고상중이주인고원휘
지신처제이하운망일 敢처제이하불용감자청
신주병제즉운현고현비신주조증고조고비 방차출취정침
혹청사공신추모처제이하운추신정례

표 7. 기제 출주고사식 〈사례집의〉

다. 대신 지내면 대신 지내는 사람에 맞추어 고하고, 상중에는 주인에게 맞추어 고한다. 기

일(遠諱之辰원휘지신)을 맞이하여, 처와 제 이하는 '亡日(망일)'로 한다. 신주께서 병

제를 지내면 '顯考顯妣神主(현고현비신주)'라 하고 조 증조 고조 고비도 이를 본뜬다. 정침[43]

---

43) 『지산집』, 「가례고증」, '사당', '고명사득립가묘古命士得立家廟(옛날에는 벼슬이나 작위를 받은 사람만 가묘를 세울 수가 있었다.)'에, 『예기』 「왕제」에 이르기를, 서인庶人은 침寢에서 제사 지낸다. 진씨陳氏 가로되, "천자와 제후의 정침正寢을 노침路寢(정전正殿)이라고 한다. 향대부鄕大夫와 사士의 정침은 적실適室이라고 하며, 적침適寢이라고도 한다. 서인은 사당이 없으므로 침寢에서 선조에게 제사 지낸다." 하였다.
『퇴계집』, 「서書」, '답정도가문목答鄭道可問目'에, 중국 사람의 집에는 모두 정침正寢이 있다. 그러므로 신주를 청하며 고할 때 '出就正寢(출취정침)'의 글귀가 있다. 우리나라 사람들에게는 원래 정침이 없지만, 예전의 풍습대로 정침으로 칭해왔으니 자못 미안한 일이다. 이제 정당正

今以
顯某親某官府君或某封某氏遠諱之辰宗家
有故行於佗所則以祭於紙榜之故并告敢請
尊靈降居神位恭伸追慕

금이
현모친모관부군혹모봉모씨원휘지신종가
유고행어타소즉이제어지방지고병고감청
존령강거신위공신추모

표 8. 기제 지방행제강신고사식紙榜行祭降神告辭式 〈사례집의〉

堂으로 고쳐 칭하고 싶지만 옳고 그름을 알지 못하겠다. 그러나 구술(아마 정구鄭逑)는 선대부터 아직 집이 없으므로 조만간 집을 지으면 당침堂寢의 제도를 대략 본뜨려 하고 있다. 정침正寢은 전당前堂을 이른다. 요즈음 사람들이 집 사이에 세워서 제사 지내고 손님을 맞는 곳을 두루 정침이라 한다.

『상변통고』, '통례通禮', '사당祠堂'에, 옛날의 정침은 즉 적실適室로 가장 앞에 있다. 다음은 연침燕寢인데 곧 외침外寢이다. 그 다음은 적처適妻(본부인)의 침소로서 또한 연침燕寢이라고 부르는데 곧 내침內寢이다. 후세의 궁실宮室 제도가 옛날과 같지는 않지만, 앞에 있는 것을 정침이라 하므로 본주本註에서 정침을 일러 전당前堂이라 했는데, 지금 풍속은 내당內堂을 정침正寢이라 하니, 아마 잘못된 듯하다.

『성재집省齋集』, 「왕복잡고往復雜稿」, '제판주여중강의대어題判朱汝中講義對語(주여중이 강의에서 대답한 말을 판별함)'에, 주나라의 제도를 보면 경대부卿大夫 이하는 앞에는 적침適寢 즉 정침이 있고, 뒤에는 연침이 있다. 또 그 뒤에는 본부인의 침실이 있다. 『가례』의 글을 살펴보면 앞에는 청사廳事가 있고 뒤에는 정침이 있으며, 또 그 뒤에는 부녀자들이 편안하게 거처하는 곳이 따로 있다. 그러므로 어떤 이는 정침을 전당前堂이라고 한다. 요즈음 사람들이 제도대로 갖출 수 없으므로, 다만 내당內堂(안채)을 길하고 흉한 예를 행하는 곳인 정침으로 삼고, 외당外堂(사랑채)을 손님을 맞고 일을 처리하는 곳인 청사廳事로 삼으면 된다. ·『성재집』-류중교柳重敎(한말의 유학자. 본관 고흥高興)의 시문집.

고전예서에 근거한 집안제사 해설

으로 혹은 청사로 나가시기를 감히 청하여(敢請神主出就正寢감청신주출취정침), 처와 제 이하에는 '敢(감)' 자를 쓰지 않는다. 공손히 추모하는 예를 펴려 합니다(恭伸追慕공신추모). 처와 제 이하에는 '追伸情禮(추신정례, 추모하며 정 어린 제례를 펴려 합니다.)'로 한다.'라는 뜻이다.

지방으로 기제를 지내면 강신할 때 분향 직전에 고하거나, 분향과 뇌주에 이어 고하고 재배한다(표 8). 뜻은 '이제(今以금이) 현모친모관부군顯某親某官府君의 또는 모봉모씨某封某氏의 기일(遠諱之辰원휘지신)을 맞이하여, 종가에 연유가 있어 다른 곳에서 지내면 지방으로 제사지내는 까닭을 아울러 고한다. 존령께서 신위에 내려와 자리하시기를 감히 청하여(敢請尊靈降居神位감청존령강거신위) 공손히 추모하는 예를 펴려 합니다(恭伸追慕공신추모).'이다.[44]

---

44) 『숙재집肅齋集』, '답전상묵答田相默'에, 신주를 세우지 못하였으면 지방으로 제사 지내는데, 먼저 강신하고 참신하며, 『가례』의 초조제의 법식을 똑 같이 따르는 것이 옳다. 향로 앞에 꿇어앉아 '孝子某今以 顯考某官府君遠諱之辰敢請 尊靈降居神位恭伸追慕(효자모금이 현고모관부군원휘지신감청 존령강거신위공신추모)'라고 고하고 곧 분향재배와 뇌주재배를 한다. 고와 비의 병제이면, '敢請 顯考顯妣尊靈降居神位(감청 현고현비존령강거신위)'로 한다. ·『숙재집』-조병덕趙秉惠(조선 후기 문신이며 학자. 본관 양주楊州)의 시문집.
『성재집』, 「가하산필下散筆」, '류씨가전柳氏家典'에, 모든 허위虛位를 설치하고 지내는 제사는 강신할 때 당연히 고하는 말이 있다. 『가례』의 초조제에 지방으로 허위를 세우고 예를 행하며 강신하려 하면, 주인은 꿇어앉아 '孝孫某今以冬至有事于 始祖考 始祖妣敢請 尊靈降居神位恭伸奠獻(효손모금이동지유사우 시조고 시조비감청 존령강거신위공신전헌, 효손 아무개가 이제 동지가 되어 시조 할아버지와 시조 할머니께 제사를 지내려고 존령께서 신위에 내려와 자리하시기를 감히 청하여 공손히 추모하는 예를 펴려 합니다.)'라고 고하고 이어 강신하고 그리고 참신한다. 선조제도 또한 그렇게 하는데, 이것이 허위를 세워 제사 지내는 법식이다. 이제 지방을 건 뒤에 이를 본떠서 곧 이렇게 고하는 것이 마땅하며, 그렇지 않으면 몹시 어리석음에 틀림없다. 『사미헌집四未軒集』, '답장희백승택별지答張羲伯升澤別紙'에, 만약 고유문告由文으로 고하면, 제사 자리를 설치하고 나물과 과일을 진설한 뒤에 자리에 지방을 모신 다음 분향 강신하고 아뢰는데, '今以 某親某官府君遠諱之辰宗家有故權行于此敢請 尊靈降居神位恭伸追慕(금이 모친모관부군원휘지신종가유고권행우차감청 존령강거신위공신추모)', '이제 모친모관부군의 기일을 맞이하여 종가에 연유가 있어 임시로 여기에서 제사를 올리오니 존령께서 신위에 내려와 자리하시기를 감히 청하여 공손히 추모하는 예를 펴려 합니다.'로 하면 어떻겠는가? ·『사미헌집』-장복추張福樞(조선말기의 학자. 본관 인동仁洞. 장현광의 8대손)의 문집.

孝孫吉童今以
顯祖考學生府君遠諱之辰敢請
顯祖考顯祖妣尊靈降居神位恭伸追慕

효손길동금이
현조고학생부군휘지신감청
현조고현조비존령강거신위공신추모

표 9. 할머니와 병제하여 지방으로 지내는 길동의 할아버지 기제 강신고사식

　표 9는 길동이가 지방으로 지내는 할아버지 기제의 강신고사식으로 할머니를 병제하는 경우의 예시인데, 동암東巖과 숙재肅齋의 안을 따라 '孝孫吉童今以(효손길동금이)'로 시작하였다.[45] 뜻은 '효손 길동은 이제 할아버지의 기일을 맞이하여, 할아버지와 할머니의 존령께서 신위에 내려와 자리하시기를 감히 청하여 공손히 추모하는 예를 펴려 합니다.'이다.

　시월의 묘제를 재사에서 합동으로 지방을 모시고 지내는 집안이 많은데, 표 10은 비를 만나 재사에서 지방을 써서 지내는 묘제의 강신고사식이다. 뜻은 '이제(今以금이) 시월(孟冬之月맹동지월)에 선조고先祖考 혹 시조나 몇

---

45) 『숙재집』에서 지방행제강신고사식을 '孝子某今以(효자모금이)'로 시작하였고, 『상변통고』도 기제 출주고사식의 '今以(금이)'를 '孝子某今以(효자모금이)'로 하여야 마땅하다고 하였다.

今以孟冬之月有事于
先祖考或始祖幾代祖某官府君
先祖妣某封某氏之墓適值有雨就行于齋舍敢請
尊靈降居神位恭伸奠獻

금이맹동지월유사우
선조고혹시조기대조모관부군
선조비모봉모씨지묘적치유우취행우재사감청
존령강거신위공신전헌

표 10. 선조묘제 설위강신고사식設位降神告辭式 〈사례집의〉

대조 모관부군某官府君과 선조비모봉모씨先祖妣某封某氏의 묘에 제사가 있사
온데, 마침 비를 만나(適值有雨적치유우) 곧 재사에서 거행하고자 하므로(就行
于齋舍취행우재사), 존령께서 신위에 내려와 자리하시기를 감히 청하여(敢請
尊靈降居神位감청 존령강거신위) 공손히 제사를 올리려 합니다(恭伸奠獻공신전헌).'
이다. 다른 형편상 재사에서 지낸다면 '適值有雨(적치유우)' 대신 '有所不逮
(유소불체, 미치지 못하여)', '事勢不逮(사세불체, 사정이 여의치 못하여)' 또는 '事勢
不得已(사세부득이, 형세가 하는 수 없어)'를 넣으면 적당하겠다.

維

年號幾年歲次干支幾月干支朔幾日干支某

親某官某敢昭告于

顯某親某官府君之墓氣序流易雨露旣濡

瞻掃

封塋不勝感慕謹以淸酌庶羞祗薦歲事尚

饗

유

연호기년세차간지기월간지삭기일간지모

친모관모감소고우

현모친모관부군지묘기서류역우로기유

첨소

봉영불승감모근이청작서수지천세사상

향

표 11. 봉사친 묘제축식 〈사례편람〉

현재 집에서 기제사를 모시고 있는 이대, 삼대 혹 사대 내의 친속 즉 친미진조親未盡祖에 대한 묘제이다. 『격몽요결』에는 당시 풍속에 따라 설, 한식, 단오와 추석의 네 명절에 묘제를 지낸다고 설명하고 있으나, 『사례편람』 등은 가례에 따라 삼월상순에 택일하여 지내도록 하였다. 요즈음은 대부분의 가정에서 설과 추석의 차례와 성묘 또는 절사節祀로 대신한다.

표 11은 『사례편람』의 축식이다. 기제축식을 참고하여 친속 관계에 따라 고친다. 즉 아내에게는 '敢(감)'자를 빼고 '昭告于(소고우)'라고 쓰고, 제弟 이하에는 '敢昭(감소)'를 빼고 '告于(고우)'라고 쓴다. '顯某親某官府君(현모친모관

부군)'은 '지방 작성법과 해석'을 참고한다. 제사대상에 따라 '某封某氏(모봉모씨)', 합장이면 나란히 쓰고, 아내는 '故室(고실)' 또는 '亡室(망실)', 항렬이 낮거나 어리면 '顯(현)'을 '亡(망)'으로 하고 '府君(부군)' 두 글자를 뺀다.

'氣序流易(기서류역)'은 '절후의 차례가 흐르고 바뀌어'라는 뜻이다.[46]

'雨露旣濡(우로기유)'는 '비와 이슬에 이미 젖어'라는 뜻이다. 『격몽요결』은 설날에는 '靑陽載回(청양재회, 봄이 비로소 돌아와)', 한식에는 '雨露旣濡(우로기유, 비와 이슬에 이미 젖어)', 단오에는 '草木旣長(초목기장, 풀과 나무가 이미 자라)' 그리고 추석에는 '白露旣降(백로기강, 이슬이 이미 내려)'으로 고쳐 쓰게 하였다. 『상례비요』에서는 설날 '歲律旣更(세율기경, 해가 이미 바뀌어)', 단오는 '時物暢茂(시물창무, 때맞춰 만물이 무성하게 자라)'로 쓰도록 했다.

『만회집晚悔集』에[47] 의하면 한강이 "삼월묘제는 '雨露旣濡(우로기유)'로『가례』에 실려 있는데, 시월묘제에는 '霜露旣降(상로기강, 서리와 이슬이 이미 내려)'으로 한다."고 했는데,[48] 『삼례의三禮儀』,[49] 『성호전집』과『사의』등도 따르

---

46) 『성호전집』, '제식'에, 종손從孫 가환家煥이『상위일록喪威日錄』을 상고해 '氣序流易(기서류역)'을 '時維寒食(시유한식, 때는 이윽고 한식입니다.)'으로 고쳤다. 이것은 후에 정해졌으므로 마땅히 따라야 한다.
『순암집順菴集』, '묘제의', '봉사위묘축奉祀位墓祝'에, 한식은 '氣序遷易節屆寒食雨露旣濡(기서천역절계한식우로기유, 계절이 바뀌어 한식에 이르러 비와 이슬에 이미 젖었습니다.)'로 하고 추석은 '氣序遷易節屆秋夕霜露旣降(기서천역절계추석상로기강, 계절이 바뀌어 추석에 이르러 서리와 이슬이 이미 내렸습니다.)'으로 한다. ·『순암집』–안정복安鼎福(조선 후기의 역사학자이며 실학자. 본관 광주廣州)의 문집.

47) 『만회집』–권득기權得己(조선 중기의 문신이며 학자. 본관 안동安東)의 시문집.

48) 『예기』, 「제의祭義」에, 祭不欲數數則煩煩則不敬(제불욕삭삭즉번번즉불경) 祭不欲疏疏則怠怠則忘(제불욕소소즉태태즉망) 是故君子合諸天道春禘秋嘗(시고군자합제천도춘체추상) 霜露旣降君子履之必有悽愴之心非其寒之謂也(상로기강군자리지필유처창지심비기한지위야) 春雨露旣濡君子履之必有怵惕之心如將見之(춘우로기유군자리지필유출척지심여장견지), 제사는 자주 지내려고 하지 않는다. 잦으면 귀찮고, 귀찮으면 경건하지 않게 된다. 제사는 드문드문 지내려고 하지 않는다. 드문드문 지내면 해이해지고 해이해지면 잊게 된다. 그러므로 군자는 천

고 있다. 윤희배尹羲培가 펴낸 『사례촬요四禮撮要』에는 시월묘제에 '時維孟冬(시유맹동, 때는 초겨울이 되어)' 또는 '霜露旣降(상로기강)'이나 '履玆霜露(이자상로, 서리와 이슬을 밟으니)'를 쓰게 했다.

'瞻掃封塋(첨소봉영)', '무덤을 우러러 뵙고 소제하매'라는 의미이다. 처와 아우 이하에게는 '臨掃封塋(임소봉영)', '무덤에 와서 소제하매'로 한다. 〈사의〉

'不勝感慕(불승감모)'는 '흠모하는 느낌을 이기지 못해'라는 뜻이다. 아버지와 어머니는 '不勝感慕(불승감모)'를 고쳐 '昊天罔極(호천망극)'으로 하고,[50] 방친은 '不勝感愴(불승감창)'이라 하며, 아내는 '不勝愴悼(불승창도)'로, 제弟 이하는 '不勝悲念(불승비념)'으로 한다. 『사례집의』에 항렬이 낮고 어린사람에게는 '瞻掃封塋不勝感慕(첨소봉영불승감모)' 대신에 '念爾音容永隔泉壤(념이음용영격천양, 너의 소리와 모습을 생각하나 저승과 영구히 막혔구나.)'로 고친다고 하였다.[51]

도에 맞추어 봄에는 체제를 지내고 가을에는 상제를 지낸다. 서리와 이슬이 이윽고 내려 군자가 그것을 밟으면 반드시 몹시 슬픈 마음이 생기니 추워짐을 두고 이르는 것이 아니다. 봄에 비와 이슬이 이윽고 땅을 적셔 군자가 그것을 밟으면 반드시 두려워 조심하는 마음이 생기는데, 마치 돌아가신 분을 뵈올 것 같기 때문이다.

49) 『삼례의』-박세채가 관冠, 혼婚, 제祭의 삼례를 주자 『가례』를 근본으로 여러 서적을 참고하여 엮은 책.

50) 『사의』, 「여재편」, '묘제'에, 『유편類編』에는 묘제에 '昊天罔極(호천망극)'을 쓰지 않는다고 하였다.

51) 『사례편람』, '묘제'에, 『대전』에서 아들 무덤 제문은 '氣序流易雨露旣濡念爾音容永隔泉壤一觴之酹病不能親諒爾有知尙識予意(기서류역우로기유념이음용영격천양일상지뢰병불능친량이유지상식여의, 절후의 차례가 흐르고 바뀌어 비와 이슬에 이미 젖어 너의 소리와 모습을 생각하나 저승과 영구히 막혔구나. 한 잔의 술을 붓는 것도 병으로 몸소 하지 못한다. 네가 슬기가 있어서 오히려 나의 뜻을 알 것으로 믿는다.)'이다. 항렬이 낮거나 어린 사람에게 고하면 '之墓(지묘)'의 아래에 이 글을 좇아서 쓰고, 만약 몸소 올리면 '一觴之酹病不能親(일상지뢰병불능친)'을 고쳐서 '淸酌庶羞伸此奠儀(청작서수신차전의, 맑은 술과 여러 가지 음식으로 이 제사를 베푸니)'로 하는 것이 옳은 것 같다.

'謹以(근이)'는 '삼가'의 뜻이다. 처와 제 이하는 '玆以(자이)'로 고치는데, '이에'라는 의미다.

'淸酌庶羞(청작서수)'는 '맑은 술과 여러 가지 음식'이다.

'祗薦歲事(지천세사)'는 '경건하게 세사를 올리오니'의 뜻이다. 방친은 '薦此歲事(천차세사, 이 세사를 드리니)'라 하고,[52] 아내와 아우 이하는 '陳此歲事(진차세사, 이 세사를 베푸니)'로 한다.[53]

표 11의 축문의 뜻은 '아무 년, 아무 월, 아무 일, 아무개가 아무 친속 아무 벼슬님의 묘에 감히 소상히 아룁니다. 절후의 차례가 흐르고 바뀌어 비와 이슬에 이미 젖었습니다. 무덤을 우러러 뵙고 소제하매 흠모하는 느낌을 이기지 못하겠습니다. 삼가 맑은 술과 여러 가지 음식으로, 경건히 세사를 올리오니 부디 흠향하소서.'이다.

· 친진조親盡祖 묘제축

집안에서 정한 봉사대수 즉 이대, 삼대 혹 사대가 지나 기제사를 더 이상 모시지 않는 조상에 대해 음력 시월에 묘제를 지낸다. 여건상 재사齋舍에서 행하는 집안이 점점 많아지고 있다.

『사례편람』과 『사례집의』 외에 친진조 묘제 축식이 제시되어 있는 예서는 드물다. 『사례집의』의 축식(표 12)은 『사례편람』과 거의 같다. 『사례집

---

52) 『성호전집』, '제식'에, 존대해야할 바가 아니면 '敢昭告(감소고, 감히 소상히 아룁니다.)'라고 하지 않고 단지 '告(고, 고합니다)'라고 하고, '瞻(첨)'을 '臨(임)'으로 고치고, '慕(모)'를 '愴(창)'으로 고치며, '祗薦(지천)'을 '薦此(천차)'로 고친다.

53) 『사의』, 「여재편」, '묘제'에, 『대전』 '묘제문墓祭文'은, '瞻掃封塋不勝哀慕謹用淸酌時羞(첨소봉영불승애모근용청작시수)'인데, 주자가 영인令人 유劉씨를 당석唐石에 장사지낼 때, '瞻掃(첨소)'를 '載瞻(재첨)'으로 고치고, '哀慕(애모)'를 '感念(감념)'으로 고치고, '歲事(세사)'를 '常事(상사)'로 고쳤다.

維歲次干支十月干支朔幾日干支五代孫
某官某敢昭告于
五代祖考某官府君
五代祖妣某封某氏之墓今以草木歸根之時
追惟報本禮不敢忘瞻掃
封塋不勝感慕謹以清酌庶羞祗薦歲事尚
饗

유세차간지시월간지삭기일간지오대손
모관모감소고우
오대조고모관부군
오대조비모봉모씨지묘금이초목귀근지시
추유보본예불감망첨소
봉영불승감모근이청작서수지천세사상
향

표 12. 친진조 묘제 축식 〈사례집의〉

의』에는 연호가 생략되어 있는데, 기제축과 마찬가지로 성균관에서 권장하는 '檀君紀元(단군기원)'을 넣어도 좋겠다.

'五代孫(오대손)'은 6대 이상이면 따라서 고친다(주석 34번을 참고). [54] 세대가

---

54) 현재 성균관의 '世(세)'와 '代(대)'에 대한 견해는 다음과 같다. ①'世(세)'와 '代(대)'는 혈통血統의 차례이고 '代祖(대조)'와 '世孫(세손)'은 조손간祖孫間의 관계이다. ②'세'와 '대'는 같은 말이다. 따라서 '代祖(대조)'와 '世祖(세조)'가 같고 '代孫(대손)'과 '世孫(세손)'이 같은 말이다. ③조상은 나의 아버지를 1대(세)조로 세어 고조高祖의 아버지가 5대(세)조가 되고 자손은 나의 아들을 1대(세)손으로 세어 현손玄孫의 아들이 5대(세)손이 된다. ④주격 없이 몇 대(세)손이라 하면 시조始祖의 몇 대(세)손으로 간주하는 것이 상례이다.
· 자기의 1대 조상이 부父이고, 2대 위의 조상이 조祖이며, 3대 위의 조상이 증조曾祖이고, 4대 조상은 고조高祖이므로 고조의 아버지가 5대조이다. 또 자기의 1대 후손이 자子이고, 2대 아래의 후손이 손孫이며, 3대 아래의 후손이 증손曾孫이고 4대 후손은 현손玄孫이므로 현손의

고전예서에 근거한 집안제사 해설

아들이 5대손이다. 대수로는 시조가 1대이고, 시조의 아들이 2대인데, 2대가 시조의 1대 후손 즉 1대손이 되므로, 33대인 사람은 시조의 32대손이 되고 시조는 이 사람의 32대조가 된다.

현손의 아들	현손 玄孫	증손 曾孫	손 孫	자 子	자신 自身	부 父	조 祖	증조 曾祖	고조 高祖	고조의 아버지
5대손	4대손	3대손	2대손	1대손	자기의	1대조	2대조	3대조	4대조	5대조

· 이병혁 교수는 『우리 제례 이론에서 실용까지』에서 『피휘록避諱錄』에 근거하여 당태종의 이름인 '이세민李世民'을 감히 그대로 읽을 수 없어서 '世(세)'를 '代(대)'로 바꾸어 쓰게 되었다고 하였다.

· 일부에서 상대하세上代下世라 하여 조상에게는 '代(대)'를 쓰고 후손에게는 '世(세)'를 쓴다고 주장하고 있으나, 『가례집람』 '제례' '선조'를 보면, 『구의丘儀(가례의절)』에 이르기를, '종이로 패牌를 만들되 신주와 같이 만들어 면의 위에 某祖考某官府君(모조고모관부군)이나 某祖妣某 封某氏(모조비모봉모씨)라고 쓰는데, 고조의 아버지는 5세조가 된다.' 하였고, 『동계집桐溪集』 '계도후록系圖後錄'에 '10세조世祖 휘諱 승丞', '9세조 휘 방주邦柱', '8세조 휘 공연公衍', '7세 조 휘 습인習仁', '6세조 휘 전준', '5세조 휘 제안齊安', '고조 휘 종아從雅', '증조 휘 옥견玉堅', '조 휘 숙淑', '부 휘 유명惟明'의 순으로 되어 있다. 또 『성호전집』에 '八世祖妣貞夫人烏川鄭氏 墓碣銘(8세조비정부인오천정씨묘갈명)'이라는 글이 있는 등 조상에 대해서도 '世(세)'를 써왔다. 『사례집의』의 '선조묘제축'은 5대손이 5대조에게 고하는 양식으로 되어 있으며, 『동춘당집 同春堂集』에 '七代祖考處士雙淸堂府君行狀(7대조고처사쌍청당부군행장)'이라는 글이 있으며, 『월사집月沙集』 '四代祖延城府院君文康公神道碑銘幷序(4대조연성부원군문강공신도비명병서)'에 자손이 자녀, 손항孫行, 증손항, 4대손항, 5대손항, 6대손항, 7대손항의 순으로 나열되어 있다. 그리고 『순암집』 '묘제의墓祭儀' '조위묘축祧位墓祝'에 '維歲次云云孝十一代孫某官鼎福敢 昭告于(유세차운운효십일대손모관정복감소고우) 此下列書十一代祖考妣位至五代祖考妣位 (차하렬서십일대조고비위지오대조고비위) 今以孟冬之朔(금이맹동지삭) (하략)', '유세차운운 효11대손 아무 벼슬 정복은 감히, 이 아래에 11대 조고비위부터 5대 조고비위까지 차례로 쓴 다. 이제 시월 초하루에 (하략)'으로 되어 있는 등 조상뿐 아니라 후손에게도 '代(대)'를 써왔으 며, 『간이집簡易集』 '贈吏曹參判行司憲府掌令鄭公神道碑銘(증이조참판행사헌부장령정공신도 비명)'에, '7세조世祖인 신호臣扈는 고려의 전직殿直이었고, 6대조代祖인 윤부允孚는 본조本 朝의 개성윤開城尹이었고, 5대조인 귀진龜晉은 강원도관찰사로서 그의 문장이 세상에 유행하 였고, 고조고高祖考인 휘 지하之夏는 사헌부장령司憲府掌令이었고, 증조고曾祖考인 휘 찬우纘 禹는 청도군수淸道郡守로서 의정부우찬성議政府右贊成을 증직받았고, 조고祖考인 휘 순인純 仁은 아산현감牙山縣監으로서 통례원좌통례通禮院左通禮를 증직받았다. 공의 고考인 휘 경비裵 은 성균관진사成均館進士로서, (하략)'로 되어 있어, 조상에 대해 한 비문에 '世(세조)'와 '代 祖(대조)'를 섞어 썼다. 이상과 같이 고조高祖의 아버지가 5대(세)조가 되고 현손玄孫의 아들이 5대(세)손이며, '世(세)'와 '代(대)'는 같은 뜻으로 혼용되어 왔음을 많은 옛 문헌 및 비문에서 확 인할 수 있다. ·『동계집』-정온鄭蘊(조선 중기의 문신. 본관 초계草溪)의 문집. 『동춘당집』-송 준길의 문집. 『월사집』-이정구李廷龜(조선 중기의 문인이며 문신. 본관 연안延安)의 시문집. 『간이집』-최립崔岦(조선 중기의 문인이며 문신. 본관 통천通川)의 시문집.

· 『율곡전서』의 '온성부사증판서서원군윤공신도비명穩城府使贈判書瑞原君尹公神道碑銘(윤사정

멀면 '遠孫(원손)'이라 한다. 항렬이 가장 높은 이가 주인이 되고[55] 연고가 있으면 차장방次長房이 행하며, 대행하면 글을 덧붙인다.

尹士貞의 신도비명)'을 보면, '파평坡平 윤씨 시조始祖인 벽상공신壁上功臣 휘諱 신달莘達의 현손玄孫 관瓘의 시호는 문숙공文肅公이다. 조선조에서 지밀직사사知密直司事를 지낸 휘 취취就는 문숙공의 9대손인데 공의 고조다.'라고 되어 있다. 문숙공은 5대(세)이고 휘 취취就는 14대(세)이므로, 휘 취취就는 시조(1대)인 휘 신달의 13대손[14−1=13]이고, 문숙공(5대)의 9대손[14−5=9]이 분명하다. 휘 취就가 고조인 윤사정은 18대(세)이고 17대손이다. 『화당집化堂集』 '외구현감성공묘지명外舅縣監成公墓誌銘'을 보면, '공의 성은 성成, 휘諱는 문문文溍이고 창녕인昌寧人이며, 휘 여완汝完 창녕부원군昌寧府院君의 8대손이다.'라고 되어 있다. 창녕부원군이 5대이고 휘 혼渾의 아들인 휘 문준은 13대이다. 즉 가계는 '1대 휘 인보仁輔, 2대 휘 송국松國, 3대 휘 공필公弼, 4대 휘 군미君美, 5대 휘 여완汝完, 6대 휘 석린石璘, 7대 휘 억抑, 8대 휘 득식得識, 9대 휘 충달忠達, 10대 휘 세순世純, 11대 휘 수침守琛, 12대 휘 혼渾, 13대 휘 문준文溍이다. 그러므로 13대 휘 문준은 5대 휘 여완의 13−5=8대손이며, 시조(1대) 휘 인보의 13−1=12대손이다. 『서석집瑞石集』에는 광산김씨光山金氏 30대인 휘 만기萬基가 예문관검열藝文官檢閱을 지낸 20대 선조 휘 문間의 제문을 쓰면서 '十代祖檢閱府君墓祭文(십대조검열부군묘제문)'이라고 했다. 광산김씨 30대인 휘 만기는 20대인 휘 문의 10대손[30−20=10]이고 휘 문은 휘 만기의 10대조이다. 김만기는 30대이니 시조 휘 흥광興光의 29대손[30−1=29]이며, 시조는 김만기의 29대조이다. ·『화당집』−신민일申敏一(조선 중기의 문신이며 학자. 본관 평산平山)의 시문집. 『서석집』−김만기(조선 후기의 문신. 본관 광산光山, 증조부 김장생金長生)의 시문집.

55) 『가례증해』, '묘제'에, 묻기를, "종자가 부형父兄이나 존항尊行과 먼 조상의 제사를 함께 지내면, 관헌祼獻(강신제)은 누가 마땅히 주관하는가?" 하니, 우암 가로되, "신주를 조천祧遷(제사 지내는 대수가 다하여 신주를 옮김)했으면, 그 종자가 없어지고, 족인은 종자를 다시 살피지 않는데, 또 어찌 종자란 이름이 있겠는가?" 하였다. 수암이 가로되, "제사 대수가 다한 분의 묘제는 삼헌을 함이 옳다. 축문은 때에 임하여 지어서 쓰되, 항렬이 가장 높은 자를 주인으로 함이 옳다." 하였다. 묻기를, "선대의 묘소에 한 해에 한 번 지내는 제사를 지낼 때에, 축에 종자의 이름을 쓰는가? 항렬이 가장 높은 이의 이름을 쓰는가?" 하니, "항렬이 가장 높은 사람의 이름으로 쓰는 것이 옳다. 종자는 이미 제사의 대수가 지났으므로 제사를 주관할 명분이 없다." 하였다.
『상변통고』, '묘제'에, 갈암葛庵(이현일李玄逸, 조선 후기의 문신이며 학자. 본관 재령載寧) 가로되, "백세百世토록 조천하지 않는 대종가大宗家가 아니라면, 당연히 모인 이들 가운데서 장유長幼에 따라 주인으로 삼는다. 제사를 준비한 자가 존장을 제치고 제주가 될 수는 없다. 초헌 후에 그로 하여금 한 번 헌작하게 하는 것이 또한 인정에 부합한다." 하였다.
『사례집의』, '선조묘제의'에, 항렬이 가장 높은 이가 주인이 되고 까닭이 있으면 다음 연장자가 제사를 주관한다. 서얼과 양자로 간 자손은 비록 항렬이 높아도 주인이 될 수 없다.

고전예서에 근거한 집안제사 해설

'敢昭告于(감소고우)'는 '감히 소상히 아룁니다.'라는 뜻이다.

'五代祖(오대조)'는 대수에 맞추어 고치며 시조始祖이면 그렇게 쓰고 세대가 멀면 '先祖(선조)'라 한다. '顯五代祖(현오대조)', '顯始祖(현시조)' 또는 '顯先祖(현선조)'라고 적는 것이 좋겠다(주석 17번을 참고).[56] 대행하면 대행자와의 친속관계를 적는다. 한 분만 묻혔으면 한 분만 쓴다.

표 12 축식의 뜻은 '아무 년, 시월, 아무 일 오대손 아무개가 오대조 아무 벼슬 할아버지(五代祖考某官府君오대조고모관부군)와 오대조 아무 봉작 아무씨 할머니의 묘(五代祖妣某封某氏之墓오대조비모봉모씨지묘)에 감히 소상히 아룁니다(敢昭告于감소고우). 이제 초목이 뿌리로 돌아가는 때에(今以草木歸根之時금이초목귀근지시) 추모하며 생각하니, 조상님께 보답해야 함을(追惟報本추유보본) 도리로 감히 잊을 수 없습니다(禮不敢忘예불감망). 무덤을 우러러 뵙고 소제하매(瞻掃封塋첨소봉영), 흠모하는 느낌을 이기지 못하겠습니다(不勝感慕불승감모). 삼가(謹以근이) 맑은 술과 여러 가지 음식으로(清酌庶羞청작서수), 경건히 세사를 올리오니(祗薦歲事지천세사) 부디 흠향하소서(尚饗상향).'이다.

재사齋舍에서 지내면 '之墓(지묘)' 두 자를 없앤다. 〈사례집의〉

무덤가를 소제掃除하지 않고 또 직접 무덤 앞에서 제사를 지내지 않으면, '무덤을 우러러 뵙고 소제하매'라는 뜻인 '瞻掃封塋(첨소봉영)'을 다른 말로 바꾸어야 할 듯한데, '무덤을 멀리서 우러러보매'의 뜻인 '瞻望封塋(첨망

56) 『사례편람』의 묘제 축문식은 '顯某親某官府君(현모친모관부군)'으로 되어 있으나, 친진조 묘제 축문식에 '始祖考或先祖考或幾代祖考或始祖妣或先祖妣或幾代祖妣(시조고혹선조고혹 기대조고혹시조비혹선조비혹기대조비)'로 되어 있어서 시조, 선조 또는 몇 대조 앞에 '顯(현)'을 넣지 않았고, 『사례집의』 역시 묘제의 축문식은 '顯某親某官府君(현모친모관부군)'으로 되어 있으나, 선조묘제의 축문식에 '五代祖考(오대조고)'와 '五代祖妣(오대조비)'로 되어 있어 '顯(현)'을 넣지 않았다. 초조제初祖祭 축식도 『가례증해』에는 '初祖考(초조고)', '初祖妣(초조비)'로 되어 있지만, 『가례』에는 '皇初祖考(황초조고)', '皇初祖妣(황초조비)'로 되어 있으니 '顯(현)'을 넣는 것이 좋겠다. 우암종가를 제외한 대부분의 문중에서 '顯(현)'을 넣고 있다.

表 13. 단기 4345년(서기 2012년) 10월 3일 재사齋舍에서 거행된
가선대부공의 친진조 묘제에 공의 9대손 길동이 고하는 축문.

維
檀君紀元四千三百四十五年歲次壬辰十月己
卯朔初三日辛巳九代孫吉童敢昭告于
顯九代祖考折衝將軍行龍驤衛副護軍贈嘉
善大夫府君
顯九代祖妣淑夫人贈貞夫人金海金氏今以
草木歸根之時追惟報本禮不敢忘瞻望
封塋不勝感慕謹以清酌庶羞祇薦歲事尚
饗

유
단군기원사천삼백사십오년세차임진시월기
묘삭초삼일신사구대손길동감소고우
현구대조고절충장군행용양위부호군증가
선대부부군
현구대조비숙부인증정부인김해김씨금이
초목귀근지시추유보본예불감망첨망
봉영불승감모근이청작서수지천세사상
향

봉영)'[57] 또는 '瞻望封域(첨망봉역)'[58]으로 하면 적절할 것 같다.

표 13은 재사에서 거행된 친진조 묘제의 축문 예시이다.

『사례편람』과는 조금씩 다른 축식들이 문헌[59]에 있는데, 널리 알려진 것

---

57) 『도암집陶菴集』 '男濟遠登第告先塋文(남제원등제고선영문)' 중 '告叔祖打愚先生墓(고숙조타우선생묘)'에 '瞻望封塋(첨망봉영)'을 썼다. · 『도암집』―이재의 시문집.

58) 『서석집』 '十代祖檢閱府君墓祭文(십대조검열부군묘제문)'에 '瞻望封域(첨망봉역)'을 썼다.

59) 『순암집』, '묘제의'에, 조위묘축祧位墓祝은 '維歲次某年十月干支朔幾代孫某官某等敢昭告于(유세차모년시월간지삭기대손모관모등감소고우) 顯幾代祖考封諡府君祖妣某封某氏(현기대조고봉시부군조비모봉모씨) 今以孟冬之朔霜露既降瞻掃塋域(금이맹동지삭상로기강첨소영역) 不勝感慕追惟報本禮不敢忘(불승감모추유보본예불감망) 謹以清酌庶羞祇薦歲事(근이청작서수지천세사

고전예서에 근거한 집안제사 해설

표 14. 묘제축식 〈송자대전〉

饗
祇奉常事尚
履茲雨秋冬云霜露彌增感慕謹用清酌時羞
五代祖妣某封某氏之墓歲薦一祭禮有中制
五代祖考某官府君
某官某敢昭告于
維歲次干支幾月干支朔幾日干支五代孫

향
지봉상사상
이자우추동운상로미증감모근용청작시수
오대조비모봉모씨지묘세천일제예유중제
오대조고모관부군
모관모감소고우
유세차간지기월간지삭기일간지오대손

이『송자대전』의 세제歲祭 축식과 봉사친에 대한 삼월 또는 한식 묘제의 축
식에서 '雨露旣濡(우로기유)'를 '霜露旣降(상로기강)'으로 바꾼 양식(봉사친 묘제
축을 참조)이다. 표 14는『송자대전』'관동교곡주산삼묘세제축문寬洞橋谷注山
三墓歲祭祝文'의 문장이다. 뜻은 '아무 년, 아무 월, 아무 일 오대손 아무개
가 오대조 아무 벼슬 할아버지(五代祖考某官府君오대조고모관부군)와 오대조 아
무 봉작 아무 씨 할머니의 묘(五代祖妣某封某氏之墓오대조비모봉모씨지묘)에 감

수지천세사) 尙饗(상향)', '아무 년 시월 초하루에 몇 대손 아무 벼슬 아무개 등은 감히 몇 대조
할아버지와 할머니께 소상히 아룁니다. 이제 시월의 초하루로 벌써 서리와 이슬이 내렸습니다.
무덤을 우러러 뵙고 소제하니 흠모하는 느낌을 이기지 못하겠습니다. 조상님께 보답해야 함을
도리로 감히 잊을 수 없습니다. 삼가 맑은 술과 여러 가지 음식으로 경건히 세사를 올리오니 부
디 흠향하소서.'

히 소상히 아룁니다(敢昭告于감소고우). 일 년에 한 번 묘사를 올리는 것이(歲薦一祭세천일제) 예에 중용의 도가 있습니다(禮有中制예유중제). 비와 가을과 겨울에는 서리와 이슬을 밟으니(履茲雨-秋冬云霜-露이자우-추동운상-로) 추모하는 느낌이 더욱 더합니다(彌增感慕미증감모). 삼가 맑은 술과 철에 나는 여러 가지 음식으로(謹用淸酌時羞근용청작시수) 상사常事를[60] 경건히 받드오니(祗奉常事지봉상사) 부디 흠향하십시오(尙饗상향).'이다.

그 외 '여러 산언덕의 대를 이을 자손이 없는 혼령에 대한 묘제 축문'도 문헌에서 볼 수 있다.[61]

---

60) 『사계전서』, 「의례문해」, '기일'에, 이이순李以恂(조선 중기의 학자. 본관 경주慶州, 호 동림東林)이 묻기를, "『가례』의 기제 축문 끝 부분에 '餘幷同云云(여병동운운, 나머지는 아울러 같다.)'고 하였는데, '淸酌庶羞(청작서수)' 아래에는 시제에 의거하여 '祗遷歲事(지천세사)'라는 글자를 써야 하는 것이 아닙니까? 소상小祥(사람이 죽은 지 한 돌 만에 지내는 제사로 대개 첫 기일을 쓴다.)에서는 '常事(상사)'라고 하는데, '常(상)' 자는 무슨 뜻입니까? 기제에서는 쓸 수가 없는 것입니까?" 하니, 답하기를, "구씨丘氏의 축문에 '恭伸奠獻(공신전헌)'이라고 하였는데, 우리 집에서는 항상 이것을 써왔으며, 퇴계 또한 이 구절을 쓴다고 하였다. 常事(상사)'는 『사우례』와 『증자문』에서 나왔는데, 기제에 쓰는 것은 어떠할지 모르겠다." 하였다. 『사우례』의 '薦此常事(천차상사)'의 주註에, 고문古文에 '常(상)'이 '祥(상)'이 된다. 소疏에, 천기天氣가 변하여 바뀌면 효자가 그를 그리워하여 제사를 지내니, 이것이 그 상사이다.

61) 『순암집』, '묘제의'에, 제롱무후신축諸隴無后神祝은, '維歲次云云某(유세차운운모) 謹具飯羹之奠(근구반갱지전) 使某敢告于諸隴無后之神(사모감고우제롱무후지신) 昔我先祖宅兆于此(석아선조택조우차) 前後幽堂皆其遺嗣(전후유당개기유사) 名雖不傳想皆我族(명수부전상개아족) 丘隴荒頹誰奠一酌(구롱황퇴수전일작) 朝夕瞻望愴懷恒深(조석첨망창회항심) 祭餘繼薦以效微忱(제여계천이효미침) 表厥配位分設兩卓(표궐배위분설양탁) 殤童殤女各以類食(상동상녀각이류사) 物雖菲薄庶幾歆格(물수비박서기흠격) 尙饗(상향)', '유세차~ 아무개는 삼가 밥과 국으로 제물을 갖추어 아무개를 시켜서 감히 여러 산언덕의 무후한 혼령께 고합니다. 옛날 우리 선조의 묘소를 이곳으로 정하였고 앞뒤의 묘소들은 모두 그 후손입니다. 비록 이름은 전해지지 않아도 생각건대 모두 우리의 일가일진대, 무덤이 황폐하여 무너졌으니 누가 한잔 술을 올리겠습니까. 아침저녁으로 바라보면서 슬픈 마음이 언제나 깊었습니다. 그래서 이제 제사를 뒤이어 천薦하여 작은 성의를 바칩니다. 그 배위配位를 표하여 양 탁자에 나누어 진설하고, 일찍 죽은 아이와 일찍 죽은 여자도 각각의 무리로 먹이고자 하니 비록 제물이 변변치 못하지만 부디 감응하여 흠향하십시오.'

· 산신제山神祭(토신제土神祭 또는 후토제后土祭) 축

維
年號幾年歲次干支幾月干支朔幾日干支
某官姓名敢昭告于
土地之神某恭以下去恭字修歲事于
某親某官府君或某封某氏卑幼去府君二
字同原以最尊位書之合葬不列書之墓維時
保佑實賴
神休敢以酒饌敬伸奠獻尚
饗

유
연호기년세차간지기월간지삭기일간지
모관성명감소고우
토지지신모공처제이하거공자수세사우
모친모관부군혹모봉모씨비유거부군이
자동원이최존위서지합장불열서지묘유시
보우실뢰
신휴감이주찬경신전헌상
향

표 15. 산신제축식 〈사례편람〉, 〈사례집의〉

예서에는 묘제를 지낸 후 산신제를 지내는 것으로 되어 있으나 산신제를 먼저 지내는 집안도 있다.[62] 표 15 축식의 뜻은 '아무 년, 아무 월, 아무 일, 아무 벼슬하는 아무개는 토지의 신께 감히 소상히 아룁니다. 아무개가 공손히 아내와 아우 이하는 '恭(공)'자를 뺀다. 아무 친속(某親某官府君모친모관부군

---

62) 『가례집람』, '제례', '묘제'에, 『집설』에 묻기를, "후토에 제사 지내는 것이 어찌하여 묘제 전에 있지 않습니까?" 하니, 가로되, "내가 나의 어버이를 위하여 와서 세사歲事를 올리면 정성이 오로지 묘에 있다. 그러니 토지신은 자연히 의당 뒤에 제사 지낸다. 대개 나의 어버이가 있고 바야흐로 이 신이 있는 것이다." 하였다.

維
檀君紀元四千三百四十五年歲次壬辰十月
己卯朔日主事延安李夢雲敢昭告于
土地之神夢龍恭修歲事于九代祖考折衝
將軍行龍驤衛副護軍贈嘉善大夫府君
之墓維時保佑實賴
神休敢以酒饌敬伸奠獻
饗

유
단군기원사천삼백사십오년세차임진시월
기묘삭일주사연안이몽운감소고우
토지지신몽룡공수세사우구대조고절충
장군행용양위부호군증가선대부군
지묘유시보우실뢰
신휴감이주찬경신전헌상
향

표 16. 단기 4345년(서기 2012년) 10월 1일 연안이씨 몽룡이 거행한
가선대부공의 친진조 묘제를 마치고, 주사主事인 몽운이 지내는 산신제 축문.

또는 某封某氏(모봉모씨)[63]의 항렬이 낮거나 어리면 '府君(부군)' 두 글자를 뺀다. 같은 언덕이면 가장 높은 묘위를 쓴다. 합장은 나란히 쓰지 않는다. 묘에 세사를 지냈습니다(某恭修歲事于某親某官府君之墓모공수세사우모친모관부군지묘). 때를 맞추어 생각하건대 보살펴 도와주심은(維時保佑유시보우) 진실로 신의 넉넉함에 힘입었기에(實賴神休실뢰신휴) 감히 술과 음식으로(敢以酒饌감이주찬) 경건히 제사를 펼치오니(敬伸奠獻경신전헌) 흠향하소서(尙饗상향).'이다. 표 16은 이몽룡이 9대조의 묘제를 지낸 후 주사主事인 몽운이 산신제를 지낼 때 축문의 예시이다.

63) 『성호전집』, '제식'에, 축문은 『가례』와 같이 한다. 요즈음 사람들은 『가례도』에 의거하여 '考(고)'와 '妣(비)' 위에 모두 '顯(현)'자를 쓰는데, 이 축문에는 본문을 따라 '顯(현)'자를 쓰지 않는 것이 옳을 듯하다.

고전예서에 근거한 집안제사 해설

維
年號幾年歲次干支幾月干支朔幾日干支
孝玄孫某官某敢昭告于
顯高祖考某官府君
顯高祖妣某封某氏
顯曾祖考某官府君
顯曾祖妣某封某氏
顯祖考某官府君
顯祖妣某封某氏
顯考某官府君
顯妣某封某氏某以某月某日蒙
恩授某官奉承
先訓獲霑祿位餘慶所及不勝感慕謹以
酒果用伸虔告謹告

표 17. 수관고사식 〈사례편람〉

고사 축은 사당에 모시는 3대 혹은 4대를 모두 한 판으로 하므로, 현재 직접 제사를 모시고 있는 조상님들께 함께 고하는 양식으로 하며, 스스로의 칭호는 가장 높은 분을 위주로 한다. 수관고사식授官告辭式은 벼슬을 제수 받아 고하는 양식이다(표 17). 뜻은 '아무 해 아무 월 아무 일에 효현손 아무 벼슬(이전 직함) 아무개는 현고조고모관부군, 현고조비모봉모씨, 현증조고모관부군, 현증조비모봉모씨, 현조고모관부군, 현조비모봉모씨, 현고모관부군, 현비모봉모씨께 감히 소상히 아룁니다. 아무개가(某以모이)[64] 아무 월 아무 일(某月某日모월모일) 은혜를 입어 아무 벼슬을 제수 받

---

64) 『사례편람』, '사당祠堂'에, 종자가 아니면 '某之某親某以(모지모친모이, 종자 아무개의 아

았습니다(蒙恩授某官몽은수모관). 선조의 가르침을 받들고 이어(奉承先訓봉승선훈) 녹봉과 작위를 받게 되었습니다(獲霑祿位획점록위). 여경餘慶[65]이 미친 바(餘慶所及여경소급), 사모하는 감정을 이기지 못해(不勝感慕불승감모) 삼가 술과 과일을 써서 펼쳐(謹以酒果用伸근이주과용신) 경건히 조심스럽게 아룁니다(虔告謹告건고근고).'이다.

만약 벼슬이 깎였으면(貶降폄강), 표 17의 고사식에서 '蒙恩(몽은)'부터 '感慕(감모)'까지의 21글자를 '貶某官荒墜先訓惶恐無地(폄모관황추선훈황공무지)'로 고치는데, '아무 벼슬로 강등되어 조상의 가르침을 몹시 떨어뜨려 두려움에 몸 둘 곳을 모르겠습니다.'라는 뜻이다. 벼슬과 품계를 빼앗기고 아무 곳으로 귀양을 가면 '貶某官(폄모관)' 대신 '削官謫某地(삭관적모지)'로 한다. 〈사례집의〉

등과고사식登科告辭式은 과거에 합격했을 때 고하는 말의 양식이다(표 18). 뜻은 '아무 년 아무 월 아무 일에 효현손 아무 벼슬 아무개는 현고조고모관부군, 현고조비모봉모씨, 현증조고모관부군, 현증조비모봉모씨, 현조고모관부군, 현조비모봉모씨, 현고모관부군, 현비모봉모씨께 감히 소상히 아룁니다. 아무개가(某以모이) 또는 아무개의 아들 아무개가[66] 아무 월 아무 일(某月某日모월모일) 은혜를 입어 아무 과에 아무 제로 급제를 내려 받았습니다(蒙恩授某科某第及第몽은수모과모제급제). 선조의 가르침을 받들고 이어(奉承先訓봉승선훈) 처음으로 벼슬길에 나설 수 있게 되었습니다(獲參出身획참출신). 생원이나 진사에 입격했음을 고할 때는 '은혜를 입어 생원에 혹은 진사에 아무 등으로

무 친속인 아무개가'로 한다.

65) 여경餘慶-남에게 좋은 일을 많이 한 보답으로 뒷날 그의 자손이 받는 경사.

66) 『가례증해』, '사당'에, 만약 지차 자손의 일이면 주인이 또한 고하는데, 축문은 '介子某或介子某之子某(개자모혹개자모지자모, 개자 아무개 또는 개자 아무개의 아들 아무개)'로 한다.

고전예서에 근거한 집안제사 해설

維

年號幾年歲次干支幾月干支朔幾日干支

孝玄孫某官某敢昭告于

顯高祖考某官府君

顯高祖妣某封某氏

顯曾祖考某官府君

顯曾祖妣某封某氏

顯祖考某官府君

顯祖妣某封某氏

顯考某官府君

顯妣某封某氏某或某之子某隨稱以某月某

日蒙

恩授某科某第及第生進則曰授生員或進士某

等入格奉承

先訓獲參出身生進則曰獲升國庠餘慶所及

不勝感慕謹以酒果用伸虔告謹告

표 18. 등과고사식 〈사례편람〉, 〈사례집의〉

입격함을 받았으니(蒙恩授生員或進士某等入格몽은수생원혹진사모등입격) 선조의 가르침을 받들고 이어 성균관에 오를 수 있게 되었습니다(奉承先訓獲升國庠봉승선훈획승국상).' 여경이 미친 바(餘慶所及여경소급), 사모하는 감정을 이기지 못해(不勝感慕불승감모) 삼가 술과 과일을 써서 펼쳐(謹以酒果用伸근이주과용신) 경건히 조심스럽게 아룁니다(虔告謹告건고근고).'이다.

이러한 고사식을 조금만 고치면 관직에 나아가거나 입학 또는 학위를 받는 경우 고하는 양식으로 쓸 수 있다.

❀ 제사상차림–진설陳設 및 진찬進饌

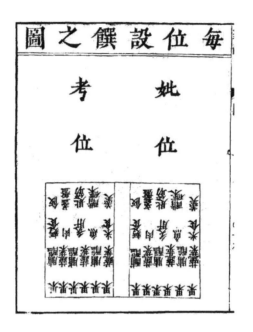

考^고位^위							妣^비位^위						
飯메	盞반盤	匙저筋	수 醋초碟	식	羹국		飯메	盞반盤	匙저筋	수 醋초碟	식	羹국	
麵면食식	肉유류	炙간肝	적	魚선魚	생 米식食	떡	麵면食식	肉유류	炙간肝	적	魚선魚	생 米식食	떡
脯포醢해	蔬채菜소	脯포醢해	蔬채菜소	脯포醢해	蔬채菜소		脯포醢해	蔬채菜소	脯포醢해	蔬채菜소	脯포醢해	蔬채菜소	
果과일	果과일	果과일	果과일	果과일	果과일		果과일	果과일	果과일	果과일	果과일	果과일	

표 19. 『가례도家禮圖』 매위설찬도每位設饌圖

考(고) 妣(비)

飯메	筋저	爵잔	羹국		飯메	筋저	爵잔	羹국
鹽소금			醋식초		鹽소금			醋식초
菜채소	菜채소			醓육장	菜채소	菜채소		
魚생선	肉육류			脯포	肉육류	魚생선		
茶食다식	茶食다식			茶食다식	茶食다식	茶食다식		
果과일	果과일			果과일	果과일	果과일		

표 20. 『가례의절家禮儀節』 양위병설도兩位並設圖 〈사의〉

『사의』, '사의도士儀圖'에, 구준의 『가례의절』 '설찬도설設饌圖說'에 육류 또는 포와 해, 다식 또는 면식 혹 미식이라 하였다. 그러나 포는 변籩에 담는 것인데도 정조鼎組의 줄에 있으니 의문이다. 다식은 곧 미식이나 면식인데 다섯 그릇을 한 줄로 하였으니, 비단 『가례』와 맞지 않을 뿐만 아니라 또한 고례의 서직은 네 그릇, 두 그릇으로 한다는 것과도 숫자가 서로 어긋난다. 또 과일은 다섯 그릇으로 짝수가 아니다. 고위에는 생선을 서쪽, 육류를 동쪽으로, 비위에는 생선을 동쪽, 육류를 서쪽으로 하였으니 무슨 뜻인지 알지 못하겠다.

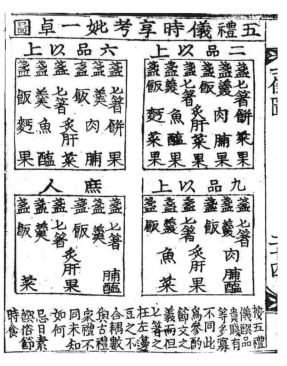

표 21-1. 「오례의五禮儀」 시향고비일탁도時享考妣一卓圖 〈사의〉

고전예서에 근거한 집안제사 해설

2품 이상

考고 妣비

盞잔　盞잔　盞잔　盞잔　盞잔　盞잔

飯메　羹국　匕箸수저　飯메　羹국　匕箸수저

麵면　魚생선　炙肝적간　肉유류　餠떡

菜소　醢젓갈　菜소　脯포　菜소

果일　果일　果일　果일　果일

6품 이상

考고 妣비

盞잔　盞잔　盞잔　盞잔　盞잔　盞잔

飯메　羹국　匕箸수저　飯메　羹국　匕箸수저

麵면　魚생선　炙肝적간　肉유류　餠떡

果일　醢젓갈　菜소　脯포　果일

9품 이상

考고 妣비

盞잔　盞잔　盞잔　盞잔　盞잔　盞잔

飯메　羹국　匕箸수저　飯메　羹국　匕箸수저

魚생선　炙肝적간　肉유류

菜소　果일　脯포醢해

서인庶人

考고 妣비

盞잔　盞잔　盞잔　盞잔　盞잔　盞잔

飯메　羹국　匕箸수저　飯메　羹국　匕箸수저

炙肝적간

菜소　果일　脯포醢해

표 21-2. 『오례의五禮儀』시향고비일탁도時享考妣一卓圖〈사의〉

『사의』, '사의도士儀圖'에, 『국조오례의國朝五禮儀』의 제찬 품목은 귀천에 등급이 있고, 많고 적음
이 같지 않다. 이는 헤아려 절약하라는 글의 뜻이다. (하략)
『국조오례의』─조선시대 오례의 예법과 절차에 관하여 기록한 책. 세종 때 시작되어 성종 5년 신숙
주 등에 의해 완성됨.

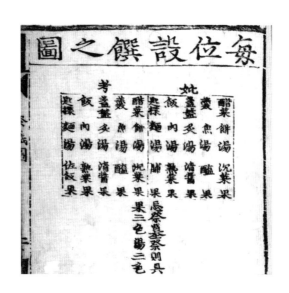

考位 고위

匙楪 수저	飯 메	盞盤 잔반	羹 국	醋菜 초채
麵 면	肉 유류	炙 적	魚 생선	餠 떡
湯 탕	湯 탕	湯 탕	湯 탕	湯 탕
佐飯 자반	熟菜 나물	清醬 간장	醢 젓갈	沈菜 김치
果 과일	果 과일	果 과일	果 과일	果 과일

妣位 비위

匙楪 수저	飯 메	盞盤 잔반	羹 국	醋菜 초채
麵 면	肉 유류	炙 적	魚 생선	餠 떡
湯 탕	湯 탕	湯 탕	湯 탕	湯 탕
脯 포	熟菜 나물	清醬 간장	醢 젓갈	沈菜 김치
果 과일	果 과일	果 과일	果 과일	果 과일

忌祭墓祭則具果三色湯三色

표 22. 「격몽요결擊蒙要訣」「제의초祭儀鈔」 매위설찬도每位設饌之圖
기제와 묘제에는 과일과 탕을 각각 세 가지씩만 갖춘다.

고전예서에 근거한 집안제사 해설

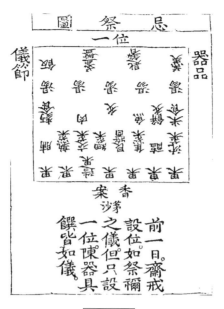

圖祭忌

一位

儀節　　　　　　　　　　器品

香沙案

前一日。齋戒設位如祭禰之儀但只設一位陳器具饌皆如儀

一位 / 일 위

飯(메)		盞盤(잔반)		匙箸(수저)			羹(국)
湯(탕)		湯(탕)	湯(탕)		湯(탕)		湯(탕)
麵食(면식)	肉(육류)		炙(적)	魚(생선)	餅炙(병적)		米食(떡)
脯(포)	熟菜(숙채)	交菜(교채)	細菜(세채)	艮醬(간장)	焦菜(초채)	醢(젓갈)	沈菜(김치)
果(과일)	果(과일)	造果(조과)	果(과일)	果(과일)	果(과일)	果(과일)	

前一日齋戒設位如祭禰之儀但只設一位陳器具饌皆如儀

표 23-1. 「겸암집謙庵集」 기제도忌祭圖

「겸암집」-류운룡柳雲龍(조선 중기의 문신이며 학자. 본관 풍산豊山, 서애西厓의 형)의 문집.

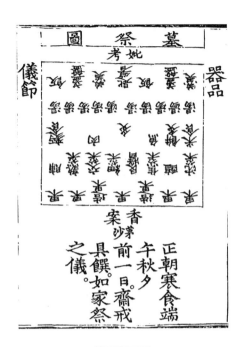

考 妣

考고 / 妣비								
飯메	盞盤잔반	羹국		匙箸수저	飯메	盞盤잔반	羹국	
湯탕	湯탕	湯탕	湯탕	湯탕	湯탕	湯탕	湯탕	湯탕
麵食면식	肉육류		炙적	魚생선	餅炙병적	米食떡		
脯포	熟菜숙채	交菜교채	細菜세채	艮醬간장	焦菜초채	醢젓갈	沈菜김치	
果과일	果과일	造果조과	果과일	造果조과	果과일	果과일		

正朝寒食端午秋夕 前一日齋戒具饌如家祭之儀

표 23-2. 「겸암집謙庵集」 묘제도墓祭圖

고전예서에 근거한 집안제사 해설

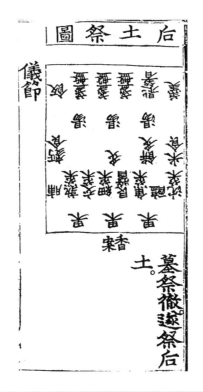

后土祭圖

儀節

墓祭徹遂祭后土

飯 메	盞盤 잔반	盞盤 잔반	盞盤 잔반	匙箸 수저	羹 국
	湯 탕		湯 탕		湯 탕
麵食 면식		炙 적	餅炙 병적		米食 떡
脯 포	熟菜 숙채 · 交菜 교채 · 細菜 세채	艮醬 간장	焦菜 초채	醢 젓갈	沈菜 김치
	果 과일		果 과일		果 과일

墓祭徹遂祭后土

표 23-3. 「겸암집謙庵集」 후토제도后土祭圖

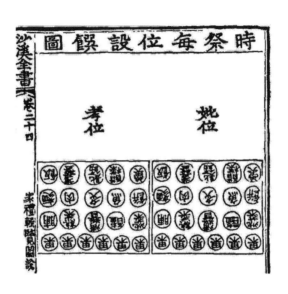

時祭每位設饌圖

沙溪全書　卷二十四

家禮輯覽圖說

考位

妣位

考位 고위				
羹 국	醋楪 식초	匙筯 수저	盞盤 잔반	飯 메
餅 떡	魚 생선	炙 적	肉 육류	麵 면
沈菜 김치	醢 젓갈	淸醬 간장	熟菜 나물	脯 포
果 과일	果 과일	果 과일	果 과일	果 과일

妣位 비위				
羹 국	醋楪 식초	匙筯 수저	盞盤 잔반	飯 메
餅 떡	魚 생선	炙 적	肉 육류	麵 면
沈菜 김치	醢 젓갈	淸醬 간장	熟菜 나물	脯 포
果 과일	果 과일	果 과일	果 과일	果 과일

표 24. 『가례집람도설家禮輯覽圖說』 시제매위설찬도時祭每位設饌圖

고전예서에 근거한 집안제사 해설

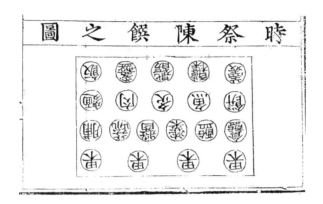

<table>
<tr><td></td><td colspan="5" align="center">一 일
位 위</td></tr>
</table>

飯 메	盞 盤 잔 반	匙 筋 수 저	醋 楪 식 초	羹 국
麵 면	肉 육 류	炙 적	魚 생 선	餅 떡
脯 포	蔬 채 소	醬 간 장	沈 菜 김 치	醢 젓 갈	食 醢 식 해
果 과 일	果 과 일	果 과 일	果 과 일

표 25. 「사례편람四禮便覽」 시제진찬도時祭陳饌圖

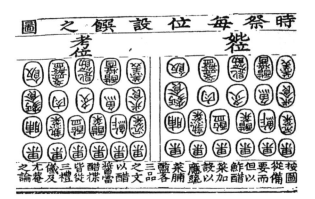

時祭每位設饌之圖

考位(고위)

飯(메)	盞盤(잔반)	匙筯(수저)	醯醬(초장)	羹(국)
麵食(면식)	肉(육류)	炙(적)	魚(생선)	米食(미식)
脯(포) 熟菜(나물) 醢(젓갈) 醋菜(초채) 鮓(식해) 沈菜(김치)				
果(과일) 果(과일) 果(과일) 果(과일) 果(과일) 果(과일)				

妣位(비위)

飯(메)	盞盤(잔반)	匙筯(수저)	醯醬(초장)	羹(국)
麵食(면식)	肉(육류)	炙(적)	魚(생선)	米食(미식)
脯(포) 熟菜(나물) 醢(젓갈) 醋菜(초채) 鮓(식해) 沈菜(김치)				
果(과일) 果(과일) 果(과일) 果(과일) 果(과일) 果(과일)				

按圖從備要而但以鮓醋菜加設以應蔬菜脯醢各三品之文以醋醬當醋楪皆從三禮儀及尤菴之論

표 26. 『가례증해家禮增解』 시제매위설찬도時祭每位設饌圖

안按, 『가례』의 '소채蔬菜'와 '포해脯醢'가 각각 세 가지라는 조문에 맞추기 위해 '鮓(자, 생선식해)'와 '醋菜(초채)'를 더하였다. '초장'으로써 '초접'을 대신하게 하였으니 모두 『삼례의』와 우암의 논의를 따랐다.

고전예서에 근거한 집안제사 해설

北북

神位右 신위오른쪽 西서						神位左 신위왼쪽 東동
盞 잔	盞 잔	盞 잔	盞 잔	盞 잔	盞 잔	
麪 면	飯 메	飯 메	匙 수 箸 저	羹 국	羹 국	餅 떡
湯羹 탕국	肉 유류	鹽楪 소금	炙 적	醋楪 식초	魚 생선	湯羹 탕국
蔬 채소	醢 젓갈	菹 김치	菹 김치	醢 젓갈	蔬 채소	
脯 포*	果 과일	果 과일	果 과일	果 과일	鱐 슉*	

南남

표 27. 「사의士儀」 시제양위공탁설찬신도時祭兩位共卓設饌新圖

모든 제사에서 술은 예식을 행하는 일에 우선되므로 따라서 탁자 북쪽 첫째 줄에 올리는데 『오례의』에 의거하여 각 위마다 세 잔을 사용한다. (하략) *포脯는 건육乾肉이고 숙鱐은 건어乾魚다.

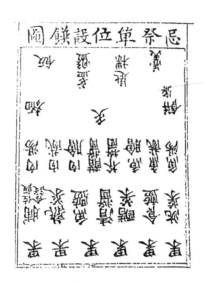

忌祭單位設饌圖

一位 / 일위

飯 매	盞盤 잔반	匙楪 수저	羹 국		
麵 면		炙 적		蜜 꿀 / 餅 떡	
肉湯 육탕	肉戠 *육자	肉膾 *육회	醋醬 초장	芥醬 겨자장	魚膾 생선회
脯合設佐飯 자반과 합침	熟菜 나물	魚醢 젓갈	清醬 간장	醋菜 초채	食醢 식해
果 과일	果 과일	果 과일	果 과일	果 과일	果 과일

표 28. 「광례람廣禮覽」 기제단위설찬도忌祭單位設饌圖

개장芥醬은 겨자장으로 생선회를 쓰면 올린다. 초장醋醬은 간장에 초를 탄 것으로 육전을 올릴 때 함께 올린다. (1893년 수산綏山) *『예기』「곡례」에 보면 뼈에 고기가 붙어 있는 것을 효殽라고 하고, 고기만을 크게 자른 것을 자胾라고 한다. 『예기』「내칙內則」에는 날고기를 가늘게 썬 것은 회膾가 되고 크게 썬 것은 헌軒이 된다고 나와 있다. 〈가례집람〉

고전예서에 근거한 집안제사 해설

一位 일위

飯 메	盞盤 잔반	匙筯 수저	醋楪 식초	羹 국
麵食 면식	肉 육류	炙 적	魚 생선	米食 떡
			右首進腖 不用鯉	
脯 포	熟菜 나물	淸醬 간장	醢 젓갈	沈菜 김치
棗 대추	栗 밤	果 과일	果 과일	果 과일	果 과일

不用桃 藥果之屬略用　果六品或四品兩品

표 29-1. 『사례집의四禮集儀』 시제단설진찬도時祭單設陳饌圖*

생선은 머리가 우측, 배가 신위 쪽으로 향하게 올리며, 잉어는 쓰지 않는다.
복숭아는 쓰지 않고 약과는 간략히 쓴다. 과일은 여섯 가지 또는 네 가지 아니면 두 가지.
*진찬도는 본문 내용을 좇아 구성함.

考고 妣비

飯 메	盞盤 잔반	羹 국	匙筯 수저	醋楪 식초	飯 메	盞盤 잔반	羹 국
麵食 면식	肉 육류	炙 적	魚 생선	米食 떡			
			右首進腖 不用鯉				
脯 포	熟菜 나물	淸醬 간장	醢 젓갈	沈菜 김치			
棗 대추	栗 밤	果 과일	果 과일	果 과일	果 과일		

不用桃 藥果之屬略用　果六品或四品兩品

표 29-2. 『사례집의四禮集儀』 시제합설진찬도時祭合設陳饌圖*

*진찬도는 본문 내용을 좇아 구성함.

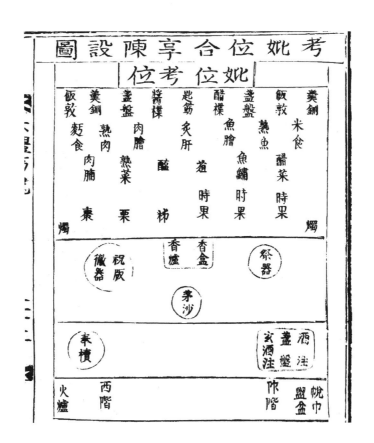

표 30-1. 「육례홀기六禮笏記」 고비위합향진설도考妣位合享陳設圖

『육례홀기』-곽종석郭鍾錫(조선 말기의 유학자이자 독립운동가.
본관 현풍玄風, 호 면우俛宇)이 1874년 간행한 예서.

　　　　　　　　　　　　고전예서에 근거한 집안제사 해설

考고 妣비

飯敦메　羹鉶국　盞盤잔반　醬楪간장　匙筯수저　醋楪식초　盞盤잔반　飯敦메　羹鉶국

麵食면식　熟肉수육　肉膾육회　炙肝적간　魚膾어회　熟魚숙어　米食떡

肉脯육포　熟菜나물　醢젓갈　菹김치　魚鱐어포　醋菜초채

棗대추　栗밤　柿감　時果과일　時果과일　時果과일

燭촛불　　　　　　　　　　　　　　　　　燭촛불

徹器퇴주기　祝版축판　　　香爐향로　香盒향합　　　祭器제기

茅沙모사

奉櫃신주함　　　　　酒注술주전자　盞盤강신잔반　玄酒注현주병

西階서계　　　　阼階조계

火爐화로　　　　盥盆세숫대　帨巾수건

표 30-2. 『육례홀기六禮笏記』 고비위합향진설도考妣位合享陳設圖

무릇 제사는 사랑과 공경의 성의를 다하는 것을 주로 하므로,[67] 집이 가난할 경우 경제적 여건에 맞게 지내고[68] 질병이 있을 경우 근력을 감안하여 지낸다. 그러나 재산과 조력이 가능한 자는 당연히 의식대로 지내야 한다. 〈가례집람〉

제사상 차리는 법식은 예서마다 조금씩 차이가 있으며(표 19~30), 또 예서를 정확히 따르는 가정도 드물어 지역과 집안에 따라 각양각색의 제사상차림을 보이는데, 제사상에 올리는 음식에 대해서는 옛날부터 여러 선현들이 말씀하신 바 있으니,[69] 다만 짐작하여 따르고, 추모의 마음과

---

67) 『가례』, '사시제'에, 유장劉璋 가로되, "과거에는 사대부집에서 부녀가 모두 직접 제기를 씻고 제사음식을 만들어서 제사에 바쳤다. 근래에는 부녀들이 교만하여 직접 부엌에 들어가는 것을 즐겨하지 않는다. 비록 집에 부리는 사람이 있어서 일에 힘써도, 모름지기 자신이 직접 감시하고 정결하도록 힘써야 한다. (중략) 사마공司馬公『제의祭儀』를 보면 음식이 15가지를 넘지 않았다. (중략) 혹 집이 가난하면 향토에 있는 바를 따라서 오직 나물, 과일, 고기, 면식, 떡 몇 그릇도 괜찮다. 보簠 등의 제기가 어찌 일반인의 집에 있겠는가? 단지 평소에 쓰던 음식그릇을 깨끗이 씻어 효도와 공경의 마음을 다하면 또한 족하다." 하였다.

68) 『사의』, 「여재편」, '사시제'에, 주자 가로되, "집안의 풍족함과 빈약함에 따른다. 메 한 그릇과 국 한 그릇 같아도 모두 몸소 그 정성을 다할 수 있다." (중략) 송이암宋頤庵(송인宋寅. 중종의 셋째서녀인 정순옹주貞順翁主와 결혼. 여성군礪城君. 본관 여산礪山)의 집안 법령은 떡은 쌓아서 한 접시에 담는데, 기제에는 2치를 넘지 않고, 묘제는 1치를 넘지 않으며 상중의 모든 제사에 모두 같다. 중봉조씨重峯趙氏(조헌趙憲. 조선 중기의 문신, 유학자, 의병장. 본관 백천白川)는 단지 메, 국, 좁쌀떡과 오이나물 각 한 그릇씩만 진설하였다.
『상변통고』, '시제'에, 남계 가로되, "신독재(김집)는 집이 몹시 가난하여 제사에 모양을 이루게 없었다. 늘 시제를 지낼 때면 제사음식은 한 신위에 단지 말린 조기 한 마리를 썼으니 정성에 있는 것이지 제물에 있는 것이 아니다. 이 또한 후인의 법이 될 만하다." 하였다.
『가례증해』, '사시제', 제사에는 한 해의 경비를 헤아려 그 10분의 1을 쓴다.

69) 『상변통고』, '시제'에, 퇴계 가로되, "온공의 『서의』에 이미 옛날대로 다하지 못하였다. 주자의 『가례』는 고례古禮와 『서의』를 참작했는데 또한 『서의』보다 간결하다. 지금의 풍속은 주자 때와 또 다르니 또한 어찌 일일이 따르겠는가? 단지 요즈음 사람들은 여러 가지를 한데 뒤섞어 올려서 오로지 물품이 많도록 힘쓰니 이는 예를 아는 자의 일이 아닌데 논의해서 무엇에 쓰겠는가?" (중략) 여헌 가로되, "만약 시속에서 쓰는 평소의 물품과 잡물을 진설한다면 아마도 신을 섬기는 의식이 아닐 것이다." 하였다.

고전예서에 근거한 집안제사 해설

정성을 다할 따름이다.

1. 진설陳設

동서남북의 실제 방위와 관계없이 신위가 자리하는 쪽이 북쪽이고 참례자들이 자리하는 쪽이 남쪽이다. 참례자가 신위를 마주보고 섰을 때 오른

『상변통고』, '시제'에, 『국어國語』에 이르기를, 굴도屈到는 마름(기芰)을 즐겼다. 병이 들어 문중의 어른을 불러 부탁하여 가로되, "반드시 마름을 써서 나를 제사 지내라." 하였다. 제사를 지내게 되었을 때, 그 어른이 마름을 올리려 하였는데, 굴건屈建(춘추시대 초楚나라의 영윤令尹. 자목子木)이 말하여 물리치며 가로되, "『제전祭典』에 있으니, 나라의 군주는 소로 제사 지내고, 대부는 양으로 대접하고, 사士는 돼지와 개로 제물을 올리고, 일반 백성은 생선과 구운 고기를 올린다. 변籩과 두豆에 포脯와 해醢(젓갈, 육장)를 올리는 것은 상하 같이 한다. 유별나서 진기한 것은 바치지 않으며, 여러 가지를 과분하게 진설하지 않는다. 공자께서는 사사로운 욕심으로써 나라의 규정을 범하지 않으셨다." 하고는 끝내 사용하지 않았다. (중략) 갈암 가로되, "제사의 예는 평상시 받드는 것과는 다르다. 평소 즐김과 즐기지 않는 사람이 있는데, 평소 즐기지 않았다고 해서 제사에 이 술을 쓰지 않겠는가?" 하였다.
『가례증해』, '사시제'에, 우암 가로되, "시제와 기제에 우리 집은 『가례』 본주를 따르려 하였으나 어떤 경우에는 가난하여 그 가지 수에 미칠 수 없었고, 어떤 경우에는 얻은 것이 있으면 비록 그 가지 수를 넘더라도 진설하지 않을 수 없었다. 손 안에서 임시로 달라졌다는 비웃음을 참으로 면할 수 없다." 또 가로되, "동춘이 일찍이 말하기를 '집에서 맛난 음식을 얻었는데 사용하지 않으면 마음이 매우 서운하다. 그러므로 비록 많아도 또한 다 사용한다.'고 하였다. 이는 비록 물품을 절약함이 없는 것 같지만 효자가 살아계신 부모님을 섬기는 것과 같이 하는 뜻을 또한 볼 수 있다." 하였다. 『삼례의』에 이르기를, 절육切肉, 간납肝納, 병밀餅蜜, 병채餅菜 등의 맛난 음식을 일절 사용하지 않는 것은 인정에 몹시 서운하다. 음식 맛과 반찬류를 모두 옛날에 맞게 할 수 없는 것처럼, 이 또한 시대에 따르고 마땅함을 좇는 길이니, 어찌 쓸 수 없는 것이 있겠는가? 곧 주자의, 이른바 평상시의 음식으로 조육俎肉을 대신한다는, 남긴 뜻이다.
『가례증해』, '사시제'에, 묻기를, "평소 먹지 않았던 물건으로 제사를 지내면, '그 즐기던 것을 생각한다.'는 뜻이 아마도 아닌 것 같다. 그러나 자손들이 만약 생시대로 유지해서 바꾸지 않으면 굴도의 마름 올리기의 비웃음에 또한 가깝다. 어떻게 하면 인정과 예에 과연 합치되겠는가?" 사계 가로되, "편지로 알려준 것은 그렇다. 그러나 여러 신위를 나란히 진설하면 감히 혼자만 다르게 진설할 수 없다." 하였다. 우암 가로되, "시속에서 숭상하는 것과 조상이 평소 좋아했던 것은 도무지 떨쳐 벗어날 수 없으니, 요체는 짐작하여 대처하는 데 있다." 하였다. 도암 가로되, "천지지간에 원래 먹지 못하는 물건이 없다. 무릇 사람이 살면서 먹지 않는 것이 있는 것은 곧 기氣가 치우쳐 있는 것이다. 그 죽음에 쓰지 못할 이치가 어찌 있겠는가? 효자의 마음으로 비록 차마 하지 못하는 것이 있어도 바른 것을 따르면 효를 행하는 데 해가 되지 않는다." 하였다.

손 방향이 동쪽이고 왼손 방향이 서쪽이다.

주인이 집사자와 함께 손을 씻고 제청에 나아가 과일, 소채, 포, 젓갈 등 대체로 데울 필요가 없는 기본적인 음식을 제사상에 배열하고 잔과 시접을 북쪽 끝에 놓아 조상을 모실 준비를 한다. 술과 현주병도 마련한다.

1) 과일(과果)

제사상의 남쪽 끝에 과일을 놓는다. 대부분의 예서에서는 과일의 그릇 수를 짝수로 하였는데,[70] 『가례도』, 『가례집람』, 『가례증해』, 『광례람』과 『사례집의』 등의 예서에서 6품品으로, 『사례편람』과 『사의』에는 4품으로 진설도에 나와 있으며 형편에 따라 줄여도 좋다고 하였다. 그러나 『가례의절』과 『격몽요결』 「제의초」에는 5품[71]으로 하였고 『겸암집』에도 홀수로 되어 있다. 예서의 설찬도에는 '果(과)'로만 표시되어 있고 구체적인 과일의 종류에 대해서는 언급하지 않았는데, 지역과 계절에 따라 나는 과일을 중심으로 올리게 한 것이다. 또 약과나 산자 등의 조과造果를 흔히 쓰고 있는데, 예에 맞는지에 대해서는 여러 설이 있다.[72]

---

70) 『상변통고』, '시제'에, 『예기』 「교특생郊特生」에 이르기를, 정鼎과 조組는 기수奇數(홀수)이고 변籩과 두豆가 우수偶數(짝수)인 것은 음양의 의리이다. (중략) 장락진씨長樂陳氏가 가로되, "정과 조의 내용물은 하늘에서 난 것을 주로 하는데, 하늘이 생산한 것은 양에 속한다. 그러므로 홀수로 한다. 변과 두의 내용물은 땅에서 난 것을 주로 하는데, 땅이 생산한 것은 음에 속한다. 그러므로 짝수로 한다." 하였다.

71) 『가례증해』, '사시제'에, 묻기를, "『격몽요결』에서 과일을 다섯 가지 쓰는 것은 무슨 뜻입니까?" 하니, 사계가 가로되, "『격몽요결』은 대개 사마공司馬公과 정씨程氏의 의례에 근거한 것이다. 어떤 이는 항상 잘못된 것이라고 여기는데, 『예기』를 읽으니 어떤 이의 이야기가 『예기』에 가까움을 알겠다. 이제 사람들이 과일 여섯 가지를 만약 갖추기 어려우면 네 가지나 두 가지로도 거의 예의 뜻에 맞을 것 같다." 하였다.

72) 『상변통고』, '시제'에, 『의례儀禮』 「기석既夕」에 이르기를, 무릇 구糗(말린 양식)는 기름에 지지지 않는다. 「언행록」에, 선생(퇴계)은 유밀과油密果(곡물가루를 반죽하여 기름에 지지거나

제사에 쓰이는 주요 과일은 대추, 밤, 감 또는 곶감과 배를 들 수 있으며 그 외 호두, 잣, 은행, 앵두, 땅콩, 사과, 포도, 귤 그리고 참외나 수박 등을 쓰고 있다. 대추, 밤, 감, 배와 아울러 우리 땅에서 나는 제철과일 위주로 놓는 것이 일반적이지만,[73] 요즈음은 오렌지나 바나나 같은 수입 과일도 쓰이고 있다.[74]

과일별 진설 위치도 예서에 거의 언급이 없는데,[75] 『사례집의』에 대추는

튀겨서 꿀과 조청 등을 발라 만드는 과자)는 쓰지 말라고 경계를 남기셨다. 「문해問解」에, 기름으로 지진 물품을 쓰지 않는다는 말은 『의례』에서 나왔다. 요즈음 밀과密果와 유병油餅을 사용하는데, 아마도 예에 맞지 않는 것 같다.

『가례증해』, '사시제'에, 우암 가로되, "예에 지지고 튀긴 것은 쓰지 않는다고 했는데 유과油果는 지지고 튀겨 만든 것이니 쓰지 않는 것이 마땅할 듯하다. 다만 삼대의 시제時祭는 냄새를 숭상하였는데, 유과의 냄새는 여러 음식에 비해 특이하니 이를 없애는 것은 불가하지 않겠는가? 우리 집에서는 선례에 따라 그대로 따라 쓸 뿐이다." 하였다. 튀기고 지진 물건을 쓰지 않는 것이 과연 『예경』에 있지만, 만약 기름으로 지진 종류라 하여 제한한다면, 사용할 수 없는 것이 조과造果에만 그치지 않을 듯하니 장차 어떻게 대처해야 할지 모르겠다.

73) 『가례증해』, '사시제'에, 『예기』의 「예기禮器」에 이르기를, 예禮란 천시天時에 부합하고, 땅에서 난 물품을 진설하고, 귀신에게 순응하고, 인심人心에 합치하여, 만물을 가지런히 하는 것이다. 그러므로 하늘이 내지 않고 땅이 기르지 않는 것을 군자는 예를 위하여 쓰지 않으며, 귀신도 흠향하지 않는다. 산에 살며 물고기나 자라를 예를 위해 쓰거나, 못에 살며 사슴이나 멧돼지를 예를 위해 쓰면, 군자는 그것을 예를 알지 못한다고 여긴다. 진호의 주註에 가로되, 천시에 부합함은 네 계절에 각각 나는 물건을 취하여 그 계절에 합당함을 말하며, 땅에서 난 물품을 진설함은 예를 행할 때 진설하는 물품은 모두 땅에서 생산된 재물임을 이른다. 하늘이 내지 않음은 제철의 물품이 아닌 것을 이르며, 땅이 기르지 않음은 산의 물고기나 자라, 못의 사슴이나 멧돼지 같은 따위이다.

74) 『사의』, 「여재편」, '사시제'에, 남방의 귤, 유자, 석류 등의 종류를 굳이 구차하게 구하여 쓸 필요는 없다. 「제통」에 이르기를, '초목의 열매로 음양의 제물을 갖춘다.' 하였는데, 이는 능력이 되어 갖출 수 있는 것을 말할 따름이다.

75) 『가례증해』, '사시제'에, 『예기』 「사우례士虞禮」에 이르기를, 두 변籩에 대추와 밤을 담는데 대추를 서쪽에 둔다. 주註에 대추가 아름답기 때문에 대추를 높인다. (중략) 『의례』 「특생궤식(사)례特牲饋食禮」에 이르기를, 주註에 두 변에는 대추와 밤을 담았는데 대추가 서쪽에 있다. 소疏에 대추는 찌고 밤은 가린다.

『졸은선생유고拙隱先生遺稿』, 「저존록著存錄」 '기일제忌日祭'에, 생과실은 서쪽에 놓고, 작은

서쪽에 놓고 밤은 대추의 동쪽에 놓고 복숭아는 쓰지 않으며,[76] 약과藥果 종류는 간략하게 쓴다고 하였다(표 29). 『육례홀기』에는 서쪽부터 조棗(대추), 율栗(밤), 시枾(감)를 놓고 그 동쪽으로 다른 계절과일을 놓게 했다(표 30). 일반적으로 서쪽부터 조, 율, 시, 이梨(배) 또는 조, 율, 이, 시의 순으로 올리는 집안이 많으며, 대추는 붉고 붉은색은 양방陽方 즉 동쪽이므로 동쪽에 놓고, 밤은 흰색이고 신주도 밤나무로 만들므로 귀신에 가까워 음방陰方이기에 서쪽에 놓는, 즉 '동조서율東棗西栗' 하는 집안도 있다. '조율시이'는 점필재佔畢齋 김종직金宗直, 일두一蠹 정여창鄭汝昌 종가에서, '조율이시'는 충재冲齋 권벌權橃, 율곡栗谷 이이李珥 종가에서 그리고 '동조서율'은 퇴계退溪 이황李滉, 서애西厓 류성룡柳成龍과 사계沙溪 김장생金長生 종가의 제사상차림에서 보인다.

2) 소채蔬菜와 포해脯醢

과일의 북쪽 즉 앞줄에는 예서에 따라 차이는 있으나, 보통 『격몽요결』 등의 설찬도와 같이, 서쪽부터 포脯, 숙채熟菜(나물), 간장, 해醢(젓갈) 그리고 침채沈菜(김치)의 순으로 놓는데, 『사례편람』에서는 김치의 동쪽에 젓갈

과일(細果세과)은 동쪽에 두며, 조과造果는 가운데에 두는데, 수정과水正果는 또 서쪽, 건정과乾正果는 또 동쪽이다. ·『졸은유고』-이한보李漢輔(조선 중기 유학자로 지봉芝峰 이수광李晬光의 현손玄孫. 본관 전주全州)의 시문집.

76) 『가례증해』, '사시제'에, 『가어家語』에 공자가 가로되, "과일의 종류가 여섯 가지인데 복숭아는 하품이다. 제사에 쓰지 않고 교묘郊廟(천지에 대한 제사인 교사郊祀와 선조에 대한 제사인 묘제廟祭)에 올리지 않는다." 하였다. 우안愚按, 『주례周禮』「천관天官」에, '궤식의 변籩에 대추, 밤, 복숭아, 건료乾蓤(말린 매실), 개암(榛實진실)을 담는다.' 하였으니 옛날에는 제사에 복숭아를 사용하였음이 분명하다. 『가어』의 말씀은 이와 같지 않으니 의심스럽다.
『사의』, 「여재편」, '사시제'에, 변籩에 담아 사람들이 복숭아를 바쳤으니 옛날에는 필시 썼을 것이나 그 품격이 낮아서 그를 천하게 여겼다. 요즈음 풍속에서 꺼려서 쓰지 않는 것과는 같지 않다.

고전예서에 근거한 집안제사 해설

을 그리고 동쪽 끝에 식해食醢를 놓게 했다.

포는 쇠고기 육포, 대구포, 북어포, 문어포, 오징어포, 상어포, 민어포, 건전복 등을 한 가지나 몇 종류를 겹쳐 한 접시에 담거나, 건육乾肉(포脯)과 건어乾魚(숙鱐)로 나누어 각각 서쪽과 동쪽에 올린다(표 27, 30). 마른 미역이나 다시마를 한 장 깔기도 하며 문어다리를 오려서 장식하기도 한다. 『격몽요결』에는 포를 자반(좌반佐飯)[77]이라고 하였으며, 『광례람』의 설찬도에는 자반과 포를 합쳐 놓도록 하였고, 『사의』 설찬도에는 포를 과일 열에 같이 진설하였다.[78] 또 김이나 천엽千葉(처녑, 소나 양 따위의 반추 동물의 겹주름위)으로 쌈을 따로 올리는 가문도 있다.

나물은 고사리, 도라지와 시금치로 삼색 나물을 올리는 것이 기본이며 그 외에도 무, 배추, 미나리, 콩나물, 숙주나물, 참나물, 머위, 토란줄기, 오이, 가지, 쑥갓나물, 취나물, 다시마 등 다양한 재료가 사용된다. 서애 종가의 불천위不遷位[79]제사에서는 고사리, 가지, 오이, 참나물과 시금치로 청채靑菜 한 그릇, 도라지, 무, 콩나물로 백채白菜 한 그릇 그리고 두부채豆腐菜 한 그릇을 올렸으며, 충재 종가의 불천위제사에서는 배추,

---

77) 자반(좌반佐飯)-밥을 먹을 때 필요한 반찬이라는 의미로, 생선을 소금에 절여서 만든 반찬 감 또는 그것을 굽거나 쪄서 만든 반찬을 말하며 주로 조기를 가리킴.
『사의』, 「여재편」, '사시제'에, 당나라 이화李華의 글에 '거숙좌반腒鱐佐飯(腒는 말린 꿩고기, 鱐는 말린 생선)'이라는 말이 있으니, 요즈음 소금에 절인 말린 생선을 자반이라 하는 것의 유래이다. 대개 지금 사람들은 어육魚肉의 말린 것을 통칭해서 '포脯'라고 하는데, 그 맛이 짠 것을 '자반'이라 한다.

78) 『사의』, 「여재편」, '사시제'에, 『유편』에 이르기를, 포는 변籩에 담는 것이니 과일 줄에 진설한다고 하였다. 안按, 『주례周禮』에, 변에 담아 올리는 물품은 능검菱芡(가시연밥), 밤, 포脯라 하였으니, 포와 과일은 나란히 놓아도 또한 좋다.

79) 불천위不遷位-나라에 큰 공훈이 있거나 도덕성과 학문이 높은 분에 대해 봉사대수와 상관 없이 신주를 땅에 묻지 않고 사당에 영구히 모시면서 제사를 지내는 것이 허락된 신위神位.

산나물, 시금치 또는 취나물을 이용해 청채 한 그릇, 통도라지, 고사리, 박나물로 대채大菜 한 그릇, 무나물로 세채細菜 한 그릇을 올렸다.

장醬은 청장을 종지에 담는다.[80]

해醢는 소금에 절인 어육魚肉으로 우리나라의 젓갈 또는 중국의 육장肉醬 즉 장조림류를 말한다.[81] 해남의 고산孤山 윤선도尹善道 종가에서는 절반 정도 삭은 멸치생젓을 놓았으며, 탄옹炭翁 권시權諰 종가에서는 어해魚醢로 소금에 절인 조기를 쪄서 올렸다. 일부 진설도에는 식해食醢로 되어 있다. 식해는 해醢의 한 종류로, 가자미, 갈치, 명태 등의 생선에 밥과 소금을 섞어 발효시킨 음식이다. 그러나 여러 집안에서 식해 대신 식혜食醯를 쓰고 있는데, 글자와 발음이 비슷하여 잘못 쓰이고 있다.[82] 만약 식혜를 올린다

---

80) 『가례증해』, '사시제'에, 남계 가로되, "'초醋'는 『가례』에서 사용하였고 '장醬'은 『격몽요결』에서 사용하였다. 『상례비요』에는 둘 다 남겨두었는데 그럴 명분은 없는 것 같다." 하였다. (중략) 우안愚按, (중략) 대개 초와 장은 합쳐서 한 그릇이다. 그러므로 『서의』는 '장접시醬楪'라 했고 『가례』는 '초접시醋楪'라 하였다. 우암이 이른바 장에 초를 섞어 한 그릇을 쓴다고 한 것은 옛 예법과 맞으니 마땅히 따라야 할 것 같다.
『가례향의家禮鄕宜』, '사시제'에, 『가례』에 식초와 소금은 있고 청장淸醬이 없는 것은 틀림없이 중국의 풍속에 단지 식초와 소금만 쓰고 청장은 쓰지 않기 때문일 것이다. 식초와 소금을 쓰는 것은 우리나라에서 청장을 쓰는 것과 같은 것이니, 이제 제사 음식에 청장을 버려두고 쓰지 않아서는 안 된다. 이미 청장을 썼으면, 자연히 중국의 소금과 식초에 해당하므로, 굳이 다시 식초와 소금을 진설할 필요는 없다. ·『가례향의』-조익趙翼(조선 중기의 학자이며 문신. 본관 풍양豐壤, 호 포저浦渚)이 지은 『가례』 해설서.

81) 『가례향의』, '사시제'에, 해醢는 중국에서는 육장肉醬이고, 우리나라에서는 생선을 더욱 절인 것이다.
·육장은 『임원십육지林園十六志』에 쇠고기를 청장에 졸여 만든다고 하였고, 『정일당잡지貞一堂雜識』에는 삶아 말린 쇠고기를 찧어 메주가루와 소금물을 섞어 장 만드는 방식으로 만든다고 하였다. ·『임원십육지』-서유구徐有榘(조선 후기의 문신이며 실학자. 본관 달성達城. 호는 풍석楓石)가 저술한 박물학서. 『정일당잡지』-조선 후기 정일당 의령남씨宜寧南氏가 15세에 필사한 것으로 추정되는 한글 음식조리서.

82) 『여유당전서與猶堂全書』, 「아언각비雅言覺非」에, '醯(혜)'는 초장酢漿(漿: 즙, 음료)이고, 또 '醯(혜)'는 '醢(해)'가 즙汁이 많은 것을 말한다. '醯(혜)'는 '瀋(심, 즙내다)'이며, 한글로 '젓국'

　　　　　　　　　　　　　고전예서에 근거한 집안제사 해설

면 식혜밥만 올리며 잣이나 대추 또는 육포 몇 조각을 얹어 모양을 낸다.

침채沈菜는 무와 배추를 네모난 모양으로 납작하게 잘라 마늘 등 냄새나는 양념은 하지 않고 희게 담근 나박김치를 말하며 보시기에 담아낸다.

3) 잔반盞盤, 시저匙筯와 초접醋楪

각설各設의 경우 대부분의 예서에서 시접匙楪(숟가락과 젓가락을 담아 놓는 대접)을 북쪽 끝 가운데[83]에 놓고 서쪽 옆에 잔반(받침대로 받친 술잔)을, 동쪽 옆에 초접을 올리는데 식초를 종지에 담는다. 합설合設하여 한 상에 함께 차리면 시접을 제사상의 북쪽 끝 중간 서쪽에 놓고 식초 종지는 중간 동쪽에 둔다. 〈사례집의〉 율곡은 잔반을 제사상 북단의 가운데에 놓고 식초 대신에 초채醋菜(무를 식초에 절인 것)를 동쪽에, 시접을 서쪽에 놓았다(표 22). 식초는 간장과 합쳐 한 그릇으로 하거나 간장이 있으면 생략할 수 있다(주석 80번을 참고). 수저와 잔반은 신위수대로 준비하고 따로 강신降神 잔반을 하나 더 준비한다.

4) 현주병玄酒瓶과 술병酒瓶

제삿날 새벽에 제일 처음 뜬 정화수로 현주병[84]을 채우고 술 한 병과 함

이라 이른다. 학문에 어두운 사람이 '혜醯'와 '해醢'를 구분하지 못하고 '포해脯醢'를 '포혜脯醯'같이 읽는다. ·『여유당전서』-정약용의 저술을 정리한 문집.

83) 『상변통고』, '시제'에, 남계 가로되, "시저를 가운데에 놓는 것은 대개 시저가 여러 음식을 집는 주主인 까닭이다." 하였다.

84) 『사의』, 「여재편」, '사시제'에, 『예기』 「교특생」에 이르기를, 현주玄酒와 명수明水를 숭상하는 것은 오미五味의 근본임을 귀하게 여기기 때문이다.
『가례증해』, '사시제'에, 우암 가로되, "현주를 만약 문구文具(법문法文만 형식적으로 갖추어 있는 것)라 여겨 없앤다면 모제茅沮나 분향焚香 같은 것들도 없애야 한다." 하였다.
『사계전서』, 「가례집람」, '사시제'에, 『예기』 「예운禮運」에 이르기를, 제사 지낼 적마다 반드시 현주

께 향탁香卓 동쪽의 주가酒架(작은 술상) 위에 놓는데, 현주병을 서쪽에 둔다. 〈사례편람〉, 〈사례집의〉

2. 진찬進饌

주인과 주부가 고기와 생선, 떡과 면, 밥과 국 등 더운 음식을 올리는 것을 말한다. 집사 한 사람이 소반으로 고기와 생선을 받들고, 한 사람은 떡과 면을 받들고, 한 사람은 갱(국)과 메(밥)를 받들어, 주인과 주부를 따라 올라가 신위 앞에 이르면, 주인이 고기를 받들어 잔반의 남쪽에 올리고, 주부는 면을 받들어 고기의 서쪽에 올린다. 주인이 생선을 받들어 식초 접시의 남쪽에 올리고, 주부는 떡을 받들어 생선의 동쪽에 올린다. 주인은 국을 1열의 식초 접시의 동쪽에 올리고, 주부는 메를 잔반의 서쪽에 올린다. 끝나면 주인 이하 모두 내려가 제자리로 간다. 〈사례편람〉 요즈음은 집사들이 맡아서 하는 경우가 많다.

탕을 쓰는 경우, 『격몽요결』에는 메를 올린 뒤 자제들을 시켜 탕을 올리게 하였는데, 고기와 생선에 이어 올려도 무방하겠다.

『가례집설』의 주註에 이르기를, '능히 예에 맞게 주선周旋할 수가 있으면 마땅히 의식대로 행해야 한다. 그러나 혹 능히 행하지 못할 경우에는 도圖에 의거하여 미리 진설해도 된다.' 하였으므로 어렵게 느껴지면 진설할 때 함께 차릴 수도 있다.

를 진설하지만, 실제로는 현주를 따르지는 않는다. (중략) 현주로써 제사 지내고 피와 털을 바치고 날고기를 조俎에 담아 올리는 이 세 가지는 바로 상고上古의 예법이다.

1) 고기(육肉), 생선(어魚), 국수 또는 만두(면식麵食)와 떡(미식米食)

고기는 쇠고기 갈비찜,[85] 쇠머리편육,[86] 돼지앞다리찜과 돼지고기편육 등이 대표적이며 일반 제사에서는 이들 중 형편에 따라 한 가지 정도면 충분한데, 잔반의 남쪽에 올린다.

생선은 조기, 도미, 민어, 숭어, 상어, 문어 등을 쪄서 쓰는데, 먹을 수 있는 것이면 다 써도 좋다고 하였다. 『사례편람』, 『상변통고』와 『사례집의』 등의 예서에 잉어는 쓰지 않는다는 황진黃震의 설을 인용하였으나, 쓸 수 있다는 학자들도 있다.[87] 갈치, 꽁치 등과 같이 '치'로 끝나는 생선이나 등 푸른 생선과 비늘 없는 생선은 쓰지 않는다고 흔히 알려져 있지만, 예서에 이러한 내용이 없으며, 안동지방에서는 간고등어, 방어, 상어 등을 쓰고 있으며, 또 『육례홀기』에는 동지에 팥죽과 함께, 화어鰕魚(대구)와 청어

---

85) 『상변통고』, '시제'에, 퇴계 가로되, "소를 잡아서 제사 지내는 것은 사士의 예가 아니나, 고기를 사서 제사 지내는 것은 비난하기 어려울 것 같다." 하였다.
『사의』, 「여재편」, '사시제'에, 사士나 일반 백성이 쇠고기를 사서 제사 지내는 것은 아마 분에 넘친다고 할 수 없을 것 같다. 그러나 가난한 사람이 또 굳이 쇠고기를 꼭 구해야 하는 것은 아니다. 모든 털, 깃이나 비늘이 있는 종류는 모두 예에서 허락하는 바이니 가산家産의 유무에 따르는 것이 옳다. 더구나 우리나라에는 여러 가지 해산물이 두루 있으니 더욱 예에 합당하다.

86) 편육片肉-쇠고기나 돼지고기를 덩어리째 푹 삶아 베보자기에 싸서 도마로 판판하게 눌러 굳힌 다음 얇게 저민 것. 숙육熟肉 또는 수육水肉이라고도 한다.

87) 『성호사설』, '인사문'에, "주송周頌에 이르기를, '鰷鱨鰋鯉以享以祀(조상언리이향이사)', '피라미, 자가사리, 메기, 잉어로 제사를 지낸다.'고 했는데, 당나라 사람은 그 '鯉(리)'가 황제의 성씨인 '李(이, 리)'와 음이 같아서 잉어를 '赤鯶公(적혼공, 적환공)'이라 부르고, 먹는 자는 곤장 60대를 때렸다. 후세 사람들이 풍속이 되어서 제사에 올리지 않으니 이러한 부류를 어찌 다 따르겠는가?
『사의』, 「여재편」, '사시제'에, 잉어를 쓰지 않는 것은 이상한 일이다. 이씨의 당나라에서는 '鯉(리)'와 '李(이, 리)'의 발음이 같아서 먹는 것을 금하고 별호를 '赤鯶公(적혼공)'이라 하였는데, 황진黃震(남송의 유학자)의 『황씨일초黃氏日抄』의 '잉어는 제사에 쓰지 않는다.'는 설은 잘못이다. 우리나라는 금하지 않으니 써도 좋다.

靑魚를 올리게 하였다. 생선은 초접 남쪽에 놓는데,[88] 머리를 오른쪽(서쪽)으로 향하게 하고 배는 신위를 보게 한다.[89] 그러나 생선머리의 방향을 동쪽으로 놓는 집안도 흔하다.

그 외에 쇠고기 육회, 생선회, 간납干納,[90] 산적散炙[91] 등을 놓는데 천산天産이므로 적炙과 합쳐 홀수가 되도록 한다.

면식(국수, 만두류)[92]은 고기의 서쪽에 올리고, 미식 즉 떡은 생선의 동쪽에 올린다.[93] 국수는 타래를 지어 탕기에 담고 지단을 얹는다. 떡은 시루

---

88) 『사의』, 「여재편」, '사시제'에, 세간에 '어동육서魚東肉西(생선은 동쪽, 고기는 서쪽)'라는 설이 있지만 어디에서 근거하였는지 모르겠는데, '동남쪽은 물이 많아 물고기가 나고 서북쪽은 산이 많아 짐승이 살기 때문이다.'라고 여긴다. 이는 많은 사람들이 퍼뜨려 늘어난 것이다. (중략) 구씨丘氏의 '설찬도'에 생선이 동쪽에도 있고 서쪽에도 있으며 고기도 동쪽에도 있고 서쪽에도 있어서 정해진 것이 없다. 그러나 지금은 속례가 되어 세상에서 모두 행하니 시속을 따라도 해가 없다.

89) 『가례증해』, '사시제'에, 『의례』「소뢰궤식례」에 이르기를, 생선 열다섯 마리는 머리를 오른쪽으로 하여 배 쪽으로 바친다(右首進膴우수진유). 소疏, 무릇 산 사람이나 죽은 사람에게 생선을 진설할 때에는 모두 머리를 오른쪽으로 하는데, 땅의 도가 오른쪽을 높이는 까닭이다. 귀신에게 배 쪽으로 올리는 것은, 배는 기가 모인 곳이기 때문이다. 산 사람에게 등지느러미 쪽으로 올리는 것은, 등지느러미는 등뼈(脊척)이고 산 사람은 맛을 숭상하기 때문이다.

90) 간납干納(간남肝南, 갈랍)-쇠간이나 처녑, 쇠고기 또는 생선살을 얇게 저미거나 곱게 다져서 밀가루와 달걀을 씌워서 지진 전煎. 육전, 합자전, 명태전 등.

91) 산적散炙-느르미 또는 느름이. 쇠고기와 당근, 파, 우엉, 무, 부추 등을 대꼬챙이에 꿰어 밀가루를 묻히고 계란 옷을 입혀 기름을 두른 번철燔鐵에 지진 것.

92) 『사의』, 「여재편」, '사시제'에, 우리나라 풍속은 찌거나 지지거나 찧거나 고물한 것을 통칭해서 '떡'이라 하고, 삶거나 적시는 것을 '면'이라고 한다. (중략) 떡을 만들어 소를 채워서 삶은 것을 '만두'라 한다.
『가례향의』, '사시제'에, 면식은 우리나라의 풍속으로 으레 가는 면(細麵세면)을 쓰는데, 속칭 '국수局水'이다. 만두는 쓰지 않고 비록 쓰더라도 곧 떡 종류에 들어간다. 이것은 이미 풍속이 되었으니 어거서는 안 될 듯하다.

93) 『성호전집』, '제식'에, 만두는 면식이고, 떡은 미식이다. 안按, 올리는 변籩에 담는 것은 구이糗餌(경단 류)와 분자粉餈(인절미 류)이다. 이 두 가지는 모두 쌀과 기장으로 만든 떡이다.

고전에서에 근거한 집안제사 해설

떡을 본편으로 삼아 괴는데 그 위에 다양한 웃기떡을 올리기도 한다. 떡 옆에는 편청을 놓는다.

일반 집안제사에서는 고기와 생선을 익혀서 쓰지만 불천위제사 등에서는 날것으로 올리는 경우가 많다.[94]

이것 역시 내수內羞(곡물로 만든 음식)로 두 변이니, 『서의』에서 이른바 병만두餠饅頭와 자고餈糕 종류이다. 그러나 미米는 쌀이고 면麵은 맥설麥屑(밀가루)이니, 쌀로 자고를 만들고 밀로 만두, 수인水引(손국수) 등을 만드는데 안 될 것이 없다. 대저 벼는 목木이다. 목의 기운이 왕성하면 나고 금金의 기운이 왕성하면 죽는다. 밀은 금이다. 금의 기운이 왕성하면 나고 화火의 기운이 왕성하면 죽는다. 미식은 동쪽에, 면식은 서쪽에 진설하는 까닭이다.

94)『사계전서』,「가례집람」, '사시제'에, 이암 가로되, "『어류語類』에 이르기를 '제사에 피와 고기를 쓰는 것은 대개 그 생기生氣를 빌리고자 원해서일 뿐이다.'라고 하였으며 (중략) 또 주자가 매번 논하기를, '시제와 기일제를 지낼 때 혹 부처의 법을 써서 불경을 외우고 추천追薦(죽은 사람의 명복을 축원)하는데, 이는 그 선조로 하여금 혈식血食하지 못하게 하는 것이다.' 하였다. 이것으로 본다면, 제사는 마땅히 날생선과 날고기를 써야 한다. 그리고『가례』의 설찬도에서 이른바 어육魚肉이라는 것은 바로 피와 날고기를 가리키는 것이다. 지금 세속에서는 피를 쓰는 제사가 드문데, 모름지기 주자가 논한 바를 알고, 이와 같이 하여 딱 들어맞은 연후에야 선조에게 제사 지내는 도리에 흠이 없다 할 수 있다. (중략) 지금도 비록 소나 돼지 등을 잡아서 그 고기와 간을 적炙으로 쓸 수는 없으나, 고기는 날것을 잘라서 접시에 담고, 또 생선은 덩치가 크면 이를 두세 토막으로 잘라서 한 토막만을 접시에 담아도 된다. 혹 닭이나 오리로 날고기를 대신해도 좋으며, 새우나 게로 날생선을 대신해도 괜찮다. 닭과 오리는 반드시 전체를 다 쓸 필요는 없으니, 당연히 몸체를 나누어서 담는다. 생선은 가늘고 작은 것도 쓸 수가 있으니, 반드시 한 자가 넘을 필요는 없다." 하였다.『격몽요결』에 이르기를, '날생선과 날고기를 쓴다.' 하였다. 살펴보건대,『의례』「특생궤식례」의 소疏에 가로되, '효자는 어버이에 대해서 비록 죽었더라도 살아 계신 것처럼 섬긴다. 그러므로 산 사람이 먹는 도를 써서 음식을 올리는 것이다.'라고 하였다. 또『예경』에 이르기를 '문 바깥 동쪽에서 삶는다.'고 하였는데, 이것으로 본다면 이암이 인용한 주자의 설 및『격몽요결』은「궤식례」와 같지 않으니, 예를 행하는 자가 잘 선택하여서 써야 할 것이다.

『사의』,「여재편」, '사시제'에, 「교특생」에 이르기를, 腥(성, 날고기), 爓(척, 뼈에서 살을 발라내다), 爛(섬, 데치다), 腍(임, 익히다)으로 하는 제사에서 어찌 신이 흠향하는 바를 알겠는가? 주註에, 어떤 경우에는 날고기로 올리고, 혹은 떼어내어 살을 발라 올리고, 혹은 삶아 즙을 내어(湯沈탕침) 올리고, 혹은 쪄서(煮熟자숙) 올린다. 안按, 이는 신이 흠향할 바를 모르기에 날것과 익힌 것을 아울러 쓴다는 것이다. (중략) 방씨方氏 가로되, "그 조俎에 날고기를 담음은 신의 방법(神道신도)으로써 제사하며, 그 효殽를 익히는 것은 사람의 방법(人道인도)으로써 제사하는 것이니, 옛날을 좇아 참작하여 날고기와 익힌 고기를 쓴다." 하였다.

2) 탕湯

『주자가례』와 『사례편람』을 위시한 대부분의 예서의 설찬도에는 탕[95]이 없어 4열로 그려졌지만, 기제에 『격몽요결』은 3열에 3탕을(표 22), 『겸암집謙菴集』은 2열에 5탕을 놓도록 하여(표 23-1) 총 5열로 되어 있다. 요즘음 집안제사에 대부분 탕을 쓰는데, 일반적으로 3탕 또는 단탕單湯을 올리고 있다. 쇠고기를 주재료로 하는 육탕肉湯, 닭을 재료로 하는 계탕鷄

『송자대전』, 「어록」에, 최신이 묻기를, "『가례』에 '제찬을 데워서 모두 아주 뜨겁게 한다.'는 문구로 본다면 어육은 날것이 아니라는 것이 명백합니다. 그런데 선생께서 상고할 수 없다고 여기시는 것은 어째서입니까?" 하니, 선생 가로되, "옛날에 지극히 경건한 제사에는 피(血혈)를 쓰고, 그 다음은 날고기(腥성)를 쓰고 그 다음은 데친 것(爓섬)을 쓰며, 가장 가벼운 제사에는 익힌 것(熟숙)을 썼다. 그러므로 『예기』에 '교제郊祭에는 혈血, 대향大饗에는 성腥, 삼헌三獻에는 섬爓, 일헌一獻에는 숙熟이다.' 하였고 또 '지극히 경건한 제사는 맛을 흠향하는 것이 아니라 냄새를 귀하게 여긴다.' 하였으므로, 『가례』의 어육은 그것이 날것인지 익은 것인지는 상세하지 않다. '제찬을 데워서 모두 아주 뜨겁게 한다.'고 한 것에 대해서는 어육 외에도 데울 것이 또한 많으니, 이것으로 어육을 익히는 증거라 할 수는 없다. 그러나 별도로 생어육을 말하지 않고 다만 데운다는 글귀만 있으니, 아마도 어육을 익혀서 쓴다는 것도 같다. 율곡이 『격몽요결』 제찬에 생어육으로 기재한 것은 고례를 썼다." 묻기를, "선생의 집에서는 어육을 날것으로 쓰십니까, 익혀서 쓰십니까?" 하니, 선생 가로되, "익혀서 쓰고 있다. 선세先世부터 익혀서 쓰고 있으니, 이제 와서 감히 고칠 수는 없다." 하였다.
『상변통고』, '시제', '어육용숙魚肉用熟'에, 먼저 날것을 올리고 뒤에 익힌 것을 올리는 것은 천자와 제후의 제사이다. 익힌 것으로부터 시작하는 것은 사대부의 제사이다. 그 구분이 확실히 있다.

95) 『가례증해』, '사시제'에, 사계 가로되, "『가례』의 이른바 '어육魚肉'은 곧 '어탕'과 '육탕'이다." 하였다. 우암 가로되, "'어육'과 '탕'을 『격몽요결』에서는 두 가지 물건으로 여겼는데 이는 『가례』와 다른 하나의 설이 된다. 대체로 『가례』에는 다만 '어육'이라고만 말했으니 어떤 경우는 '탕'으로 혹은 '胾(자, 크게 썬 고깃덩어리)'로 해도 아마 모두 무방할 듯하다." (중략) 안按, 옛날에는 '고깃국(肉羹육갱)'을 '탕'이라고 지어 부르지 않았다. '교특생'에 이른바 '삼헌에는 데친다(三獻爓삼헌섬).'의 소疏를 쓴 학자가 '爓(섬)'을 끓는 물(湯탕)에 고기를 담그는 상황으로 여겨서 날고기 다음으로 덜 익힌 것이라고 하였는데, 우암이 이 '탕'자를 끌어다가 어탕과 육탕의 근거로 삼은 것은 아마도 그렇지 않은 듯하다. 생각건대, 『의절』의 '혼례'에 '탕반湯飯'이라는 글이 있는데, '갱羹'을 가리켜 '탕湯'이라 하여 '밥(飯반)'과 대칭으로 하였는데 또한 후세의 속어이다. 옛날 예법에는 다만 '태갱泰羹(오미五味를 넣지 않은 고깃국)'과 '형갱鉶羹(오미五味와 채소로 조미한 고깃국)'으로 '서직黍稷(기장)'에 짝하였지 본래 어육갱魚肉羹을 쓴다는 글귀가 없다. 『가례』에도 갱羹으로 밥(飯반)에 짝하였으니 이 어육魚肉은 갱羹이 아님이 분명하다.

고전예서에 근거한 집안제사 해설

湯 혹은 봉탕鳳湯, 생선, 오징어나 문어 또는 홍합 등을 재료로 하는 어탕魚湯과 무, 두부, 미역이나 다시마를 재료로 하는 소탕素湯의 종류가 있으며, 건더기만 올린다. 육탕은 서쪽에, 어탕은 동쪽에 두고, 사이에 계탕과 소탕을 놓는다.[96] 율곡이나 겸암의 안대로 탕을 별도의 한 줄로 차릴 수도 있으나, '소탕'을 제외한다면 결국 어육의 한 조리형태로 볼 수 있으므로, 『사의』나 『광례람』의 설찬도(표 27, 28)와 같이, 다른 방법으로 조리된 어육과 같은 줄에 올려도 무방하겠다.

3) 메(飯반, 밥)와 국(羹갱)

국을 초접 동쪽에 올리고 메[97]는 잔반 서쪽에 올리므로 생시와 반대인데, 위치가 바뀌어야 한다는 학자들도 있다.[98] 탕에 어육을 쓰면 국에는

---

96) 『졸은유고』, 「저존록」, '기일제忌日祭'에, 집사가 다음으로 포해소채의 북쪽에 탕을 올린다. 어탕은 동쪽 육탕은 서쪽이고 소탕素湯은 가운데에 둔다.

97) 『사의』, 「여재편」, '사시제'에, 멥쌀(도미稻米)의 흰밥이다. 옛날에는 기장(서직黍稷)이 으뜸이었다. (중략) 우리나라에서는 기름이 흐르는 쌀이 온 나라에서 생산되어 살아서 사람들이 항상 먹기 때문에 제사에서 소중히 한다.

98) 『사계전서』, 「가례집람」, '사시제'에, 방씨方氏 가로되, "밥은 여섯 가지 곡식을 주로 하여 짓는데, 곡식은 땅에서 난다. 양陽의 덕에서 비롯하였기 때문에 왼쪽에 놓는다. 국은 여섯 가지 희생을 주로 하여 만드는데, 희생은 하늘에서 난다. 음陰의 덕에서 비롯하였기 때문에 오른쪽에 놓는다." 하였다. (중략) 『예기』 「곡례」에서는 모든 음식을 올리는 예를 말하였고, 「특생궤식례」에서는 음식을 권하는 예를 말하였는데, 서직을 먹음이 모두 동쪽에 있었다. 그러나 『가례』는 그렇지 않아 국이 동쪽에 있고 메가 서쪽에 있으니, 어떤 뜻인지 알지 못하겠다. 아마도 이것은 당시의 속례에서 나왔는데 『서의』에서 그것을 따르고, 『가례』도 또한 고쳐가지 않은 연유인가? 『사례편람』, '보유補遺'에, 우계牛溪(성혼成渾, 조선 중기의 성리학자. 본관 창녕昌寧, 호 묵암默庵, 우계牛溪) 가로되, "우虞는 제례이므로 좌설左設(메를 오른쪽 국을 왼쪽에 진설함)하니 상식上食(상가에서 아침저녁으로 영좌 앞에 올리는 음식)과는 같지 않다."하였다. (중략) 퇴계 가로되, "제사음식은 왼쪽을 숭상한다는 설은 아마도 그렇지 않은 것 같다. 대개 음식은 밥이 위주이므로 밥이 있는 곳이 숭상을 받는 곳이다. 평소 밥을 왼쪽 국을 오른쪽으로 하여 왼쪽을 높이고, 제사 지낼 때 메를 오른쪽, 국을 왼쪽으로 하는 것은 오른쪽을 숭상하는 것이다. 소위

채소만 쓰고 탕에 어육을 쓰지 않았으면 국에 고기를 쓴다. 〈사례편람〉

신도神道는 오른쪽을 높여서 그런 것 같다.” 하였다.

『탁계집濯溪集』, ‘답종제봉의答從弟鳳儀’에, 제사상차림에서 ‘右脯左醢(우포좌해, 포는 오른쪽 젓갈은 왼쪽)’, ‘右麪左餅(우면좌병, 면식은 오른쪽 떡은 왼쪽)’의 뜻은 무엇인가? 포와 젓갈의 좌우는 아마 반과 갱의 좌우와 함께 보는 것이 타당하다. ‘左飯右羹(좌반우갱, 밥은 왼쪽 국은 오른쪽)’은 『곡례』에 보인다. 이것은 산 사람의 음식이다. 『가례』의 제찬祭饌에서는 이것의 반대이다. ‘左脯右醢(좌포우해, 포는 왼쪽 젓갈은 오른쪽)’은 『향사례鄕射禮』에서 보인다. 이것은 산 사람의 음식이다. 『가례』의 제사음식에서는 이것의 반대이다. 반과 갱도 동일하다. 퇴계가 일찍이 이를 논하여 가로되, “살아서는 왼쪽을 숭상하고 죽으면 오른쪽을 숭상한다.”하였고, 사계는 그 뜻을 알지 못한다고 줄곧 여겼다. 아마 이것은 속례에서 나왔는데, 『서의』가 이를 따랐고, 『가례』 또한 고치지 않아서인가? ‘반갱’이 만약 그러하다면 ‘포해’ 또한 같다. 이것이 어찌 오랜 세대의 미스터리 사안이 아니겠는가? 상차림에 ‘마른 것’과 ‘젖은 것’으로 나누는 것은, 본디 『곡례』의 주註에서 나왔는데, 왼쪽은 양이고 오른쪽은 음이며 양은 건조하고 음은 습하다는 말이다. 지금 ‘魚東肉西(어동육서)’는 동쪽은 바다이고 서쪽은 육지이기 때문이라는데 모두 이를 받든다. 밥은 뭍에서 난 것이고 국은 물에서 난 것이니 ‘우반좌갱右飯左羹’이 어찌 분명하지 않겠느냐? 만약 떡과 국수의 좌우를 이야기하면 더욱 근거할만한 것이 없다. ·『탁계집』-김상진金相進(조선 후기의 학자. 본관 김해金海)의 문집.

『사계전서』, 「서書」, ‘답민형숙평答閔衡叔枰’에, 『가례』의 진찬도에 메를 오른쪽, 국을 왼쪽에 둔 본 뜻이 무엇인지 모르겠다. 중봉의 말이 있는데, “『예기』를 살펴보면, 자식이 스스로 밥을 먹을 수 있게 되면 오른손으로 먹도록 가르친 까닭, 평상시 반찬을 놓을 때, 밥은 사람의 왼쪽에, 국은 그 오른쪽에, 술과 장은 그 사이에 두었다. 죽은 사람을 제사에 다르게 진설하는 것은 과연 어디에 근거한 것인가? 제사는 생시生時를 모방하는 것인데, 평상시의 반찬을 놓는 방식을 쓰지 않으니, ‘죽은 이를 섬기는 것을 살아 있는 이를 섬기는 것과 같이 한다.’는 도리에 아마도 어긋나는 점이 있는 것 같다. 제사 음식의 삶고 익힘과 좨주祭酒 등의 절차는 모두 살아 있을 때를 따르며, 메 위에 숟가락의 자루를 서쪽으로 올려놓는 것은 오른손을 따라서이니, 모두 살아 있는 사람을 봉양하는 도리를 쓴 것이다. 그런데 진설과 진찬에 이르러서는 평상시 놓는 바와 반대로 하면서, ‘신의 세계는 오른쪽을 높인다.’는 말로 핑계를 대니 그 의도가 분명하지 않다. 삼가 살아계실 때처럼 음식을 차리면서, 예를 아는 군자에 의해 바로 잡아지기를 기다리겠다.” 하였다.

『성호전집』, ‘제식’에, 『가례』에서 비록 국은 왼쪽에 밥은 오른쪽에 진설한다고 하였으나, 모든 음식을 진설할 때에 모두 산 사람을 섬기는 도리와 차이가 있는 것을 보지 못하였다. 하필 국과 밥만 유독 다르겠는가. 옛 예법을 상고해도 또한 이와 같은 것을 볼 수 없다. 생각건대, 당시의 풍속의 규범이었는데, 주자가 따른 것이다. 지금 풍속은 또 밥이 왼쪽이고 국이 오른쪽이니, 아마 따르지 않을 수 없을 듯하다. 이른바 ‘군자가 다른 나라에서 예를 행하더라도 고국의 풍속을 바꾸려고 하지 않는다(君子行禮不求變俗군자행례불구변속).’라는 글이 옳도다.

고전예서에 근거한 집안제사 해설

3. 헌작獻爵

1) 술(酒주)

술[99]은 청주淸酒를 쓴다. 소주燒酒에 대해서는 이견이 있다.[100]

2) 적炙

적은 구이를 말하며, 『가례』 본주에 간肝 1찬串(꼬치, 관串)과 육肉 2찬이다. 간은 초헌에 내고 육은 아헌과 종헌에 나누어 낸다. 『격몽요결』에 생선이나 꿩도 쓴다고 하였다.

육肉과 어魚 사이의 중앙, 즉 탕이 없다면 시접의 남쪽에 헌작할 때 놓는다. 보통 간과 쇠고기를 구워 올리거나, 육적으로 쇠고기, 계적 혹 치적雉炙으로 닭이나 꿩 한 마리 혹 반 마리, 어적으로 생선(민어, 숭어 등) 한 마리 또는 한 토막을 초헌, 아헌, 종헌에 각각 바꾸어 올린다. 불천위제사 등의 큰제사에서는 날것을 쓰는 경향이 많으며, 진찬할 때 생선, 쇠고기,

---

99) 『가례증해』, '사시제'에, 묻기를, "제사에 쓰는 술로 평소 살아서 즐기시던 것을 쓰면 어떻습니까?" 하니, 퇴계 가로되 "굴도가 마름(荇기)을 즐겨서 마름을 올리도록 유언했는데 군자들이 비웃었다." 하였다.
『가례증해』, '사시제'에, 수암 가로되, "생전에 음주하지 않았으면 감주(단술, 醴예)로 제주祭酒를 대신해도 무방하다." 하였다.

100) 『사계전서』, 「의례문해」, '시제'에, 소주는 원나라에서 온 것이어서 경전에 전해진 것을 보지 못했지만, 우리나라의 문소전文昭殿(조선 태조의 비 신의왕후神懿王后 한씨韓氏를 모신 사당) 낮제사가 여름달이면 소주를 썼다. 율곡 또한 상중喪中 조석제朝夕祭가 여름달이면 청주의 맛이 변하기 때문에 소주를 쓰면 매우 좋다고 하셨다.
『사의』, 「여재편」, '사시제'에, 소주는 오랑캐 원나라 때 나왔다. 폭군이 간하는 신하를 죽이려 하면서 그 이름나는 것을 싫어하여 소주를 만들어 강제로 마시게 하여 죽였으니 당시 사람들이 흉주凶酒라고 하였다. 요즈음 사람들이 간혹 이것을 제사에 사용하는 것은 매우 미안하다. 구태여 술이 없다고 하면 차라리 현주를 쓸지언정 이것을 써서는 안 된다. 어떤 이는 '살아서 사람이 늘 마셨다면 상중에 사용하는 데는 생시와 다름없다.'라고 하는데 어떨지 모르겠다.

닭의 순으로 높게 쌓아올린 도적都炙(쌓은 적)을 올려 대신하는 종가도 있다. 일반 가정에서는 적에 해당하는 제수를 진찬할 때 함께 미리 놓거나, 초헌에 한꺼번에 올려서 번거로움을 피하기도 한다. 집안에 따라 헌작하면서 이미 올린 것은 그대로 두고 하나씩 더해 올리기도 한다.[101] 적을 올릴 때 소금을 치거나 적의 우측에 둔다.

4. 계문啓門

계문하면 국을 내리고 차를 올린다. 우리나라의 풍속은 숙수熟水(숭늉)로 대신한다. 〈격몽요결〉 대부분의 집안에서 숭늉의 의미로 숟가락으로 밥을 조금씩 세 번 떠서 물에 말고 숟가락을, 자루를 서쪽으로 하여, 숭늉그

---

101) 『사의』, 「여재편」, '사시제'에, 『가례』의 '초헌' 조의 주註에 '다른 그릇으로 간肝을 치운다.' 는 글이 있으니, 예전 것을 바꾸어 새것을 올리는 것이 분명하다. 요즈음 사람들은 오로지 하나의 그릇에 세 번 올리면서 '가적加炙'이라고 일컫는데, 손을 축축하게 해서 더럽혀짐을 면하지 못하니 괴상할 수 있다. (중략) 우리 집은 꼬치 세 개를 조俎에 아울러 담아 초헌에 한 번 올리는데 아마 간편함을 좇은 것이다. 선대부터 행하였기 때문에 감히 고치지 못한다.
『성호전집』, '제식'에, 아헌과 종헌에 모두 육적肉炙(고기구이)을 올리는데, 단지 이미 진설되어 있는 음식 접시 위에 더한다. 「특생궤식례」를 상고해 보니, 아헌에는 구운 고기를 적대炙臺에 더한다고 하였다.
『가례향의』, '사시제'에, 우리나라의 풍속에서 말하는 적炙은 고기를 굽는 것을 말한다. 연회 때마다 여러 종류의 생선과 고기를 가지고 적을 만들어 풍성하게 한 그릇에 담아 모든 어탕魚湯, 육탕肉湯과 함께 차례로 내 놓으니, 찬품饌品 중에서는 가장 중요한 것이다. 그런데 헌작 때마다 한 꼬치를 올리니, 너무 줄인 것으로 여겨지며 평상시에 찬을 진설하던 법식과 다르다. 또 『오례의』에는 없는 바이고, 국가의 여러 제사에서 하지 않는 바이나, 이 한 절목은 옛 예법에 의거해 행하는 것이 좋겠다. 혹은 시속의 법식에 의거해 진찬進饌할 때 모든 어적魚炙과 육적肉炙을 여러 탕의 가운데에 배치하는 것도 또한 좋다. 이것은 또한 구씨丘氏가 탁면卓面(고비양위를 서로 비교하여 본뜨며 함께 한 탁자에 제찬祭饌을 차리는 것)을 쓰고자 했던 뜻이다. 혹은 적을 한 그릇에 미리 담아 탕들 가운데에 배치하고, 또 별도로 세 꼬치를 써서 헌작할 때마다 한 꼬치씩 진적하여 배치해 놓은 적 위에 올려놓는 것도 또한 좋다. 예를 행하는 집안에서는 마땅히 택하여 행할지어다.

릇에 걸쳐 놓는다.[102] 요즈음은 우리나라에서도 좋은 차가 많이 생산되므로 녹차를 올려도 좋겠다.[103]

孝子之事親也 居則致其敬 養則致其樂 病則致其
憂 喪則致其哀 祭則致其嚴

효자가 어버이를 섬김에, 기거하시면 공경을 다하고, 봉양할 때에는 기쁨을
다하며, 병 드시면 근심을 다하고, 상을 치르면 슬픔을 다하며, 제사를 지
낼 때에는 엄숙함을 다해야 한다.

〈효경〉

---

102) 『사의』, 「여재편」, '사시제'에, 『가례』에는 계문啓門 후 차를 올리는데, 우리나라 풍속에는
평상시 차를 사용하지 않기 때문에 제사에 숭늉을 대신 올리고 밥을 세 번 떠서 만다. 『유편』을
보면, 『예기』에 공자 가로되, "나는 소시씨少施氏에게서 밥을 먹으며 물에 말았다." 했는데, 주
註에, '飧(손)'은 마실 것을 밥에 붓는 것이다. 예에 밥 먹기를 마치면 다시 세 번 말아서 배부
르게 한다고 하였다. 요즈음 풍속에 매번 밥 먹으면 반드시 밥을 마니, 끓인 물을 올려 밥을 떠
마는 것은, 예는 적절함을 좇는다는 뜻에 부합한다. 안按, 『가례』에는 고와 비 앞에 차를 올리
는 것만 단지 말했지 그 자리를 분명하게 가리키지는 않았다. 요즈음 사람들은 생시에 반드시
국을 물리고 물을 드린다. 그러므로 제사에도 또한 그렇게 하여 풍속이 되었다.

103) 『가례증해』, '사시제'에, 『의절』의 '우제' 조에 근거하여, 차를 시저 곁에 놓으면, 시저와
갱은 초접 한 자리만큼 간격을 두고 있으므로 비록 갱을 물리지 않아도 찻잔을 놓을 만한 곳이
저절로 있다. 옛 예에도 또한 태갱과 형갱을 먼저 물린다는 글이 없다.

기일제사 忌日祭祀

기제는 고인이 돌아가신 날에 해마다 한 번씩 지내는 제사이다.[104] 조선시대 법전인 『경국대전』에는 신분에 따라 봉사대수에 차등을 두어, 6품 이상은 증조부모까지 3대, 7품 이하는 조부모까지 2대, 서인은 부모만 봉사하도록 하였으나 조선 후기에 이르면서 『주자가례』에 따라 대부분의 가정에서 4대 봉사를 해왔다(주석 9번을 참고). 오늘날 『가정의례준칙』에서 2대 봉사를 권고하고 있으나 3대 혹은 4대를 봉사하는 가정도 있다. 예전에는 종가에서 봉사대수가 다한 경우, 친족 중에 친분이 다하지 않은 사람이 있으면, 신주를 최장방最長房(4대 이내의 자손 가운데 항렬이 가장 높은 연장자)으로 옮겨 그 제사를 주관하게 하였으나 요즈음은 거의 행해지지 않는다.[105]

---

104) 『가례증해』, '기일'에, 『제의』에 이르기를, 군자는 종신의 상喪이 있으니 기일을 일컫는 것이다. 기일을 딴 일에 쓰지 않음은 상서롭지 않아서가 아니다. 그날에 마음이 닿는 바가 있어서 감히 그 사사로운 일에 마음을 다하지 못함을 말함이다.

105) 예전과 같이 삼년상을 치르면, 아버지의 초상을 치르고 25개월이 되어 대상大祥(돌아가신 후 만 2년이 되는 두 번째 기일에 지내는 상례 절차)을 치르며, 대상을 마친 뒤 영좌를 철거하고 지팡이(喪杖상장)를 부러뜨려 보이지 않는 곳에 버린다. 대상 한 달을 건너뛰어 담제禫祭를 지낸다. 즉 초상에서 이때까지 윤달을 포함하여 모두 27개월이다. 남편이 죽은 아내를 위하여 지내는 담제는 초상 후 15개월째 지낸다. 이것은 3년의 상기가 끝난 뒤 상주가 일상의 생활로 돌아감을 알리는 제례의식이다. 담제를 지낸 뒤 비로소 술을 마시고 고기를 먹는다. 담제를 지낸 다음 상주가 날을 받아 다음 달에 길제吉祭를 지낸다. 그러나 담제를 지낸 달이 중월이면 그 달에 지내게 된다. 길제 하루 전날 사당에 모시고 있는 신주의 대수를 고쳐 쓰고(改題개제), 당일 정침으로 모든 신주를 모셔 내어 삼년상이 끝난 돌아가신 분의 새 신주와 함께 모시고 시제의 의례대로 제사 지내고 나서 사당에 안치한다. 봉사대수奉祀代數가 다한 신주는 묘소 옆에 묻는데, 만약 당내친堂內親(고조부를 같이하는 후손, 8촌 이내) 가운데 아직 대수가 다하지 않은 존장尊長이 있다면 그 중 항렬과 나이가 가장 높은 사람의 집으로 옮겨 모셔서(遞遷체천) 그가 제사를 주관하도록 하고, 신주는 마땅히 제사를 주관하는 사람에 맞추어서 고쳐 써야 하되, 방제旁題에 '孝(효)' 자는 쓰지 않는다.

삼년상을 치르지 않고 또 지방으로 제사 지내는 대부분의 가정에서는 길제를 행하지 않으며, 기제사 봉사대수가 다한 조상에게 고하는 마땅한 축식도 없다. 그러므로 모시는 마지막 기제사나 명절제사 사신辭神 직전에, 주인이 헌작하고 구두로 '고조 또는 증조 할아버지와 할머니께 고합니다. 부득이하여 내년부터는 10월에 시제로 모시게 되어 슬픈 마음으로 아룁니다. 흠향하십시오.' 하며 고하고 재배하여도 좋고, 『율곡전서』 「어록語錄」에 제시된 글이 – 아래의 '先王

제사는 집안의 맏이 부부(주인과 주부)가 주관하여 대청, 거실 또는 안방에서 행하며, 고인의 직계 자손 및 가까운 친척이 참례한다. 지자支子들과 자매들은 제사 비용을 돕는다. 〈가례증해〉 여러 가지 이유로 맏이가 제사를 폐하거나 참여할 수 없다면 지자의 집에서 지낼 수 있다.[106]

(선왕)'부터 '感愴(감창)'까지이고, 나머지는 『상례비요』의 양식이다 – 매주埋主(신주를 묻음)하고자 고하는 축식 가운데 비교적 간명하여, 지방으로 지내는 기제사를 폐할 때 쓰기에 적절한 것 같다.

　　維(유)

年號幾年歲次干支幾月干支朔幾日干支孝曾孫某(연호기년세차간지기월간지삭기일간지효증손모)

　　官某敢昭告于(관모감소고우)

　　顯曾祖考某官府君(현증조고모관부군)

　　顯曾祖妣某封某氏先王制禮追遠有限今將永遷(현증조비모봉모씨선왕제례추원유한금장영천)

　　不勝感愴謹以淸酌庶羞百拜告辭尙(불승감창근이청작서수백배고사상)

　　饗(향)

아무 년 아무 월 아무 일에 효증손 아무개는 감히 증조할아버지와 증조할머니께–『비요』에 '五代(오대)'로 되어 있으나 '曾(증)'으로 고쳤으며 '曾(증)'은 제사 지내는 대수에 맞게 고친다–감히 밝혀 고합니다. 선왕이 만든–지금은 '先王(선왕)'을 '國家(국가)'로 고쳐 '나라가 정한'으로 한다–예법에, 제사 받드는 일에 제한이 있어, –'國家制禮追遠有限(국가제례추원유한)'을 『사의』를 좇아 '禮制有限(예제유한, 예의 제도에 한정이 있어)'으로 해도 좋다–이제 영원히 천위遷位하니–친미진親未盡한 친족이 있어 그 집으로 옮겨 모시려 한다면 '今將永遷(금장영천)' 대신 '將遷于某親某之房(장천우모친모지방, 장차 아무 친속 아무개의 집으로 옮겨 모시려 하니)'로 한다–슬픈 마음을 이길 수 없습니다. 삼가 맑은 술과 여러 가지 음식으로 백배하며 고하오니 부디 흠향하소서.

106) 『사계전서』, 『가례집람』, '사시제'에, 정자 가로되, "옛날에 이른바 '지자支子는 제사 지내지 못한다.'는 것은, 오직 종자宗子로 하여금 사당을 세워서 제사를 주관하게 한 것일 뿐이다. 지자가 비록 제사 지내지는 못하더라도, 재계齋戒하여 그 정성의 뜻을 나타내면 제사를 주관하는 자와 다름이 없다. 제사에 참여할 수 있으면 자신이 일을 맡아서 하고, 참여할 수 없으면 물품으로 돕는다. 단지 따로 사당을 세우거나 신위를 만들어서 제사 지내지 않을 뿐이다. 후세에 종자를 세우고자 할 경우에는 마땅히 이 도리를 따라야만 비록 지자가 제사 지내지 않더라도 마음이 또한 편할 수가 있다. 만약 종자를 세우지 않고 제사를 헛되이 폐하고자 하는 것은, 적장자가 게으르다는 뜻이므로, 지자로 하여금 제사 지내게 하는 것만 못하며, 오히려 버려두는 것보다 낫다." 하였다.

『가례증해』, '기일'에, 남계 가로되, "비록 지자의 집에 제사음식을 갖추더라도 축사는 반드시 종자의 이름을 써야 한다. 주자가 비록 '형의 집에 신주를 설치하므로 아우는 신주를 세우지 못제사 전에 목욕하고 옷을 갈아입고, 재계한다. 『예기』「제통」에 때가 이르러 제사 지내려 하면 군자는 곧 재계하는데, 재계는 마음을 다스리고 가라앉혀서 맑고 밝은 덕을 지극히 하는 것이며, 이런 다음에야 신명神明과 교감할 수 있다고 하였다. 재계는 외부환경을 방비하는 산재散齋와 마음을 삼가는 치재致齋로 구분되는데,[107] 『개원례開元禮』에 산재는 대사大祀에 4일, 중사中祀에는 3일, 소사小祀에는 2일간 하며, 치재는 대사에 3일, 중사에는 2일, 소사에는 1일간 한다고 하였다. 〈가례집람〉

『격몽요결』에 '기제는 산재 2일하고 치재 1일이다. 이른바 산재라는 것은 문상하지 않고, 병문안 가지 않으며, 매운 냄새나는 채소(마늘, 파, 생강 등)를

하고, 제사 지낼 때에 다만 자리를 마련하여 지방에 표기하고 제사를 마치면 태운다.' 하였으나 그 끝에 '다시 자세히 검토해야 한다.'로 끝맺었으므로 뒤에 이것이 보편적으로 쓰이는 일이 또한 없었다. 오직 부모의 기일은 더할 수 없는 큰 슬픔(종천지통終天之痛)인데, 종가와 다른 곳에 사는 사람은 매년 단지 망곡望哭(곡을 할 자리에 몸소 가지 못하고 그 쪽을 향하여 애곡哀哭하는 일)만 해야 하는 어려움이 있을 따름이다. 만약 종가에 가서 참여할 때가 아니면 비록 지방을 설치하여 행하더라도 크게 위배되지는 않겠다." 하였다.

107) 『사계전서』, 「가례집람」, '사시제'에, 『예기』「제의」에 이르기를, '치재致齋는 안으로부터 하고, 산재散齋는 밖으로부터 한다.' 하였는데, 이에 대한 주註에서 이르기를, '재계를 안으로부터 하는 것은 그 마음을 삼가기 위한 수단이고, 재계를 밖으로부터 하는 것은 그 외부환경을 방비하기 위한 수단이다. 산재는 이른바 술을 마시지 않거나 냄새나는 음식을 먹지 않는 것과 같은 따위를 말한다. 3일간 재계한다는 것은 치재일 뿐이다. 반드시 치재한 연후에야 그 재계한 바를 보는데 생각이 지극한 까닭이다.' 하였다.

『가례증해』, '사시제'에, 정자 가로되, "무릇 제사에는 반드시 치재를 한다. 재계하는 날 거처하시던 것을 생각하고, 웃고 말씀하시던 것을 생각하는데, 이것은 효자가 평일에 어버이를 생각하는 마음이지 재계가 아니다. 재계는 생각이 있는 것을 허용하지 않는다. 생각이 있으면 재계가 아니다. 재계를 3일하면 반드시 재계하는 대상을 보게 된다는 것은 성인聖人의 말씀은 아니지만, 재계하는 자가 깊고 고요하며 순수해야 비로소 귀신과 닿는다. 그러하니 귀신을 섬길 수 있으면 이미 일등 인간이다." (중략) 회재 가로되, "정자의 설은 『제의』의 뜻과 다르다. 대개 효자가 평일에 어버이를 생각하는 마음은 진실로 지극하지만, 제사 지내려 재계할 때에는 그 추모하는 마음이 더욱 절실하니, 어찌 그 거처와 말과 웃음과 의지와 애호하던 것을 생각하지 않을 수 있겠는가? 그러나 이것은 산재하는 날에 하는 것이다. 치재하는 날이 되면 깊고 고요하며 순수하게 하여 오로지 아주 깨끗하고 밝은 덕을 드러내어야 신령神靈에 닿을 수 있다." 하였다.

먹지 말고, 술을 마시되 어지러움에 이르지 말며, 온갖 흉하고 더러운 일에는 모두 간여하지 말아야 한다. 만약 길에서 갑자기 흉하고 더러운 것을 만나면 눈을 가리어 피하고 보지 말아야 한다. 이른바 치재라는 것은 음악을 듣지 않으며, 나들이하지 않고, 오로지 마음으로 제사 받을 조상만을 생각하여, 거처하시던 것, 웃고 말씀하시던 것, 즐거워하시던 것, 즐겨 잡수시던 음식을 회상하는 것을 이른다. 이렇게 한 뒤에 제사 지낼 때를 맞아서는 그 모습을 뵙듯이, 그 음성을 듣듯이 정성을 다하매 신이 흠향하는 것이다.' 하였다. 그러므로 제사 지내기 전 하루는 술을 금하고, 고인의 생시를 회상하며 경건히 지내는 것으로 재계해야 하겠다.[108] 묘제의 재계 기간은

___

108) 『사계전서』, 「가례집람」, '사시제'에, 이암 가로되, "내가 보건대 세속에서는 제사 지내기 하루 전에는 비록 출입은 않지만, 친한 벗이 갑자기 오면 노름이나 바둑을 하고 술자리를 열어 종일토록 시시덕거린다. 이것을 오히려 재계라고 할 수가 있는가? 무릇 술이 해로운 것은 사람의 마음을 가장 미혹시키고 어지럽힐 수 있어서이다. 그러니 재계할 적에는 당연히 술을 금하는 것을 맨 처음으로 해야 한다. 더구나 다시 손님을 접대하면, 응당 단속하고 다스려야할 바에서 많은 것을 빠뜨리게 된다. 그러니 손님을 사절하지 않을 수 없다. 실로 이는 아니할 수 없어 사절한다. 모든 나의 자손들은 재계할 때마다 손님을 일절 사절하고, 만약 늙고 병이 들어 약으로 복용하는 것이 아니라면 절대 술을 마시지 말라. 전념하여 단속하고 다스리고, 한 생각으로 근심하라. 위반한 자는 제사 지내지 않은 것으로 논하여도 된다." 또 가로되, "(상략) 지금 세간에서는 본질을 탐구하는 데는 어두우면서 지엽적인 일은 자세히 다한다. 어떤 경우에는 제사 지내기 7일이나 8일 전부터 문득 재계하면서, 하녀가 바깥채에서 해산하거나, 고양이나 개가 울타리나 담에서 죽거나, 종들이 상갓집과 그 동네를 잠깐 거닐다가 오면, 문득 더러움을 범했다고 하는데, 이는 사리에 맞지 않다. (중략) 게다가 사람의 도리로, 세상을 사는 데 사건과 일이 여러 가지이므로, 경사慶事와 흉사凶事에 노래를 읊고 곡하는 것을 모두 폐할 수는 없다. 또 벼슬에 종사하고 있는 몸이면 아침 일찍부터 밤까지 공무 때문에 사적인 것을 감히 돌아보지 못한다. 국가의 법령에 시제時祭나 기제忌祭에 주는 휴가가 모두 단지 이틀이나 하루뿐이니, 더욱이 어찌 삼일 이상 재계하기를 바라리오. 그래서 사마온공은 '때가 되어 일에 겨를이 있으면 굳이 제삿날을 점치지 않는다.'고 하였으며, 한위공은 제사를 지냄에 단지 하루 동안만 재계하였는데 이 때문이었다. 만약 세간에서 하는 바와 같이 하고자 하면, 모름지기 열흘을 계속하여 사람으로서 해야 할 일을 완전히 폐해야만 비로소 가능할 것이니, 어찌 받아들여 행하겠는가." 하였다. 『사계전서』, 「의례문해」, '시제'에, 송준길이 "또 묻기를, '재계할 때에, 상가를 오고간 사람이 혹시 있으면 꺼려서 보지 않는 것은 지나친 듯합니다.' 하니, 우복이 답하여 가로되, '초상이 나

기제와 같고, 명절 차례는 명절 전 하루 동안 재숙齋宿 즉 치재한다.

『가례』에 기일 전날 음식을 하고, 제사상과 제기를 준비하여, 당일 일찍 일어나 진설 등 제사준비를 마치고 해가 뜰 무렵(질명質明)에 제사를 시작하도록 하였다. 그러나 늦게 지내는 잘못을 저지르기보다는 밝지 않더라도 차라리 일찍 지내는 것이 낫다는 옛글의 영향인지, 기일 첫 새벽에 제사를 지내는 의미로 자시子時인 밤 11시부터 새벽 1시 사이에 제사를 모시는 경우가 많다.[109] 하지만, 요즈음은 후손들의 편의를 위해 기일 저녁에

서 염빈斂殯(시신을 단단히 묶어 입관하여 안치하는 일)을 맡아서 한 자는 꺼려도 또한 지나치다 할 수 없다.' 하였습니다." 하니, 사계 가로되, "정우복의 설이 옳다." 하였다.

『가례증해』, '기일'에, 남계 가로되, "해산解産 때문에 제사를 폐한다는 글은 예에 없다. 오직 『의례경전통해儀禮經傳通解』와 『예기』 「내칙內則」에 '처가 자식을 낳으려면 곁방에 거처하게 한다. 자식을 낳았는데 남편이 재계하고 있으면 곁방의 문에 들어가지 않는다.'고 하였다. 이는 제사 지내는 사람은 당연히 산실産室에 들어가지 않는다는 것뿐이니, 제사는 본래와 같음을 알 수 있다. 하물며 소와 말의 경우겠는가?" 또 가로되, "다만 부인이 한 사람인데 해산을 하여, 다른 대행할 사람이 없으면 형편상 잠시 폐할 뿐이다." 하였다.

『사례집의』, '기제의'에, 하루 전에 치재하는데, 목욕하고, 깨끗한 새 자리에서 옷을 갈아입고, 머리를 빗고 손톱을 깎는다. 술 마시지 않고, 고기를 먹지 않고, 냄새나는 채소를 먹지 않고, 손님을 만나지 않고, 온갖 흉하고 더러운 일에는 모두 간여하지 말아야 한다.

109) 『국조오례의』, '친향영희전의親享永禧殿儀'에 의하면, 제삿날 축시丑時 전前 5각刻(전날 밤 11시 48분) 즉 3경更 3점點에 전사司와 전사관典祀官이 준비를 시작하고, 축시 1각(제삿날 새벽 1시)에 거행한다고 하였다. 『상변통고』, '석전釋奠'에는, 『석전의釋奠儀』에 석전일 축시 전 5각에 준비를 시작하여, 중춘仲春에는 축시 7각(새벽 2시 반 경에), 중추仲秋에는 축시 1각에 행사를 시작하게 하였다.

『사례편람』, '사시제'에, 진씨陳氏 가로되, "자로子路가 날이 밝으려 할 무렵에 제사를 시작하여 늦은 아침에 물러났는데, 공자가 이를 채택하였다. 이것이 주례周禮이다. 그러나 늦음으로 그릇되기보다는 차라리 일러서 비록 밝지 아니한 시간이라도 제사 지내는 것이 옳겠다." 하였다.

『사계전서』, 「의례문해」, '제례'에, 『주자어류』에 이르기를, 선생께서는 사중월에 시제時祭를 지낼 때마다, 하루 전에 의자와 탁자를 씻어 빈틈없이 갖추고, 다음 날 동틀 무렵(侵晨침신)이면 이미 제사를 마쳤다.

『가례증해』, '사시제'에, 우암 가로되, "제사를 지낼 때 너무 일러도 좋지 않고 너무 늦어도 좋지 않다. 오직 질명質明이 알맞다. 그러나 공자 가로되, '늦기보다 차라리 일찍 하는 것이 낫다.' 하였으니 성인聖人의 오묘한 뜻을 알 수 있다." 하였다.

지내기도 한다. 기일 전날 저녁에 지내는 것은 큰 잘못이다.

기일이 윤달에 있거나 그믐날인 경우,[110] 기일이 조상과 자손이 같은 날인 경우와 정지삭망正至朔望(설, 동지, 초하루, 보름)과 겹치는 경우,[111] 상중의

『성호사설』, '인사문', '미명행제未明行祭(날이 밝기 전에 제사를 지낸다.)'에, 주나라 예법에, 큰 제사는 해가 뜰 때를 이용했으므로 자로가 날이 밝을 무렵에 제사를 지내고 늦은 아침에 물러났다. 공자가 듣고, "누가 중유仲由에게 예를 알지 못한다고 말하겠는가?" 하였으니, 『가례』에 모두 질명을 이용한 것은 이를 좇아 규범으로 삼은 것이다. 그러나 『상례喪禮』의 '아침과 저녁의 곡哭을 마치고 나와서 문을 닫는다.'는 것은 귀신은 그윽하고 어두운 것을 숭상하기 때문이다. 귀신은 음도陰道인데, '밝은 데는 예악禮樂이 있고 어두운 데는 귀신이 있다.'고 했음을 볼 수 있다. 그러므로 귀신의 세계는 반드시 어두운 밤에 빕지, 귀신이 밝은 낮에 마음대로 행하는 일은 없었다. 하후夏后는 황혼녘을 이용하고, 은殷나라는 대낮을 이용하여, 주나라와 같지 않았다. 귀신은 동일하다. 그 본디 상태는 기뻐하고 싫어함이 반드시 같을 것이므로, 아마 시대에 따라 구별되는 이유가 없을 것이다. 그런데 세 시대의 예법이 돌이켜보면 이와 같음은 무슨 까닭인가? 『주례』의 '사훼씨司烜氏가 제사를 밝힐 촛불을 바쳤.'에 대한 소疏에 이르기를 '날이 밝기 전에 모름지기 촛불로 비춘다.'고 하여, '해가 뜰 때'라는 글귀와 부합되지 않으니, 이는 또 무슨 까닭인가? 지금 풍속에 제사를 반드시 날이 밝기 전에 지내는데, 어둡고 고요하여 진실로 잘 어울리는 듯하니 이를 따르는 것이 무방하다.
『사례집의』, '기제의'에, 여름에는 오경五更(새벽 3시~5시)에, 겨울에는 닭이 울 때 일어나서 진설하고, 날이 밝을 무렵(質明질명), 동틀 무렵(侵晨침신)에 옷을 갈아입고 제사를 시작한다.
『하려집下盧集』, '답이치규答李穉圭'에, 『가례』는 질명에 제사 지낸다고 하였는데, 이것이 주례다. 『오례의』는 삼경三更에 제사 지내게 하였는데, 이것이 우리나라의 풍속이다. 질명은 약간 늦고 삼경은 빠른 것 같다. 일찍이 『어류』를 살펴보니 주자는 사시제를 지내면 동틀 무렵에 이미 제사를 마쳤는데, 빠르고 늦은 혐의가 거의 없으니 법으로 삼을 만하다. ·『하려집』-황덕길黃德吉(조선 후기의 학자. 본관 창원昌原)의 문집.

110) 『상변통고』, '기일'에, 묻기를, "할아버지가 윤달에 돌아가신 경우, 돌아가신 해의 윤달을 다시 만나면 윤달에 제사를 지냅니까?" 하니, 퇴계 가로되, "윤달은 바른 달이 아니다. 사람들이 항상 바른 달에 제사 지내는데 유독 이 해에는 돌아가신 해의 달에 근거하여 제사 지낸다면 온당하지 못한 듯하다. 제사는 통상의 달에 따라 지내고 윤달의 돌아가신 날에는 재계하고 소식素食하되 제사는 지내지 않는 것이 합당할 듯하다." 하였다. 『문해』에, 큰달 30일에 죽은 사람은 뒤에 작은달로 돌아오면 29일을 기일로 해야 참으로 마땅하고 큰달로 돌아오면 30일을 기일로 함이 진실로 마땅하다. 작은달 그믐날에 죽은 사람은 뒤에 큰달로 돌아와도 29일을 기일로 마땅히 따라야지 30일로 늦춰 기다려서는 안 된다.

111) 『가례증해』, '기일'에, 우암 가로되, "조고와 증조고의 기제가 같은 날이면 앞뒤로 행하는 것이 마땅하다." 하였다.

제사,[112) 밤중에 돌아가신 분의 기일,[113) 이별하여 생사를 모르는 분의 경

『사의』, 「여재편」, '기일'에, 두 분의 기일이 같은 날이면 시제의 의식과 같이 아울러 지낸다. 명재 가로되, "같은 시간에 행하되 각각의 축문으로 고한다." 하였다.

『상변통고』, '기일'에, 설, 동지, 초하루, 보름과 기일이 겹칠 경우, 우암 가로되, "기제는 중하고 참례는 가벼우므로 존비尊卑를 막론하고 먼저 기제를 지내고 뒤에 참례를 지내야 마땅할 듯하다." 하니, 명재 가로되, "기제와 참례는 본디 두 가지의 일이고 행하는 시간도 이르고 늦음으로 또한 다르다. 먼저 제사 지내고 뒤에 참례하는 것이 아마 무방할 것이다. 그러나 비록 기제를 먼저 지내더라도 명절날의 시절음식은 제사에 먼저 올려서는 마땅하지 않다. 제사 뒤를 기다려 참례에 진설하여 올린다면 바야흐로 미안함이 없겠는데 어떤가?" 하였다. 하루사이에 기제를 이미 지냈는데 또 참례를 행한다면 실로 번거롭게 되니, 이미 제사를 지낸 제사자리는 다시 설치하지 않는다. 여러 제사자리를 모두 설치하되 홀로 설치하지 않으면 비록 편안하지 못한 듯하지만 방금 제사를 지냈으므로 꺼려할 바가 없을 것 같다.

112) 『격몽요결』, 「제의초」, '상복중행제의喪服中行祭儀'에, 모든 삼년상에, 옛날 예법에는 사당의 제사를 폐하지만, 주자 가로되 "옛 사람은 상을 당하매 상복을 몸에서 벗지 않았고, 곡하는 소리가 입에서 끊이지 않았다. 그 출입 거처, 하는 말, 음식 모두가 평소와는 완전히 다르므로, 사당의 제사를 비록 폐하여도, 이승과 저승 사이에 섭섭함이 없었다. 요새 사람은 상중에 옛 사람과 다르면서 이 하나만 폐하는 것은, 아마도 미안한 바가 있는 듯하다." 하셨다. 주자의 말씀이 이와 같으므로, 장사 이전이면, 예에 따라 제사를 폐하고, 졸곡 후에는 사시절사四時節祀, 기제사와 묘제를 복服이 가벼운 사람을 시켜서 제사를 지내고, 만약 복이 가벼운 사람이 없으면 아마도 세간에서 지은 상복으로서 제사를 지내는 것이 옳은 듯하다. 음식을 올리매 수를 평소보다 줄이고, 단지 단헌에 축을 읽지 않으며, 수조례도 않는 것이 옳다. 기년期年(자최복齊衰服을 입고 일 년 간 거상居喪)이나 대공大功은, 장사 후에 마땅히 평시와 같이 제사를 지낸다. 단 수조하지 않는다. 아직 장사하기 전이면 시제는 폐하고, 기제와 묘제는 위의 의식과 같이 줄여 행한다. 시마緦麻와 소공小功도 성복成服(대렴大斂 즉 입관한 다음 날 상복을 입는 절차) 전에는 제사를 폐하고, 성복 후 당연히 평시와 같이 제사 지낸다. 단 수조하지 않는다. 오복五服(참최斬衰-부상父喪 3년, 자최齊衰-모상母喪 3년, 대공大功-9월, 소공小功-5월과 시마緦麻-3월)으로 아직 성복하기 전에는 비록 기제사라 할지라도 또한 행하지 못한다. 복중의 시사는 당연히 검은 갓, 흰 옷, 검은 띠로 한다.

『가례증해』, '기일'에, 우암 가로되, "담제禫祭 전은 본디 대상大祥 전과 격식이 같다. 그런즉 선조의 제사에 단지 일헌一獻만 하고 축문을 읽지 않으며 이성利成을 폐하는 것이 옳다. 비록 담제 후라도 고례古禮에 의거하면 오히려 감히 순길純吉이라고 하지 못하니, 길제 이후에야 비로소 일반인들과 같이 한다." 하였다.

113) 『상변통고』, '기일'에, "어떤 이가 이날 술시戌時(저녁 7시부터 9시)나 해시亥時(밤 9시부터 11시)에 임종하고 초혼招魂(고복皐復. 운명 후 발상發喪 전에 고인의 옷을 흔들면서 이름을 부르는 의식)을 다음날 새벽이 지난 뒤에 했다면, 어느 날을 기일로 하는 것이 마땅합니까?" 하니, 명

고전예서에 근거한 집안제사 해설

우[114] 그리고 어릴 때 죽은 자식의 제사와 성년이 된 뒤 사망하였으나 후사가 없는 이의 제사[115] 등에 대해서는 여러 선유들의 말씀이 있었다. 그리고 시댁에서 친정부모의 기제사를 모시는 문제에 대해 퇴계의 부정적인 말씀이 있었으나, 요즈음은 딸만 있는 가정도 많으므로, 이런 집안에서는 딸과 사위가 제주가 되어 제사 지내는 것을 당연하게 생각해야 할 것 같다.[116]

재 가로되, "모든 상喪은 고복 후 발상을 시작하니 그 전에는 비록 이미 숨이 끊어졌더라도 여전히 다시 살아나기를 바라고 있으니 이미 죽었다고 여길 수 없다. 이런 뜻으로 헤아리면 초혼한 날을 기일로 삼아야 마땅할 듯하다." 하였다.

『상변통고』, '초종初終'에, 묻기를, "닭이 울기 전 자시子時에 죽은 사람은 어느 날을 따르는 것이 마땅합니까?" 하니, 우암 가로되, "날의 구분은 반드시 해시亥時에서 마치고 자시에서 시작하니, 초이틀의 자시는 저절로 초하루에 간여되지 않는다." 하였다.

114) 『사의』, 「여재편」, '기일'에, 부모와 이별하여 길흉吉凶을 분간할 수 없는 자는 아버지의 연세가 수명의 한계에 이르면 당초 집을 떠난 날을 기일로 한다. 생일에 기제를 지내는 것은 예가 아니다.

115) 『사계전서』, 「상례비요」, '개장改葬'에, 정자 가로되, "7세 이하의, 복이 없는 상殤은 제사를 지내지 않는다. 11세에서 8세까지인, 하상下殤에 대한 제사는 부모 자신까지만 지낸다. 15세에서 12세까지인, 중상中殤의 제사는 형제 생시까지만 지낸다. 19세에서 16세까지인, 장상長殤의 제사는 형제의 아들이 살아 있을 때까지만 지낸다. 관례冠禮를 치른 장부丈夫나 시집간 부인婦人, 즉 성인成人으로서 후손이 없는 자는 형제의 손자의 생시까지만 제사를 지낸다." 하였다.

『사계전서』, 「가례집람」, '제례'에, 『예기』 「곡례」에 이르기를, 제사 대상이 아닌데도 제사 지내는 것을 음사淫祀라고 한다. 음사는 복福이 없다. 주註에 이르기를, '제사 대상이 아닌데 제사 지낸다.'는 것은 법에 의해 지낼 수 없는 제사와 정당하지 못한 제사를 지내는 것이다. '음淫'은 분수에 넘친 것이다. 분수에 넘치게 귀신을 섬기면 귀신이 흠향하지 않는다. 그러므로 복이 없다.

116) 『상변통고』, '제례', '기일', '여재부가행기부모기제女在夫家行其父母忌祭(여자가 남편 집에 있으면서 친정부모의 기제를 지냄)'에, 퇴계 가로되, "부인이 남편 집에 있으면서 친정부모의 기제를 행하는 것은 예禮에 부당하다. 다만 세간에서 풍습이 되었으므로 갑자기 금하기는 어려우나, 만약 정침을 피한다면 어쩌면 지낼 수도 있겠다. 시부모가 계신다면 더욱 편치 않은 일이다." 하였다.

『상변통고』, '제례', '묘제', '방친급외선조조매후묘제旁親及外先祖祧埋後墓祭(방친 및 외가의 선조를 조천하여 매안한 후의 묘제)'에, 남계 가로되, "외손봉사外孫奉祀는 비록 예가 아니지만, 우리 집의 논밭과 노비들은 모두 민씨閔氏 집안에게서 나왔고, 민씨 재산은 모두 심씨沈氏

거실 혹은 대청 벽면 가운데의 뒤를 병풍을 쳐서 가리고, 그 앞에 교의를 놓아 지방틀을 올린다. 교의가 없으면 제사상 북쪽 끝에 지방틀을 올린다. 교의 앞에 제사상을 놓고 위에 좌면지座面紙를 펴고 촛대[117]를 놓는다. 날이 밝으면 촛불은 끈다. 요즈음은 전깃불로 밤을 낮처럼 밝힐 수 있지만, 엄숙한[118] 분위기를 위해 실내의 제사에서 켜고 있다.

향탁은 제사상 앞 중간에 놓고 그 위에 서쪽에 향로, 동쪽에 향합을 둔다. 향탁 앞에는 모사기茅沙器[119](그림 2)를 놓는다.

집안에게서 나왔는데, 두 집 모두 이미 후사가 없다. 남의 부탁을 받고 남의 재산을 누리면서, 그 제사를 제멋대로 빠뜨리고 거행하지 않는 것은, 올바른 도리로는 감히 할 수 없는 일이다. 아마 따로 제전을 두어 조심스럽고 중후한 묘지기로 하여금 게으름 없이 보살피고 지키게 하고, 제사를 주관하는 사람이 때에 맞게 가서 예를 행한다면, 부탁하여 맡긴 의리와 은혜를 거의 저버리지 않아서, 끝내는 몹시 꺼려할 폐해는 없을 것이다." 하였다.

117) 『성호전집』, 「서書」, '답정여일가례문목答鄭女逸家禮問目'에, 『상대기喪大記』에 이르기를, 대부는 당堂 위에 일촉一燭, 아래에 이촉二燭, 선비는 당 위에 일촉, 아래에 일촉이다. 주註에는, 촛불은 음식을 밝히는 수단이라 했다.
『사계전서』, 「의례문해습유疑禮問解拾遺」, '상례', '조석곡전朝夕哭奠 상식上食'에, 여성위 송인 가로되, "『가례』를 보면 크고 작은 제사에 아울러 초를 쓰는 예절이 없으며, 『의례』에는 '날이 밝으려 하면 촛불을 끈다.'는 글이 있고, 『예기』에는 '해가 충분하지 못하여 촛불로 계속하였다.'는 말이 있다. 이로써 보면 촛불을 쓰는 것은 단지 어둠을 깨치기 위해서이지, 귀신을 섬기는 도와는 관계없다. (중략) 또 보건대, 대낮에 묘제를 지내면서도 또한 반드시 초를 갖추어 마치 빠뜨려서는 안 되는 것처럼 하고 있다. 대개 산과 들은 팔방에서 바람이 불어오는 땅이니 짤막한 불꽃이 어찌 바람을 견뎌 내어 오래도록 꺼지지 않을 수 있겠는가. 그런데 촛불을 미처 켜지 못하였을 경우에는 찬품饌品이 이미 진설되어서 밥과 국이 벌써 다 식었는데도 감히 술잔을 올리지 못한다. 혹 갓을 벗어 덮어 놓기도 하고 혹 보자기를 펼쳐서 휘장처럼 쳐 놓기도 하느라 분주하게 오가면서 촛불을 켜 보지만, 켜졌다가는 금방 꺼져서 끝내 예를 이루지 못하게 되는데, 이는 이해할 수 없다." 하였다.

118) 『가례증해』, '사시제'에, 우암 가로되, "제사는 엄숙함을 위주로 하는데, '嚴(엄)' 자가 공경의 뜻이다. 재계부터 시작하여 제수를 갖추고, 음복수조에 이르러 마치기까지 이러한 마음이 없으면 이른바 예를 헛되이 함이다." 하였다.

119) 모사기는 보시기에 모래를 담고 띠를 묶어서 세운 것으로 땅을 상징한다.
『사계전서』, 「가례집람」, '사시제'에, 『가례』 '제초조祭初祖' 조의 유씨보주劉氏補註에 처음으로

그림 2. 모사기

모사기 앞의 배석拜席(절하는 자리)에 돗자리를 편다. 향탁 동쪽에 작은 상을 펴서 술병, 현주병, 술주전자, 강신잔반 하나, 퇴주그릇 등을 올려놓는다. 향탁 서쪽에 작은 탁자를 놓아 축판을 올리게 한다(표 31).

모반茅盤이 나타났는데, 너비 1자 정도의 옹기로 된 납작한 사발 혹은 검은 빛의 옻칠을 한 소반을 쓴다. 띠풀을 8치(약 16~17cm) 정도 남도록 잘라서 다발을 만들어 붉은 실로 묶어서 모반에 세운다고 되어 있다. (중략) 『주례』의 주註에 이르기를, 반드시 띠풀을 쓰는 것은, 그 근본이 순하고 결이 부드러우며 곧으면서도 결백하여 제사의 덕을 이어받음이 마땅히 이와 같아야 한다고 생각해서이다. 보주補註에 이르기를, 본주를 살펴보면, 띠풀을 묶고 모래 모은 것을 향탁香卓 앞 땅바닥에 놓는 것은 강신降神할 때 뇌주酹酒하기 때문이고, 신위 앞마다 땅에 놓는 것은 초헌初獻에 좨주祭酒하기 때문이다.

『송자대전』, 「서書」, '답오순지答吳順之'에, 묻기를, "띠를 묶는 데 붉은 실을 사용하는 것은 무슨 뜻입니까?", "띠를 자르는데 꼭 8치로 자르고 흙을 쓰지 않고 모래를 쓰는 것은 또 무슨 뜻에서입니까?" 하니, "붉은 실은 아름답게 하고자 해서이고 모래는 깨끗한 점을 취해서이며, 8치의 의미는 자세하지 않네." 하였다.

『성호전집』, '제식'에, '시조제'를 보면, 유씨는 띠풀을 8치로 자른다고 하였는데 이는 잘못이다. 띠풀의 길이는 5치이다. 「김사계의례문해변의金沙溪疑禮問解辨疑」에, '띠풀을 8치로 잘라서 붉은 실로 묶는다.' 하였는데, 『사우례士虞禮』에는, '마른풀을 잘라서 띠풀의 길이를 5치로 한다.'로 되어 있다.

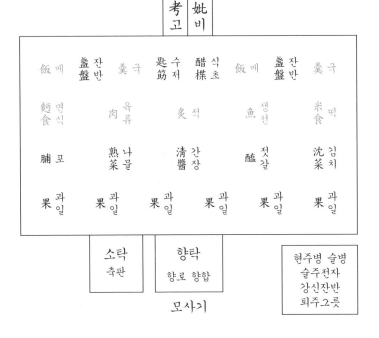

表 31. 병제并祭 합설合設에서 강신직전의 진설의 일반적인 예.

형편에 따라 과일 두 가지 혹은 네 가지도 좋으며,
식초는 생략하거나 간장으로 합쳐 초장으로 한다.

제사 대상이 되는 한 분만 모실 것(단설單設 또는 단위제單位祭)인지 배위와
아울러 지낼 것(병제并祭, 배제配祭)인지에 대해, [120] 대부분의 예서에서는 단설하

---

120) 『사례편람』, '기일忌日'에, 단지 한 자리만 마련함이 예가 바르다. 대개 기일은 곧 상례의
결말이니, 그 친속이 돌아가신 날을 당하여, 당연히 이날 돌아가신 친속을 생각하고 그 분에 대
해 제사 지내며, 다른 분을 더불어 끌어들이는 것은 마땅하지 않다. 단지 제사를 받는 분에게 제
사 지내는 것이지 배위配位 제사를 지내지는 않는다. 배위로 제사를 받는 분에게 박하게 함이 아
니며 슬픔이 제사를 받는 사람에게 있기 때문일 따름이다. 그러므로 마땅히 단지 한 신위에게만
제사 지내는 것이 바르다. 고비 병제에 대해 비록 선유先儒의 말씀이 있지만 아마 따를 수 없을
것 같다. 신증新增, 회재 가로되, "문공文公의 『가례』를 살펴보면 '기일에는 다만 한 분만 차린
다.'고 하였고 정자 『제례』는 '기일에 고와 비를 짝한다.'고 하여 두 학자의 예법이 같지 않으나,

고전예서에 근거한 집안제사 해설

여 제사 지내도록 하였으나, 요즈음에는 병제가 보편화되어있다. 병제는
한 상에 두 분을 모두 모시는 합설合設(공일탁共一卓)을 하거나 각상을 차려
함께 모시는 각설各設(각탁各卓)을 할 수 있는데, 합설이 일반적이며 메, 갱

대개 한 신위만 모시는 것이 예가 바르다. 고와 비를 짝지어 제사하는 것은 예가 인정에서 비롯
해서다. 예가 정에서 비롯하니 또한 버릴 수 없는 바가 있다." 하였다. 퇴계 가로되, "기일에 합
쳐서 제사 지내는 예법이 옛날에는 없었다. 그렇지만 우리 집에서는 예전부터 합쳐서 제사 지내
왔으니 이제 감히 경솔하게 논의할 수가 없다." 하였다. 사계 가로되, "기일에 고와 비를 아울러
제사 지내는 것은 비록 주자의 뜻은 아니지만 우리 조선의 선현들은 일찍이 그렇게 했다." 하였
다. 율곡 또한 가로되, "두 신위에게 제사 지내는 것이 마음에 편안하니, 높은 분을 끌어들인 불
만은 아마 거리낄 필요는 없는 듯하다." 하였다.
『지산집』, '답정청윤答鄭淸允'에, 선현께서 정하신 바의 법도가 지극하지 않다는 것이 아니지만,
구차한 나의 뜻은 매번 한쪽 어버이에게만 홀 제사 지내는 것을 미안하게 여겼다. 만년에 책 하
나를 보니, 미산유씨眉山劉氏의 주장이 실려 있었다. 그 말씀은, "어떤 이가 이천 선생에게 묻
기를 '기일에 두 신위에게 제사 지냅니까?' 하니, 답하기를, '단지 한 위에만 지낸다.' 하였다.
나는 가정의 제사는 나라의 제사와 다르다고 생각한다. 가정에서 부모에게 새벽과 저녁에 문안
하고 뵈면서 공경하는 것을 한 분께만 거행하고 한 분께는 폐하는 것을 겪어보지 못하였다. 노
나라 사람이 부제祔祭를 지내면서 합쳐서 하자, 공자께서 옳게 여겼다. 그런데 기제는 어찌 유
독 그러지 않을 수 있는가? 당연히 고와 비를 함께 모셔서 고의 기일이면 축문의 마지막 구절에
('상향尙饗'의 위에 〈가례집람〉 '기일') '謹奉妣某氏夫人配(근봉비모씨부인배)'라고 더하고, 비
의 기일이면 '謹奉以配考某公(근봉이배고모공)'이라고 한다." 하였다. 유씨 소견의 얕고 깊음을
비록 알 수 없지만, 그의 말이 나의 뜻과 맞아 부합되므로 취하여 근거로 삼았다. 선현들에게
죄를 얻는 것은 아닌지 모르겠으나, 아마도 또한 허물을 보고서 어짊을 안다는 의미일 뿐이다.
『사계전서』, 「가례집람」, '기일'에, 『거가필용居家必用』을 살펴보면 미산유씨 가로되, "어떤 이
가 이천 선생에게 묻기를, '기일에는 양 신위에 제사 지냅니까?' 하니, 선생이 답하기를, '한 신
위에만 지낸다.' 하였다. (하략)"고 하였다. 이것에 근거하면, 정자는 한 신위에만 제사 지내는
것을 옳은 것으로 여겼다. 회재가 인용한 바는 어느 책에 나온 것인지 모르겠다.
『성호전집』, 「잡저」, '서정청천의례고증書㼅聽泉疑禮考證'에, 미산유씨가 이천 선생에게 묻기를
'기일에는 양 신위에 제사 지냅니까?' 하니, 답하기를, '한 신위에만 지낸다.' 하였고, 퇴계는 '기일
에 합쳐서 제사 지내는데, 옛날에는 이런 예법이 없었다.'고 하였다. 정자의 배제설配祭說은 속인
이 사실과 다르게 전한 것이니 나는 분별하지 않을 수 없다.
『가례증해』, '기일'에, 『정씨사선범례程氏祠先凡例』에 조고의 기일이면 조고와 조비만 제사 지
낸다. 조비의 기일이면 조비와 조고만 제사 지낸다. 나머지 신위의 기일제사도 같다. (중략) 우
안愚按, 『정씨사선범례』에서 고와 비를 짝하여 제사 지내게 했다. 근거가 뚜렷하여 상고詳考할
수 있으므로 회재가 인용하였다. 다만 유씨가 인용한 정자의 설은 이와 같지 않고 『집람』의 설
이 이와 같은 것은 혹시 정자의 초년初年의 이론과 만년晩年의 이론이 같지 않아서인가?

과 잔반은 신위 수대로 차리고 시저도 신위 수대로 시저접에 담는다.[121]

---

121) 『가례증해』, '사시제'에, 『집설』에, 장소가 넓으면 의자 하나와 탁자 하나를 각각 사용하여 합친다. 장소가 좁으면 의자 하나와 탁자 하나만 사용하여 고와 비 두 분의 신위를 함께 모신다. 『의절』에, 매위를 의자 두 개 탁자 하나를 사용하여 합한다. 동춘 가로되, "우리 집은 탁자 하나를 사용하는데, 늘 『가례』를 따라 고치고 싶었지만 가난하기 때문에 쉽게 갖추지 못하였다. 또 『오례의』에는 탁자 하나를 함께 한다는 글이 있다. 『오례의』뿐만 아니라 고례도 이와 같은 듯하다. 그러므로 감히 경솔히 하지 못한다." 하였다. 묻기를, "아버지에게 세 분의 정실正室이 있는데, 네 신주가 탁자 하나에 함께 하면 편하기 어렵다." 하니, 한강 가로되, "네 위를 각탁各卓으로 할 수 없다면, 차라리 네 위 함께 한 제사상일지언정, 잔반, 메, 갱과 적간의 종류만 각각 차리면 부득이한 임시방편으로는 아마도 무방할 것이다." 하였다. 도암陶庵 가로되, "제찬 하나 하나를 각설하는 것은 곧 『가례』의 제도이다. 그러나 사대부 집에서 나물과 과일은 합설하고 오로지 떡, 면식, 메와 갱은 각설하는 것이 대개 같다. 우리 집도 이와 같음을 또한 면하지 못한다. 나의 외조부께서 세 번 장가드셨는데, 제사 지낼 때면 제사상을 펴기가 어려웠다. 큰 외숙 지재공趾齋公(민진후閔鎭厚, 조선 후기의 문신. 본관 여흥驪興)께서 말년에 고와 비 모든 위의 떡과 면식 또한 합설하였는데, 아마도 후일을 염려하여 그러한 것이다." 하였다. 『가례증해』, '기일'에, 고위와 비위를 함께 제사 지내면, 각각의 탁자에 각각의 제찬을 차림이 본디 올바른 예다. 다만 초조제初祖祭의 의식에 근거하면 고위와 비위를 한 탁자에 합설하고 단지 밥, 국, 수저와 잔반만 각각 차릴 뿐이다. (중략) 그러므로 고위와 비위를 한 탁자에 차리는 것은 또한 전거가 없지 않고, 요즈음의 풍속도 대부분 한 탁자에 차리는 의식을 사용한다. 『성호전집』, '제식'에, 『가례』에 고와 비는 각각 하나의 탁자를 사용한다. 그러나 옛날에는 아무리 배제配祭라 하여도 음식을 모두 합하여 올렸는데, 정신에 서로 간격이 없기 때문이다. 구씨『의절』에 '양위병설찬도兩位并設饌圖'가 있는데, '잔반', '국', '메' 이외는 모두 다 합설하였다. 『오례의』도 그러하고, 『가례』의 '시조제' 또한 대개 다름이 없다. 지금 '포연설동궤鋪筵設同几(포연설동궤)'*의 뜻을 따르고, 후대에 나온 자세한 내용을 간략히 채택하여 잔반, 국과 메만 각각 올리고 떡과 면식 이외는 모두 합하여 올리는 것이 옳다.
* 鋪筵設同几(포연설동궤)-『제통』에, '鋪筵設同几爲依神也(포연설동궤위의신야)', '자리를 펴고 공동의 안석案席(궤几)을 설치하는 것은 신이 기대게 함이다.' 소疏, 자리를 펴고 안석을 설치하는 것은 신이 의지하게 함이다. 사람은 살아서는 형체가 다르므로 부부는 안석을 따로 하는데, 죽어서는 혼기魂氣가 함께 의탁依託하므로 부부가 안석을 함께 한다. 자리(석席)도 또한 함께 한다. '안석을 함께 한다.'고 꼭 말하는 것은 편 깔개자리가 이미 긴데 안석은 짧고 작아서 각각 설치할까 염려하여 특별히 '안석을 함께 한다.'고 한 것이다. 정현이 『사궤연司几筵』에서, '사당에서 제사를 지내는데, 안석을 같이 하는 것은 정기精氣가 합하여지는 것이다.' 하였다. 〈상변통고〉 '시제'

고전예서에 근거한 집안제사 해설

- 陳設 진설
- 迎神 영신
  奉紙榜就位 봉지방취위
- 降神 강신
  焚香 (再拜) 분향 (재배)
  酹酒-灌于茅上 再拜 뇌주-관우모상 재배
- 參神 참신
  主人以下 皆再拜 주인이하 개재배
- 進饌 진찬
- 初獻 초헌
  主人 奠爵 주인 전작 三祭于茅上 삼좨우모상
  進炙肝 진적간
  啓飯蓋 계반개
  讀祝文 독축문
  主人 再拜 주인 재배
- 亞獻 아헌
  亞獻 奠爵 아헌 전작 (三祭于茅上 삼좨우모상)
  進炙肉 진적육
  亞獻 再拜 아헌 재배
- 終獻 종헌
  終獻 奠爵 종헌 전작 (三祭于茅上 삼좨우모상)
  進炙肉 진적육
  終獻 再拜 종헌 재배
- 侑食 유식
  主人 添酌 주인 첨작
  扱匙飯中 西柄 正筋於楪上 西首 삽시반중 서병 정저어접상 서수
  主人 再拜 주인 재배
- 闔門 합문
- 啓門 계문
  徹羹 進熟水于徹羹處 三抄飯 철갱 진숙수우철갱처 삼초반
  下匙筋于楪中 合飯蓋 하시저우접중 합반개
- 辭神 사신
  主人以下 皆再拜 주인이하 개재배
  祝 焚紙榜及祝文 축 분지방급축문
- 徹 철

( )는 생략할 수 있다.

표 32. 지방으로 지내는 기제 순서

❈ 기제 의례忌祭儀禮 해설

• 진설陳設

• 영신迎神

사당에 신주를 모시고 있는 집에서는, 사당에 가서 차례로 서서 재배하고 해당 감실 앞에 향탁을 설치하고 분향한 뒤 기일을 맞이하여 제사 지내기 위해 정침으로 모셔내는 사정을 고하고(출주고사식出主告辭式 참고), 신주를 자리로 모셔낸다.

지방으로 제사 지낼 때에는 작성한 지방을 지방틀에 붙여 교의 또는 제사상 북쪽 끝 가운데에 세운다(그림 3).[122]

그림 3. 영신. 고위를 서쪽, 비위를 동쪽에 모신다.
〈사진으로 보는 가정의례, 조선일보사, 1992년〉

---

122) 『가례증해』, '기일'에, 만약 지방으로 제사를 지내면, 아마도 이곳에 채소와 과일을 진설한 뒤에 신주를 모셔 내올 시간에 지방을 써서 신주의 자리에 봉안하여 신주를 받드는 의식을 본뜨는 것이 옳을 듯하다.

고전예서에 근거한 집안제사 해설

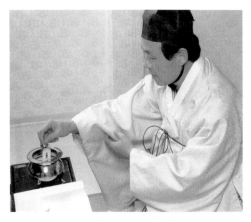

그림 4. 분향. 주인이 세 번 분향한다.
〈사진으로 보는 가정의례, 조선일보사, 1992년〉

• **강신降神**[123]

　제주祭主(주인)가 향탁 앞에 꿇어앉아 세 번 분향한다(그림 4). 과거에는 향목香木을 잘게 깎아서 사용했으나,[124] 요즈음은 연향練香[125] 특히 선향線

---

123) 『지산집』, 「가례고증」, '사당', '향로향합香爐香盒'에, 『예기』「교특생」에 이르기를, 혼기魂氣는 하늘로 돌아가고 형백形魄은 땅으로 돌아갔다. 이것이 제사를 지내면 음과 양에서 신을 찾는 의의이다. 『가례』, '사시제'에, 사마온공 가로되, "옛날의 제사는 신이 계신 곳을 알지 못하였기 때문에, 울창주鬱鬯酒(울금향鬱金香을 넣어 빚은 향기 나는 술)를 부어 냄새가 음으로 연천淵泉(땅속 깊은 곳, 저승)에 도달하게 하고, 쑥(소蕭)과 기장(서직黍稷)을 합하여 태워서 냄새가 양으로 장옥牆屋(담장)에 도달하게 하였는데, 이는 널리 신을 구하는 방법이다. 지금 이 예식은 일반 백성의 집에서는 행하기 어렵기 때문에 분향과 뇌주로써 대신한다." 하였다.
『사계전서』, 「가례집람」, '사시제'에, 『구의丘儀』에 이르기를, 옛날에는 오늘날의 향香이 없었으며, 한漢나라 이전에는 단지 난초와 지초(난지蘭芷), 쑥(소애蕭艾) 따위를 불살랐다. 후에 백월百越(양자강 이남부터 베트남까지)이 중국으로 들어오면서 비로소 나타났다. 비록 고례古禮는 아니지만, 통용된 지 이미 오래되었으므로, 귀신도 편안하게 여길 것이다.

124) 종가에서는 향을 얻을 목적으로 향나무를 키우기도 했는데(그림 5), 큰 향나무 줄기에서 향내가 강한 속 부분을 작은 토막으로 잘라내어 보관하였다가 제사를 지낼 때 향나무 토막을 얇게 깎아 향합에 담고, 불씨를 담은 향로를 준비하여 강신례에 사용하였다.

125) 연향練香 - 향목을 가루로 만들어 사향이나 용연향 따위의 동물성 원료를 섞어 꿀 같은 것

그림 5. 종가의 향나무. 양동마을 서백당

좁을 주로 쓰므로 세 가닥을 피우는 것으로 대신한다.

약간 물러나서 서면, 집사 한 사람이 주인에게 강신 잔반을 주고, 주전자를 들고 주인의 오른쪽에 선다. 주인이 꿇어앉고, 주전자를 든 사람도 꿇어앉아 잔에 술을 따른다. 주인이 왼손으로 잔 받침을 잡고, 오른손으로 잔을 잡아, 띠풀(모사기) 위에 다 붓는다(뇌주酹酒).[126] 잔반을 집사에게 주고, 일어나 재배하고, 내려와 제자리로 가서 선다(그림 6).

『가례』에는 사시제, 기제, 묘제 등에서 분향과 뇌주를 다 마친 뒤 재배한다고 되어 있으나, 『상례비요』에는 분향과 뇌주 후 각각 재배하게 되어 있는 등 강신 재배에 대해 예서와 집안마다 차이를 보인다.[127] 지방으로

으로 반죽하여 여러 가지 형태로 만든 것. 〈두산백과〉

126) 강신 뇌주할 때 대부분의 예서에는 단지 '다 붓는다.'고 되어 있을 뿐 '나누어 붓는다.'는 언급이 없는데, 『사의』와 『졸은유고』 「저존록」에는 '세 차례 기울여 다 붓는다.'고 하였다.

127) 『가례증해』, '사시제'에, 묻기를, "『가례』에는 초하루와 보름에 분향과 뇌주할 때 각각 재배하는데, 시제에는 단지 술을 부은 후 재배하는 것은 어째서입니까?" 하니, 사계 가로되, "분

고전예서에 근거한 집안제사 해설

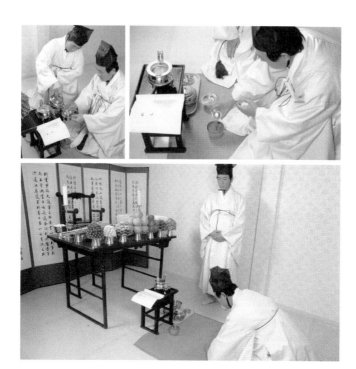

그림 6. 강신뢰주. 강신잔반에 술을 받아 모사기에 다 붓고 주인이 두 번 절한다.
〈사진으로 보는 가정의례, 조선일보사, 1992년〉

향하고 재배하는 것은 양陽에서 신을 부르는 것이고, 뇌주하고 재배하는 것은 음陰에서 신을 부르는 것이다. 시제에 한 번 재배한다고 한 것은 아마도 빠뜨려 잘못되었다. 『비요』에는 '삭참례'에 의거하여 두 번 재배하는 것으로 첨가하여 보충하였는데, 적합한지 알지 못한다." 하였다. 안按, 『서의』에는, 분향에 재배가 있으니 『가례』는 글을 빠뜨렸음이 분명하다.

『상변통고』, '상례', '우제虞祭'에, 돌아가신 스승(이상정李象靖. 조선 후기의 학자. 본관 한산韓山, 호 대산大山)께서는, "추측컨대, 상례의 제사와 정월초하루에는 그 예법이 아주 번거롭고 까다롭지 않기 때문에 이것을 자세하게 다했고, 시제에는 유식侑食과 수조受胙 등 매우 많은 예절이 있기 때문에 이를 간략히 한 것인가?" 하였다.

『상변통고』, '시제', '분향무재배焚香無再拜'에, 묻기를, "시제부터 기제까지 분향에 재배가 없으니 어째서인가?" 하니, 남계 가로되, "사당의 참례 및 우제 이하에는 모두 분향에 재배가 있는데 유독 시제에는 없다. 그러므로 퇴계는 알 수 없다고 했는데, 사계는 『비요』에 첨가하였다. 그러나 『의절』과 『격몽요결』*에서는 모두 『가례』를 따랐으니 내 생각에 그 사이에는 아마도 별도의 뜻이 있을 것이므로, 가벼이 첨가하고자 하지 않는다." 하였다. (중략) 안案, 분향과 뇌주를 음과 양에서 신을 구하는 뜻으로써 보면 각각 절하는 것이 당연할 듯하고, 모두 강신의 절차인 것으로써 보면 한 번만 절함이 마땅할 듯하다. 한 번만 절한다면 뇌주한 뒤에 모아서 행하는 것

제사 지내면, 사당에서 신주를 모셔내며 행하는 분향과 재배[128]의 절차가 없으므로, 강신할 때 분향 후 재배하는 것이 옳겠으나, 요즈음은 간략함을 위해 분향과 뇌주를 다 끝내고 재배하는 예법을 따르기도 한다.

지방으로 모시는 제사는, 주인이 향로 앞에 꿇어앉아서 제사 대상이 되는 신에게 제사 지내는 연유를 고하고 신위에 자리하시도록 청하는 고유문을 읽는 절차가 있지만 잘 행해지지 않는다(지방행제강신고사식과 주석 44번을 참고).

이 마땅하지만, 『서의』에서는 상제喪祭와 길제吉祭를 막론하고 모두 분향재배가 있고 뇌주 후에는 절이 없어서, 단지 중간에 한 번 재배할 따름이다. 『가례』는 아마도 이를 뇌주 뒤로 옮기면서 삭참朔參과 우제의 분향 아래에서는 혹 미처 삭제하지 못한 것인가? *『격몽요결』『제의초』 '시제의'에, '분향재배'가 있다.

『성호전집』, '제식'에, 묘제의 강신에 대해 『가례』에는 단지 집에서 지내는 제사의 의식과 같다고 하였다. 집안제사 중에 시제, 기제, 녜제는 분향과 뇌주를 합하여 재배하고, 우제虞祭, 상제祥祭 종류와 참례, 시조제, 선조제에는 분향과 뇌주 때에 각각 재배한다. 그러면 생각건대 사당 안에서 먼저 분향하는 경우에만 다시 분향하여도 다시 절하지 않는다. 그런즉 묘제의 경우에도 우제와 상제의 규범에 의거하여 각각 재배해야 한다.

『사의』, 「여재편」, '사시제'에, 『예설유편』에 이르기를, 무릇 사당 안에서 먼저 분향을 끝내고 신주를 내어 자리를 취한 후 단지 다시 한 번 향을 피워서 향냄새를 이었을 따름이다. 절하지 않음은 아마도 앞서 이미 혼령에게 알린 까닭이리라. 견전遣奠(발인제發靷祭) 후 수레(영거靈車, 향정자香亭子. 장례 때에 혼백, 신주를 넣어 들고 가는 정자 모양으로 된 작은 가마)에 올리고 다시 분향하는 것을 보면 알 수 있다. 경산瓊山이 함부로 첨가한 것을 어찌 따를 수 있겠는가?

『사의』, 「여재편」, '분향재배유무의焚香再拜有無義'에, (상략) 『가례』 '시제' '강신' 조에는, '분향하고 조금 물러서서 띠풀에 술을 붓고 재배한다.' 하였다. 그 분향에 절이 없는 것은 이미 사당 안에서 신주를 받들 때에 먼저 신에게 알리기 위하여 분향하고 절을 했기 때문이다. 그러므로 자리로 모신 뒤에 단지 다시 한 번 향을 피워서 향기를 잇게 할 뿐이다. 그래서 다시 겹쳐 절하는 것이 없다. 성호의 해설도 또한 이와 같다.

128) 『사의』, 「여재편」, '분향재배유무의焚香再拜有無義'에, (상략) 『가례』 '시제' '봉주취위奉主就位' 조에는, 분향만 언급하고 재배를 말하지 않은 것은 이 또한 사당 안에서 이미 행하는 보기(즉 신알晨謁 조)가 있기 때문에 생략한 것이다. (중략) 신주를 모실 때 분향과 고告하는 말씀을 드린 뒤에 절이 있다는 것은 의심할 것이 없다.

고전예서에 근거한 집안제사 해설

• **참신參神**[129]

　제자리[130](표 33)에 서면 두 번 절한다(그림 7)[131]. 늙고 병든 어른이 있으면 참신 후 다른 장소에서 쉰다.[132]

129) 『가례』, '사시제'에, 진북계陳北溪가 가로되, "묘자회廖子晦의 광주소간본廣州所刊本에는 강신이 참신의 앞에 있어, 강신이 참신 뒤에 있는 임장전본臨漳傳本만 같지 못하다고 할 수 있다. 아마도 이미 신주를 그 자리에 받들었으면, 그 신주를 헛되이 볼 수 없고 반드시 절하여 공경해야 한다. 그러므로 참신은 마땅히 앞에 있어야 한다. 뇌주에 이르면 장차 제수를 올리기 위해서이니, 그 신께 친히 제사 지내는 것의 시작이다. 그러므로 강신은 마땅히 뒤에 있어야 한다. 그러나 시조와 선조의 제사는 다만 허위만 설치할 뿐 신주가 없으므로 또한 당연히 먼저 강신하고 뒤에 참신하니, 이 때문에 거리끼는 것은 허용하지 않는다." 하였다.
『사의』, 「여재편」, '참신강신선후의參神降神先後義'에, 신이 의탁할 자리를 설치하였으나 신주가 없는 경우와 지방으로 지내는 제사 종류에는 먼저 강신하고 뒤에 참신한다.
『상변통고』, '기일'에, 묻기를, "지방으로 제사 지내는 것은 신주로 지내는 경우와 다르니, 먼저 강신하고 뒤에 참신하면 어떻습니까?" 하니, 퇴계 가로되, "이미 신위를 설치하고 지방이 있으면 신 또한 여기에 있다. 먼저 참신하고 뒤에 강신해도 무방하다. 우리 집도 이와 같이 한다." 하였다.

130) 『사계전서』, 「가례집람」, '초조'에, 대개 사친四親(4대 내의 조상)의 사당에 제사 지낼 경우에는 자손은 세대가 가까운 친속이어서 남녀가 한 건물에 모여 있어도 스스로 꺼려하지 않는다. 만약 시조와 선조를 제사 지낼 경우에는 자손은 세대가 멀어지고 혈통이 먼데다가 또한 사람들의 수가 많아서 여자는 안에 늘어서 있지 못하는 것이니, 자연의 이치가 아닌 게 없다.

131) 『가례증해』, '기일'에, 묻기를, "종제從弟나 누이동생의 제사에 절하지 않습니까?" 하니, 우암 가로되, "당연히 절하지 않아야 할 듯하다. 예에 남녀의 서열이 다르니 누이동생에게 어떻게 해야 할지 모르겠다." 또 묻기를, "자녀나 아우나 조카를 제사 지내면 서야 합니까? 앉습니까?" 하니, 가로되, "상례喪禮에서 이미 존장尊長은 앉아서 곡한다고 하였으니 제례 또한 어찌 다르겠는가?" 하였다. 남계 가로되, "퇴계가 처에게는 당연히 절해야 하고, 아우에게 절하는 것은 마땅하지 않다고 하였으니, 대개 전반적인 상례喪禮를 보아야 한다." 하였다.

132) 『상변통고』, '시제'에, 『서의書儀』에 이르기를, 『예기』에 '시아버지가 돌아가시면 시어머니가 늙었다.'고 했으니 제사에 참여하지 않는다. 혹 스스로 제사에 참여하고자 하면 특별히 주부 앞에 자리하고 참신을 마치면 올라가 술병의 북쪽에서 예식을 감독하고 살핀다. 혹 늙고 병들어 오래 서 있을 수 없으면 다른 곳에서 쉬면서 수조受胙까지 기다렸다가 다시 와서 사신辭神할 따름이다.

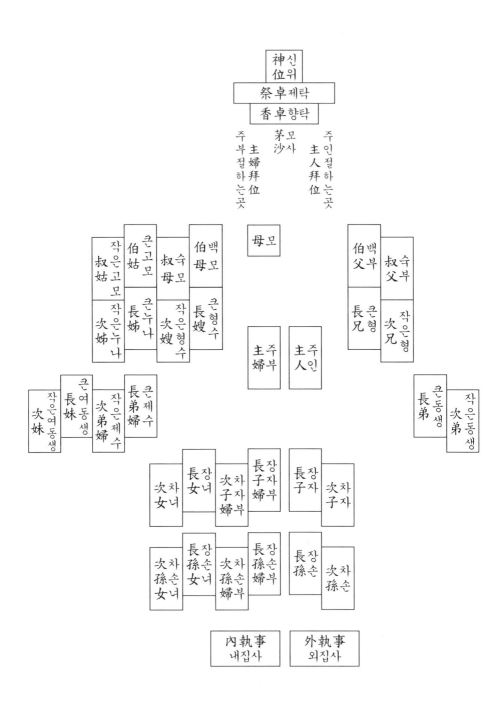

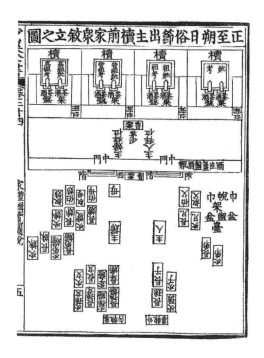

표 33. 정지삭일속절가중서립지도正至朔日俗節家衆叙立之圖〈가례〉, 〈가례집람도설〉

남자는 동쪽에, 서쪽을 상석으로 하여 서고, 여자는 서쪽에 동쪽을 상석으로 하여 선다. 주인(제주)은 제사상 앞 가운데의 동쪽에 서고 그 부인(주부)은 가운데의 서쪽에 선다. 주인의 어머니께서 계시면 주부 앞에 특별히 자리한다. 주인의 제부諸父나 제형諸兄들이 있으면 주인의 오른쪽에 특별히 자리하는데 약간 앞에 서며 두 줄로 서쪽을 상석으로 한다. 제모諸母, 고모, 형수, 손위누이가 있으면 주부의 왼쪽에 특별히 자리하는데 약간 앞에 서며 두 줄로 동쪽을 상석으로 한다. 집안의 여러 동생들(제제諸弟)은 주인의 오른쪽에 서되 약간 물러서 선다. 아들, 손자, 외집사는 주인의 뒤에 자리하며 두 줄로 서쪽을 상석으로 한다. 동생의 처와 여동생들은 주부의 왼쪽에 자리하되 약간 물러서 선다. 며느리, 손자며느리, 내집사는 주부의 뒤에 자리하며 두 줄로 동쪽을 상석으로 한다. 〈사례편람〉 '정지삭망즉참正至朔望則參'

그림 7. 참신. 제자리에 서서 모두 두 번 절한다.
〈사진으로 보는 가정의례, 조선일보사, 1992년〉

• 진찬進饌

주인, 주부 또는 집사가 음식을 올린다. 앞의 '진설 및 진찬' 조를 참고하여 형편에 따라 적절히 가감한다. 『가례』에 따르면, 진찬은 주인이 육류, 주부가 면식, 주인이 생선, 주부가 미식, 주인이 국, 주부가 메의 순으로 올리게 하였다. 탕을 쓰면, 북단에서 2열, 3열에 따로 또는 어육과 같은 줄에 이어 올린다.

• 초헌初獻

주인이 올라가 신위 앞에 나아가 신위의 잔반을 받들어 동쪽을 향하여 선다. 병제를 하면 고위의 잔부터 먼저 받든다. 집사 한 사람이 술 주전자를 들고 그 우측에 서서 서쪽을 향하여 잔에 술을 따른다.[133]

---

133) 술을 따를 때 세 번 나누어 따르는 사람이 있는데, 예서에는 이런 예법이 없다.

주인이[134] 그것을 받들어, 원래 자리에 올리고, 다음으로 비위의 잔반을 받들어, 마찬가지로 한다. 마치면, 주인은 신위 앞에 북향하여 서고, 집사 두 사람이 고위와 비위의 잔반을 각각 받들어, 주인의 좌와 우에 선다. 주인이 꿇어앉고, 집사도 꿇어앉는다. 주인이 먼저 고위의 잔반을 받아, 왼손으로 잔 받침을 잡고, 오른손으로 잔을 잡아 띠풀(모사기) 위에 조금씩 세 번[135] 좨祭하고,[136] 잔반을 집사에게 주어, 원래 자리에 올린다. 다음으로 비위의 잔반을 받아, 마찬가지로 하고, 일어나 약간 뒤로 물러나 선다. 의식의 번거로움으로 인해 좨주까지 다한 다음에 진작하기도 한다.[137] 집사 또는 나이 든 형제가 구워진 적간 또는 쇠고기를 담아 수저접시의 남쪽에 올린다. 진찬할 때 적을 같이 올렸으면 생략한다. 이어 메

---

134) 『가례증해』, '사시제'에, 구봉龜峯(송익필宋翼弼, 조선 중기의 학자. 본관 여산礪山) 가로되, "우제虞祭에는 집사가 잔을 올리고, 시제時祭에는 주인이 한다. 대개 우제는 제례를 처음 쓰는 것이니, 상주들이 곡하고 우는 나머지 감히 스스로 올리지 못하니 어찌 시제와 같이 할 수 있겠는가? 단지 우제의 신위가 하나인 까닭만은 아니다." 하였다.

135) 『가례』의 '우제虞祭' 초헌과 『사례편람』의 '사시제' 초헌을 보면, 세 번 좨하게 하였다.

136) 『성호전집』, 「잡저」, '묘제식'에, 무릇 술을 올릴 때에는 모두 띠풀 묶음 위에 좨하는데, 대개 옛날 사람들이 마시고 먹을 때 반드시 좨했기 때문이다. 이천 선생이 이른 바 '곡식을 먹을 때에는 반드시 처음 경작하기 시작한 사람을 생각해야 하고, 채소를 먹을 때에는 필히 처음 채마밭을 가꾸기 시작한 사람을 생각해야 한다.'라고 한 것이 이것이다. 지금 귀신이 스스로 좨할 수 없으므로 사람이 대신하여 좨한다.

137) 『택당선생별집澤堂先生別集』, 「잡저」, '제의祭儀'에, 좨주 때문에 잔을 올렸다가 잔을 되물리니 번잡스러운 것 같다. 경산의瓊山儀(가례의절)를 써서, 단지 헌작을 할 때 잔을 이마까지 들고 잔을 조금 기울인 후 이마까지 들고 그리고 올린다. ·『택당집』-이식李植(조선 후기의 문신. 본관 덕수德水)의 문집.
『성호전집』, '제식'에, 지금의 풍속은 간혹 잔을 먼저 올리지 않고, 술을 따르고 곧장 띠풀 위에 좨하는데, 귀신을 대신하여 좨하는 뜻이 전혀 아니다. 비록 대중들과 어긋나더라도 예를 따르지 않을 수 없다.

그림 8. 초헌. 침주. 예서에는 술을 따를 때 주인과 집사가 서서 하고
좨주는 꿇어앉아서 하는 양식으로 되어 있다.
〈사진으로 보는 가정의례, 조선일보사, 1992년〉

뚜껑을 열어 메 남쪽에 둔다. [138] 예서에는 잔에 술을 따를 때 주인과 집사
가 서서 하는 것으로 설명이 되어 있지만, 앉아서 하는 경우가 많다(그림
8). 집사가 잔반을 받아 올리는 경우에 주인은 잔반을 이마까지 들었다가
집사에게 준다. [139] 헌작 후 제수를 맛보시라는 의미로 젓가락을 제찬 위에
걸치기도 하나 예서에는 나와 있지 않다.

---

138) 『사계전서』, 「가례집람」, '사시제'에, 메 뚜껑은 당연히 초헌을 올린 뒤, 축문을 읽기 전에 열어
야 한다. ·메 뚜껑을 『상례비요』, 『사례편람』은 메 남쪽에, 「사례집의」는 메 우측에 두게 하였다.

139) 향은 냄새 제거나 수양을 위해 이용되었다. 불가에서 분향은 부처님께 바치는 공양의 뜻
을 가진다. 제사의 분향은 희생의 기름, 쑥과 서직黍稷(기장)을 섞어 불태워 신神을 양陽에서
구하던 강신 의식의 대신이므로 강신 후에는 의미가 없다. 그러므로 잔반을 향 위로 돌리는 것
은 예서에 없고 보기도 좋지 못하므로 삼가는 것이 좋겠다.

고전예서에 근거한 집안제사 해설

그림 9. 초헌. 독축. 주인 이하 모두 꿇어앉는다.
〈사진으로 보는 가정의례, 조선일보사, 1992년〉

축이 축판을 들고 주인의 왼쪽에 섰다가, 동향하여 꿇어앉고 참례자 모두 꿇어앉는다(그림 9). 축은 축문 읽기를 마치면 축판을 탁상 위에 두고 일어나 제자리로 간다.[140] 주인이 엎드렸다가 일어나면 주인 이하 모두 일어난다. 고와 비의 제사일 경우에는 축이 일어나면 주인 이하 마땅히 곡해야 할 사람은 슬픔이 다하도록 곡한다. 주인이 곡하고 재배한 뒤 물러난다(그림 10). 예서에는 고와 비 및 돌아가신 지 얼마 되지 않은 생전에 뵌 조부모의 기제에 곡을 하는 것으로 되어 있으나 지금은 거의 행해지지 않는다.

집사는 다른 그릇으로 술과 적간을 비우고, 잔은 씻어 닦고 원래 자리에 둔다. 적간을 물리지 않고 아헌과 종헌에 더하여 올리기도 한다.

---

140) 『사계전서』, 「가례집람」, '사시제'에, 『가례집설』에 이르기를, 축관이 없으면 주인이 스스로 읽는다.

그림 10. 초헌. 재배.
〈사진으로 보는 가정의례, 조선일보사, 1992년〉

• 아헌亞獻

주부가 한다(그림 11). 연유가 있으면 백숙부, 형제 중에 연장자 또는 맏아들이 대신한다. 마땅치 않으면 주인이 스스로 삼헌을 한다. 초헌의 의식과 같이 한다. 단 축은 읽지 않는다.

대부분의 예서에서는 아헌과 종헌에도 좨주하도록 하였으나,[141] 의절

─────────────

141) 『가례』, '사시제'에, 양복楊復(남송의 예학자. 신재선생信齋先生) 가로되, "살펴보면 아헌은 초헌의 의식과 같은데 조주소간潮州所刊 『가례』는 '다만 띠풀에 좨주하지는 말라.' 하였다. 조본潮本이 말하는바 띠풀에 술을 좨하지 말라는 것이 옳은가? 이른바 띠풀에 좨주하는 것은

고전예서에 근거한 집안제사 해설

그림 11-1. 아헌. 침주.
〈사진으로 보는 가정의례, 조선일보사, 1992년〉

그림 11-2. 아헌. 주부는 사배한다.
〈사진으로 보는 가정의례, 조선일보사, 1992년〉

의 지나친 번거로움으로 초헌에만 좨주하는 것이 옳다는 글도 있으며,[142] 『격몽요결』에는 아헌과 종헌에 좨주하지 않는다고 하였으므로 생략해도 좋겠다.

신을 위해 좨하는 것이다. 옛날에는 마시고 먹을 때는 반드시 좨하였다. (중략) 삼헌 모두 당연히 띠풀에 좨주하여야 한다. 조본은 대개 어떤 이가 자의로 고쳤기 때문에 다른 본과 같지 않으니 잘못이다." 하였다.

142) 『사계전서』, 「가례집람」, '제례'에, 계양역씨桂陽易氏 가로되, "제사는 조상에게 보답하고 추모하기 위해(보본추원報本追遠) 지내는 것으로, 집안일 가운데에서 가장 급선무가 되는 것이다. 다만 의절이 지나치게 번잡함을 면치 못하고 있는데, 좨주도 마찬가지다. 즉 음식은 반드시 좨한다는 이야기인데, 죽은 자가 좨할 수가 없어서 대신 하는 것이니 단지 초헌에만 하여도 좋다. 지금은 차次마다 모두 좨주하고 있다. (중략) 그리고 제사는 공경이 주된 것이다. 공경함이 참으로 지극할 경우에는 비록 한 잔 술을 올리고 한 번 술을 따르더라도 역시 저절로 신이 감응할 것이고, 그렇지 않으면 종일 꿇어 엎드려서 절을 하더라도 한갓 헛수고만 될 것이다. 옛날에 연평延平 이선생李先生(이동李侗, 남송의 학자로 주희의 스승)이 말하기를, '지금은 예문이 번다하여 사람들로 하여금 행하기 어렵게 만들고 있다. 반드시 이것을 마름질하고서야 비로소 행해질 것이다.' 하였다. 이 말이 아주 마땅하니, 옛 것을 좋아하는 군자들은 마땅히 스스로 알지어다." 하였다.

• 종헌終獻

형제 가운데 연장자 또는 맏아들 혹은 가까운 손[143]이 한다. 아헌의 의식과 같다. 단 술과 적을 물리지 않는다.

• 유식侑食

식사를 권하는 의식이다. 주인이 나아가서, 술 주전자로 모든 위의 잔이 가득하도록 술을 따르고(그림 12-1),[144] 향탁의 동남쪽에 선다. 주부가 올라가서, 메 가운데에 자루가 서쪽(바닥이 동쪽)으로 가게 숟가락을 꽂고(삽시扱匙)(그림 12-2), 시저접 위의 가운데에 또는 국그릇에 머리가 서쪽으로 가게 젓가락을 바르게 하고(정저正筋),[145] 향탁의 서남쪽에 선다. 주

---

143) 『상변통고』, '시제'에, 『유사철有司徹』의 주註에, 손님 중에서 어진 사람을 택하는데, 반드시 다른 성씨로 하는 것은 공경함을 넓히는 것이다. 명재 가로되, "옛날 사람들은 정이 평소에 친밀하였으면 비록 친족이 아니어도 제사에 참여하기도 하였다." 하였다.

144) 『사의』, 「여재편」, '사시제'에, 삼헌 모두 신을 대신하여 좨주하였으므로, 잔이 차 있지 않은 까닭에 첨작添酌을 한다.

145) 『요은집鬧隱集』, 「가례석의家禮釋義」, '정저正筋'에, 국에는 채소가 있어서 먹기 위해 젓가락을 쓰니 국그릇에 젓가락을 올려도 무방하다. 또한 시접 가운데에 바르게 하는 것도 좋다. 우리나라의 풍속으로 제사 탁자 위에 바르게 하여도 좋다. · 『요은집』-고여흥高汝興(조선 중기의 학자. 본관 제주濟州)의 시문집.
『상변통고』, '시제'에, 『집람』에 이르기를, 정저를 국그릇에 바르게 한다는 것은 아마도 그렇지 않은 것 같다. 아마 시접의 가운데에 바르게 하는 것이리라. 남계 가로되, "정저는 시저 접시 위에 머리를 서쪽으로 꼬리를 동쪽으로 두는 것을 설명하는 것 같다." 하였다.
『가례증해』, '사시제'에, 정저正筋할 곳을 묻자, 퇴계 가로되, "국그릇에 바르게 한다." 하였다.
『담헌서湛軒書』, '문의問疑', '묘제의'에, 시접에 정저하며 자루를 북쪽으로 한다. · 『담헌서』-홍대용洪大容(조선후기 실학자. 본관 남양南陽)의 문집.
『구암집龜巖集』, 「예의답문禮疑答問」, '정저지절正筋之節'에, 현성태玄聖泰가 묻기를, "세간의 풍속에 젓가락을 바르게 함에 그 법도가 하나가 아닙니다. 어떻게 하는 것이 적합합니까?" 하니, 답하기를, "우리 집은 시저그릇 위에 자루를 서쪽으로 하여 젓가락을 바르게 한다. 근년에 한 어른께서, '일찍이 서울의 학식이 있는 사람들과 이 문제를 논하였는데, 얻은 답은 서울에도 또한 세 등급이 있으니, 일등은 『가례』를 알아서 시저그릇 위에 바르게 하는 것이고, 다음 등급

고전예서에 근거한 집안제사 해설

그림 12-1. 유식. 첨작.
〈사진으로 보는 가정의례, 조선일보사, 1992년〉

그림 12-2. 유식. 삽시정저.
〈사진으로 보는 가정의례, 조선일보사, 1992년〉

인과 주부가 함께 절하는데 주인은 재배하고 주부는 사배한다. 주부가 제
사에 참여하지 않으면 주인이나 집사가 삽시정저한다.

은 상 위에 시저를 내려놓는 것이며, 학식이 없는 이는 떡 위에 젓가락을 둔다.' 등의 말씀을 하
셨다. 뒤에 사계의 『가례집람』을 보니 우리 집에서 행하는 것과 같이 젓가락을 바르게 하였다."
·『구암집』-이원배李元培(조선 후기의 학자. 본관 공주公州)의 문집.
『하려집』, '답이치규'에, "예에 '삽시정저'의 의식이 있으나 젓가락을 어느 곳에 바르게 하라는
글이 없다. 즉 숟가락을 꽂은 후 젓가락을 적간 위에 두어도 옳지 않다고 할 수 없는데 에서에
전거할 것에 있는가?" 하니, 『가례』의 '설찬' 조에 시저는 가운데에 둔다고 하였으며, '유식' 조
에 이르러 '삽시정저'를 말하며 숟가락은 메의 가운데라고 했으나 젓가락은 어느 곳이라고 말하
지 않았다. 가운데에 두라는 말에 의해 바르게 해야 할 원래 장소를 알 수 있다. 그러므로 순암
順庵은 '신이 드시는 바대로 하기 위해 시접에 바르게 한다.'고 하였는데, 『가례집해家禮集解』
를 보면 예의 뜻에 참으로 합당하니, 젓가락을 적간 위에 두는 것을 문의한 바는 동의하지 못할
듯하다. 한 번 헌작을 마치면 술과 적을 물리는 것이 예이니, 삼헌을 하면 적을 또한 바꾸고 물
려야 한다. 이를 따르면 젓가락을 바르게 하는 것도 또한 세 번이나 해야 하니 몹시 불편하다."
하였다.

• 합문闔門

축이 문을 닫고 물러난다. 문이 없는 곳은 발, 휘장, 또는 병풍으로 가린다. 참례자들은 제자리에 서거나 엎드려서 엄숙하게 한 번 밥 먹을 만한 시간(아홉 번 숟가락을 뜰 동안)을 기다린다.[146] 병풍 등이 없으면 단순히 엎드린다. 나이 많은 어른은 다른 곳에서 잠시 쉰다.

• 계문啓門

축이 문 앞에서 북향하여 세 번 '희흠(애흠)噫歆' 소리를 내고 문을 연다. 참례자들은 모두 제자리를 취한다. 주인과 주부 또는 집사가 갱을 물리고 물린 자리에 숭늉을 받들어 고와 비 앞에 올리고 자리로 돌아간다. 대부분의 집안에서 숭늉의 의미로 숟가락으로 밥을 조금씩 세 번 떠서 물에 말고 숟가락을, 자루를 서쪽으로 하여, 숭늉그릇에 걸쳐 놓고 잠시 서서 기다리는데,[147] 일시 부복하거나 국궁하기도 한다(그림 13). 지금은 우리나라에서도 좋은 차가 많이 생산되므로 숭늉 대신 녹차를 올려도 좋겠다.

이어 여러 예서에서, 주인이 동쪽에서 서향으로 서고, 축이 서쪽에서 동향해서 주인에게 '이성利成', '예성禮成' 혹은 '예필禮畢'이라고 아뢰어 제

---

146) 『사계전서』, 「가례집람」, '사시제'에, 일식구반一食九飯(한 번 식사하는 것은 아홉 번 밥을 먹는 것이다.)이다. 본경本經에 이르기를, '세 번 숟가락을 뜬다. 또 세 번 숟가락을 뜬다. 또 세 번 숟가락을 뜬다.' 하였는데, 이에 대한 주註에, '아홉 번 숟가락을 뜨고서 그만두는 것은 사士의 예이다.' 하였다.

147) 『성호전집』, '제식', '기제'에, 우리나라의 풍속은 차를 쓰지 않으므로 탕음湯飮(숭늉)으로 대신한다. 『예기』 「옥조玉藻」를 살펴보니, 공자가 계씨에게 밥을 먹으며 밥을 물에 마셨고(飧손), 「잡기」를 상고해 보니, 공자가 소시씨에게 밥을 먹으며 밥을 물에 마셨다. 주註에, '飧(손)'은 마실 것을 밥에 붓는 것이다. 예에 밥 먹기를 마치면 다시 세 번 말아서 배부르게 한다고 하였다. 지금 이것에 의거하여 숭늉을 올리고 밥을 떠서 말고 차례로 서서 세 번 드실만한 시간을 기다려야 비로소 찬찬하고 자세한 예식이 된다.

고전예서에 근거한 집안제사 해설

그림 13. 진다 혹은 진숙수.
⟨사진으로 보는 가정의례, 조선일보사, 1992년⟩

례가 무사히 끝났음을 고하는 '고이성告利成'을 하고 주인 외에는 모두 재배하는 것으로 되어 있으나, 선현들도 시행 여부에 대해 견해를 달리하며 요즈음은 대개 이 절차를 생략한다.[148]

---

148) 『사계전서』, '답민형숙평'에, '고이성告利成'에서, '리(이)'는 '봉양한다'는 뜻이며, '成(성)'은 '끝마침'을 말한다. 옛날 제사에는 시동尸童이 있었는데, '이성'을 아뢰는 것은 시동에게 제사를 끝마쳤으니 일어나라고 고하는 것이다. 지금은 비록 '고이성'을 하지 않아도 나쁠 것이 없다. 『가례집설』에서는 이 조목을 빼 버렸다.
『역천집櫟泉集』, 「잡저」, '가의家儀'에, 기제를 지낼 때 '고이성'이 『비요』에는 보이지 않는다. 기제가 후세에 시작되었기 때문인 듯하다. 성대한 제사를 해서는 안 되어서 일부러 그 예식을 없앴다. 그러나 이미 '유식'과 '합문'의 절차가 있다면 '이성'이 없는 것은 옳지 않다. 그러므로 홀기에 삽입하여 이제 한 집안의 보편적으로 쓰이는 의식으로 삼아 따른다. ·『역천집』─송명흠宋明欽 (조선 후기의 문신이며 학자. 본관 은진恩津)의 문집.
『가례증해』, '기일'에, 남계 가로되, "'이성'을 고하는 것은 당연히 해야 함에 의심할 것이 없다." 하였다.
『사의』, 「여재편」, '기일'에, '고이성'은 없다.

그림 14. 사신.	그림 15. 분지방과 분축.
〈사진으로 보는 가정의례, 조선일보사, 1992년〉	〈사진으로 보는 가정의례, 조선일보사, 1992년〉

이어 집사가 시저접으로 수저를 내리고 메 뚜껑을 덮는다.[149]

• **사신**辭神

참례자 모두 재배한다(그림 14). 사신 후 주인과 주부가 신주를 사당에 다시 모시거나, 축이 지방과 축문을 사른다(그림 15).

• **철**徹

철상徹床한다.[150] 음식을 일반 그릇으로 옮기고, 주부는 제기를 씻어 보

---

149) 『상변통고』, '시제'에, 『요결』에는, '이성'을 아뢴 후 메 뚜껑을 덮는다고 했다. 『문해속問解續』에도, 이미 뚜껑을 열었다면 닫는 것이 자연히 당연하다고 했다. 이와 같은 복잡한 사정에 대한 예는 비록 거론하지 않더라도 유추해서 행할 수 있다. 남계 가로되, "수저를 내리는 절차는 사신辭神하기 전 메 뚜껑을 덮을 때 마땅히 있어야 한다." 하였다.
『사례편람』, '사시제'에, 메 뚜껑을 덮을 때에 먼저 수저를 시저접 안에 내려놓는다.

150) 『성호전집』, '제식', '기제'에, 『의례』는 먼저 잔반을 거두고, 이어 그 나머지 중 먼저 진설한 것을 먼저 거둔다. 메의 뚜껑*은 열린 것을 그대로 두고 덮지 않는다. *'제식'에는 수저를 내리고 메 뚜껑을 덮는 절차가 없다.
『상례비요』, '시제'에, 주부가 철상을 여전히 감독한다. 잔과 주전자 및 다른 그릇에 담긴 술을 모두 병에 옮겨 담아서 입구를 봉하는데, 이른바 복주福酒이다.

고전예서에 근거한 집안제사 해설

관한다.

이 날은 음악을 듣지 않고, 술을 마시지 않고, 고기를 먹지 않고, 손님을 만나지 않고, 출입하지 않고, 소복과 흰 띠를 하고 거처하며, 저녁에는 사랑채에서 자면서, 상중일 때와 같이 애틋하게 생각하고 그리워하며 지낸다. 〈사례집의〉

于以采蘋　南澗之濱
于以采藻　于彼行潦
于以盛之　維筐及筥
于以湘之　維錡及釜
于以奠之　宗室牖下
誰其尸之　有齊季女

어디에서 네가래를 뜯을까? 남쪽 산골짜기 시냇가로다.
어디에서 마름을 딸까? 저 흐르는 물웅덩이로세.
어디에다 이 풀을 담을까? 모난 광주리와 둥근 바구니지.
어디에다 이 나물을 삶을까? 발 달린 솥과 발 없는 솥일세.
어디에다 이 제물 올릴까? 사당의 들창 아래로다.
누가 맡아서 바치는가? 얌전한 막내딸이지.

〈시경〉

✖ 기제 홀기笏記

主人及執事者 盥手帨手 주인급집사자 관수세수
주인과 집사자는 손을 씻고 수건으로 닦으시오.

• 降神 강신

主人 升 주인 승
주인은 자리로 올라가시오.

焚香 분향
주인은 향을 세 번(개) 피우시오.

主人 再拜 少退立 주인 재배 소퇴립
주인은 두 번 절하고 약간 물러나서 서시오.

執事者一人 取降神盞盤 立于主人之左 집사자일인 취강신잔반 입우주인
지좌
집사 한 사람이 강신잔반을 들고 주인의 왼쪽에 서시오.

執事者一人 執注 立于主人之右 집사자일인 집주 입우주인지우
집사 한 사람이 주전자를 들고 주인의 오른쪽에 서시오.

主人 跪 주인 궤
주인은 꿇어앉으시오.

奉盞盤者 亦跪 봉잔반자 역궤
잔반을 받든 사람도 꿇어앉으시오.

進 盞盤 진 잔반
집사는 잔반을 주인에게 드리시오.

主人 受之 주인 수지

고전예서에 근거한 집안제사 해설

주인은 잔반을 받으시오.

執注者 亦跪 집주자 역궤

주전자를 든 사람도 꿇어앉으시오.

執注者 斟酒于盞 집주자 침주우잔

주전자를 든 사람은 잔에 술을 따르시오.

主人 左手執盤右手執盞 灌于茅上 주인 좌수집반우수집잔 관우모상

주인이 왼손으로 잔 받침을 잡고 오른손으로 잔을 잡아 띠(모사기茅沙器)
위에 다 부으시오.

以盞盤 授執事者 이잔반 수집사자

주인은 잔반을 집사에게 주시오.

執事者 反注及盞盤於故處 先降復位 집사자 반주급잔반어고처 선강복위

집사는 주전자와 잔반을 원래 자리에 되돌려 놓고 제자리 하시오.

主人 俛伏興 再拜 주인 면복흥 재배

주인 고개를 숙이고 엎드렸다가 일어나 두 번 절하시오.

主人 降復位 주인 강복위

주인은 내려와 제자리 하시오.

• 參神 참신

主人以下 皆序立 주인이하 개서립

주인 이하 모두 차례로 서시오.

參神 再拜 참신 재배

참신 재배하시오.

• 進饌 진찬

음식을 올리시오.

• 初獻 초헌

主人 盥手帨手 주인 관수세수

주인은 손을 씻고 수건으로 닦으시오.

主人 升 詣位前 주인 승 예위전

주인은 올라가 신위 앞에 나아가시오.

執事者一人 執酒注立于其右 집사자일인 집주주립우기우

집사 한 사람이 술 주전자를 들고 그 우측에 서시오.

主人 奉考位盞盤 位前東向立 주인 봉고위잔반 위전동향립

주인이 고위의 잔반을 받들어 신위 앞에 동향하여 서시오.

執事者 西向 斟酒于盞 집사자 서향 침주우잔

집사는 서향하여 잔에 술을 따르시오.

主人 奉之 奠于故處 주인 봉지 전우고처

주인이 그것을 받들어 원래 자리에 올리시오.

主人 奉妣位盞盤 位前東向立 주인 봉비위잔반 위전동향립

주인은 비위의 잔반을 받들어 신위 앞에 동향하여 서시오.

執事者 西向 斟酒于盞 집사자 서향 침주우잔

집사는 서향하여 잔에 술을 따르시오.

主人 奉之 奠于故處 주인 봉지 전우고처

주인이 그것을 받들어 원래 자리에 올리시오.

執事者 反注故處 집사자 반주고처

집사는 주전자를 원래 자리에 두시오.

고전예서에 근거한 집안제사 해설

主人 位前北向立 주인 위전북향립

주인은 신위 앞에 북향하여 서시오.

執事者二人 奉考妣盞盤 立于主人之左右 집사자이인 봉고비잔반 입우주인지좌우

집사 두 사람이 고와 비의 잔반을 받들어 주인의 좌우에 서시오.

主人 跪 주인 궤

주인은 꿇어앉으시오.

執事者 亦跪 집사자 역궤

집사 또한 꿇어앉으시오.

主人 受考位盞盤 左手執盤右手取盞 三祭于茅上 주인 수고위잔반 좌수집반우수취잔 삼좨우모상

주인이 고위의 잔반을 받아 왼손으로 잔 받침을 잡고 오른손으로 잔을 잡아 띠 위에 삼좨하시오.

以盞盤 授執事者 反之故處 이잔반 수집사자 반지고처

잔반을 집사에게 주어 원래 자리에 올리시오.

主人 受妣位盞盤 左手執盤右手取盞 三祭于茅上 주인 수비위잔반 좌수집반우수취잔 삼좨우모상

주인이 비위의 잔반을 받아 왼손으로 잔 받침을 잡고 오른손으로 잔을 잡아 띠 위에 삼좨하시오.

以盞盤 授執事者 反之故處 이잔반 수집사자 반지고처

잔반을 집사에게 주어 원래 자리에 올리시오.

主人 俛伏興 少退立 주인 면복흥 소퇴립

주인은 고개를 숙이고 엎드렸다가 일어나 약간 뒤로 물러나서 서시오.

執事者 奉炙肝 奠于位前匙楪之南 집사자 봉적간 전우위전시접지남

집사가 적간을 받들어 신위 앞 수저접시의 남쪽에 올리시오.

執事者 啓飯蓋置其南 집사자 계반개치기남

집사가 메 뚜껑을 열어 그 남쪽에 놓으시오.

執事者 降復位 집사자 강복위

집사는 내려와 제자리 하시오.

祝 取板 立於主人之左 東向 跪 축 취판 입어주인지좌 동향 궤

축은 축판을 들고 주인의 왼쪽에 서서 동향하여 꿇어앉으시오.

主人以下 皆跪 주인이하 개궤

주인 이하 모두 꿇어앉으시오.

讀祝文 독축문

축문을 읽으시오.

畢 置板於卓上 필 치판어탁상

다 읽었으면 축판을 탁상 위에 두시오.

祝 興 降復位 축 흥 강복위

축은 일어나 제자리 하시오.

主人 再拜 降復位 주인 재배 강복위

주인은 재배하고 제자리 하시오.

執事者 徹酒及肝 置盞故處 降復位 집사자 철주급간 치잔고처 강복위

집사는 다른 그릇으로 술과 간을 비우고 잔은 원래 자리에 두고 제자리 하시오.

• 亞獻 아헌

亞獻 盥手帨手 아헌 관수세수

아헌은 손을 씻고 수건으로 닦으시오.

亞獻 升 詣位前 아헌 승 예위전

아헌은 올라가 신위 앞에 나아가시오.

執事者一人 執酒注立于其右 집사자일인 집주주립우기우

집사 한 사람이 술 주전자를 들고 그 우측에 서시오.

亞獻 奉考位盞盤 位前東向立 아헌 봉고위잔반 위전동향립

아헌이 고위의 잔반을 받들어 신위 앞에 동향하여 서시오.

執事者 西向 斟酒于盞 집사자 서향 침주우잔

집사는 서향하여 잔에 술을 따르시오.

亞獻 奉之 奠于故處 아헌 봉지 전우고처

아헌이 그것을 받들어 원래 자리에 올리시오.

亞獻 奉妣位盞盤 位前東向立 아헌 봉비위잔반 위전동향립

아헌은 비위의 잔반을 받들어 신위 앞에 동향하여 서시오.

執事者 西向 斟酒于盞 집사자 서향 침주우잔

집사는 서향하여 잔에 술을 따르시오.

亞獻 奉之 奠于故處 아헌 봉지 전우고처

아헌이 그것을 받들어 원래 자리에 올리시오.

執事者 反注故處 집사자 반주고처

집사는 주전자를 원래 자리에 두시오.

執事者 奉炙肉 奠于位前匙楪之南 집사자 봉적육 전우위전시접지남

집사가 적육을 받들어 신위 앞 수저접시의 남쪽에 올리시오.

執事者 降復位 집사자 강복위

집사는 내려와 제자리 하시오.

亞獻 再拜 降復位 아헌 재배 강복위

아헌은 재배하고 제자리 하시오.

執事者 徹酒及肉 置盞故處 降復位 집사자 철주급육 치잔고처 강복위

집사는 다른 그릇으로 술과 고기를 비우고 잔은 원래 자리에 두고 제자리 하시오.

• 終獻 종헌

終獻 盥手帨手 종헌 관수세수

종헌은 손을 씻고 수건으로 닦으시오.

終獻 升 詣位前 종헌 승 예위전

종헌은 올라가 신위 앞에 나아가시오.

執事者一人 執酒注立于其右 집사자일인 집주주립우기우

집사 한 사람이 술 주전자를 들고 그 우측에 서시오.

終獻 奉考位盞盤 位前東向立 종헌 봉고위잔반 위전동향립

종헌이 고위의 잔반을 받들어 신위 앞에 동향하여 서시오.

執事者 西向 斟酒于盞 집사자 서향 침주우잔

집사는 서향하여 잔에 술을 따르시오.

終獻 奉之 奠于故處 종헌 봉지 전우고처

종헌이 그것을 받들어 원래 자리에 올리시오.

終獻 奉妣位盞盤 位前東向立 종헌 봉비위잔반 위전동향립

종헌은 비위의 잔반을 받들어 신위 앞에 동향하여 서시오.

執事者 西向 斟酒于盞 집사자 서향 침주우잔

집사는 서향하여 잔에 술을 따르시오.

終獻 奉之 奠于故處 종헌 봉지 전우고처

종헌이 그것을 받들어 원래 자리에 올리시오.

執事者 反注故處 집사자 반주고처

집사는 주전자를 원래 자리에 두시오.

執事者 奉炙肉 奠于位前匙楪之南 집사자 봉적육 전우위전시접지남

집사가 적육을 받들어 신위 앞 수저접시의 남쪽에 올리시오.

執事者 降復位 집사자 강복위

집사는 내려와 제자리 하시오.

終獻 再拜 降復位 종헌 재배 강복위

종헌은 재배하고 제자리 하시오.

• 侑食 유식

主人 升 주인 승

주인은 올라가시오.

執注 집주

술 주전자를 잡으시오.

斟諸位之酒皆滿 침제위지주개만

모든 위의 술이 가득 차도록 부으시오.

反注故處 반주고처

주전자를 원래 자리에 두시오.

立於香卓之東南 입어향탁지동남

향탁의 동남쪽에 서시오.

主婦 升 주부 승

주부는 올라가시오.

扱匙飯中 西柄 삽시반중 서병

메 가운데에 숟가락을 꽂고 자루가 서쪽으로 가게 하시오.

正筯於楪上 西首 정저어접상 서수

시저접 가운데에 젓가락을 바르게 하고 머리가 서쪽으로 가게 하시오.

立于香卓之西南 입우향탁지서남

주부는 향탁의 서남쪽에 서시오.

主人 主婦 皆北向再拜 主婦四拜 주인 주부 개북향재배 주부사배

주인과 주부가 함께 북향하여 주인은 재배하고 주부는 사배하시오.

皆 降復位 개 강복위

모두 내려와 제자리로 가시오.

• 闔門 합문

祝 闔門 축 합문

축은 문을 닫으시오.

皆 立定(或 俯伏) 肅俟如食間 개 입정(혹 부복) 숙사여식간

모두 제자리에 서서(또는 엎드려서) 엄숙하게 식사시간만큼 기다리시오.

• 啓門 계문

祝 聲三噫歆 乃啓門 축 성삼희흠(애흠) 내계문

축은 세 번 희흠(애흠) 소리를 내고 곧 문을 여시오.

主人以下 皆 降復位 주인이하 개 강복위

주인 이하 모두 제자리에 서시오.

執事者 升 徹羹 집사자 승 철갱

집사는 올라가서 갱을 물리시오.

進茶(熟水) 于徹羹處 진다(숙수) 우철갱처

차(숭늉)를 갱을 물린 자리에 올리시오.

降復位 강복위

고전예서에 근거한 집안제사 해설

제자리에 서시오

皆鞠躬(或 少遲) 개국궁(혹 소지)

모두 국궁하시오. (또는 잠시 기다리시오.)

執事者 升 下匙筋于楪中 合飯蓋 집사자 승 하시저우접중 합반개

집사는 올라가서 시접에 시저를 내리고 메 뚜껑을 덮으시오.

降復位 강복위

집사는 내려와 제자리에 서시오

• 辭神 사신

主人以下 皆再拜 주인이하 개재배

주인 이하 모두 재배하시오.

祝 焚紙牓及祝文

축은 지방과 축문을 사르시오.

• 徹 철

4

설과 추석차례

『가례』를 보면 설, 동지, 초하루와 보름에는 사당에 참례하게 하였는데, 설, 동지와 초하루에는 햇과일을 진설하고 단헌의 술과 차를 올리게 하였으며, 보름에는 차만 올리게 하였다. 또 중국의 명절인 청명, 한식, 단오, 백중, 중양에 나물과 과일을 올리고 설, 동지와 초하루의 의식과 같이 하도록 하였다. 『격몽요결』은 설, 동지와 초하루에 포, 과일과 떡을 진설하고 단헌으로 참례하게 하였는데, 보름에는 신주독만 열고 출주하지 않으며, 분향만 하고 뇌주하지 않아 차등을 두었다. 아울러 설에는 떡국, 동지에는 팥죽을 올리게 했다. 정월 대보름, 삼월 삼짇날, 오월 단오, 유월 유두, 칠월 칠석, 팔월 추석, 구월 중양절과 납일臘日[151] 등의 속절俗節[152]에는 약밥, 쑥떡, 수단 등의 시절음식을 올리거나 떡과 과일 몇 가지를 갖추어 초하루의 참례의식과 같이 하게 하였다. 당시 풍속으로 설, 한식, 단오, 추석의 네 명절[153]에 묘제를 지내고 있었다. 율곡은 사당

---

151) 납일-시대마다 그 날이 다른데, 조선시대에는 동지 뒤의 셋째 미일未日을 납일로 정하였으며, 이날 민간이나 조정에서 조상이나 종묘 또는 사직에 제사(납향臘享)를 지냈다.

152) 『성호사설』, '인사문'에, 속절로서 정월 초하루, 3월 3일, 5월 5일, 7월 7일, 9월 9일을 소중히 여김은 모두 6율律(옛날 중국 음악의 12율 중 양성陽聲에 속하는 여섯 가지 소리)의 달이기 때문이다. 9월 9일뿐만 아니라 나머지까지 다섯 가지 모두 중양重陽이지만, 9가 양수陽數의 극極이므로 9월 9일을 특별히 일컫는 것이다. 정월 15일은 상원上元, 7월 15일은 중원中元인데, 달이 가득차기 때문에 이 이름을 얻었으며, 봄과 가을의 시작이다. 6월 15일은 유두流頭인데, 고려시대의 액막이 풍속이고, 8월 15일이 추석秋夕인데 수로왕首露王 능묘陵墓 제사에서 비롯되었다. 세세歲는 동지冬至에서 시작된다. 연년年은 정조正朝에 시작되니, 마땅히 정월 초하룻날로 삼는다. 납臘은 자社에서, 사社는 토신土神에서, 한식寒食은 용기龍忌*에서, 10월 1일은 진릉秦陵*에서, 4월 8일은 욕불浴佛*에서 시작되었는데, 이것들이 속절이다.
*용기龍忌-불을 피우는 것을 금하는 날. 춘추시대 진晉나라의 충신인 개지추介之推가 불에 타 죽은 것을 애도하기 위하여 개지추가 죽은 날이 되면 사람들이 신령이 불 피우는 것을 싫어한다고 하면서 불을 피우지 않고 찬밥을 먹었다고 한다.; 진릉秦陵-진시황秦始皇의 여산릉驪山陵. 진나라는 10월을 한 해의 처음으로 삼아 제사를 지냈다.; 욕불浴佛-초파일날 아기 부처님을 모셔놓고 물을 붓는 의식.

153) 『가례증해』, '묘제'에, '정월 초하루'는 바로 『가례』의 삭망朔望의 참례와 그 예법이 같은

고전예서에 근거한 집안제사 해설

에서 지내는 사시제와 구분을 하기 위해 한식과 추석 두 명절에만 좋은 음식을 갖추고 삼헌하며, 축문을 읽고, 토지신께 제사 지내고, 설과 단오의 두 명절에는 약간의 음식을 준비하여 단헌에 축도 없고, 토지신께 제사 지내지 않는 것이 좋겠다고 하였다. 서기 1740년경 저술된 『사례편람』에서도 '시제는 곧 정식 제사이며, 제사는 시제보다 중요한 것이 없는데 요즈음 시제를 행하는 사람이 매우 적으니, 참으로 가히 한심하다.' 하였다. 이처럼 여러 예학자들이 사시제를 중시하고 묘제는 줄이도록 하였으나 예로부터 묘소를 존중하는 우리나라의 풍속[154]에 따라 속절에 조상의

데, 우리나라에서는 묘소에 올라 극진한 제사를 행한다. '한식'은 본래 개자추介子推의 일로 천하가 공히 묘제를 지내는데, 중국인들이 1년의 묘제가 여기에서 그치며, 우리나라에서도 행한다. '단오'는 굴원屈原이 강에 빠져죽은 날이다. 이날에 초楚나라 풍속은 대나무 통에 밥을 담아서 강에 던져 굴원의 혼에게 제사 지냈는데, 그 뒤에 중국인들이 속절로 여겨 사당에 제물을 올렸지만 묘소에 올라갔다고는 듣지 못했는데, 우리나라에서는 으레 묘제를 지낸다. '추석'은 중국의 속절이 아니고 신라시대에 남녀가 무리를 나누어 길쌈을 해서 승부를 가려 진 쪽이 술과 음식을 갖추어 이날에 잔치를 베풀고 이름을 가배嘉排라고 하였는데, 그 뒤에 우리나라 풍속이 답습하여 묘제를 지낸다.

154)『지산집』, '답정청윤答鄭淸允'에, 무릇 묘제의 고례古禮에 대해서는 기록이 없다. 3월의 한식의 묘제는 용기龍忌에서 비롯되었고, 10월 초하루의 묘제는 진릉秦陵에서 시작되었다. 세간의 풍속에서는 이로 인하여 성묘하는데, 명도明道와 횡거橫渠가 모두 풍속을 따라서 제사 지낸 것은 의리에 해가 없다고 여겼다. 우리나라의 사제四祭*는 어느 때부터 어디에 근거해서 비롯되었는지 알지 못하겠다. 단오와 추석 등의 속절은 온 천하 사람들이 명절이라고 여겨서 요리와 음식을 갖추고 잔치를 벌여 즐기는 날로 삼는다. 즉 사람의 정으로 그 조祖와 고考에게 제사 지낼 것을 생각하지 않을 수 없을 것이다. 그리고 또 살펴보면, 나라의 풍속이 고려 말에 이르도록 비천하고 야만적이어서, 아직 사당을 세워서 조상을 받들 줄 몰랐다. 즉 왕씨王氏 시대와 그 이전에는 단지 묘에 올리는 한 가지 제사만 있었음이 분명하다. 이것이 비록 예가 아닌 행위라고 해도 따라서 한 지가 또한 오래되었다. 그러므로 우리 회재, 퇴계 두 분 선생도 풍속을 따르며 폐하지 못하였는데, 어찌 의리에 해가 없다는 연유 때문이 아니겠느냐? 하물며 이날 북망北邙*과 동곽東郭*에 남녀가 꽉 차 있어서, 말의 병을 치료하던 이와 여름에 밭을 매던 이의 귀신에 이르기까지, 생존했을 때같이 의기양양하게 자손의 제찬 봉양을 받는, 유종원柳宗元(당나라의 문인이며 정치가)이 이른 바와 같다. 그런데 유독 나의 선조의 묘는 잡초만 무성하고 고요함이 분명하며 사람의 그림자조차 없이 조용하면, 구천九泉(저승)의 혼령도 또한 슬픔

묘제를 지내 왔다. 1849년 간행된 『동국세시기東國歲時記』[155]에는 도시 풍속에 묘소에 올리는 제사를 절사節祀라 하고, 설, 한식, 단오, 추석 등 사명일에 행하는데, 이 날 술, 과일, 포, 식해, 떡, 국수, 탕, 적 등의 음식으로 제사를 지내며, 집안에 따라 약간 다르지만 한식과 추석에 가장 성행한다고 하였다. 〈한국세시풍속사전〉 이와 같이 묘제가 주로 한식과 추석에 행해진 것은 『격몽요결』의 영향과 계절적으로 봄과 가을이어서 농사와 연관이 있었다. 또 설날은 추운 겨울로 묘제를 지내기가 어려웠고, 단오는 날이 더워 음식이 상하기 쉬운 탓도 있었다. 그래서 설과 단오에는 사당에서 차례[156]만 지내거나 차례를 지낸 후 성묘[157]를 했고, 한식과 추석에는 사당에서 차례를 지내고, 묘소에서는 절사를 지내왔다.[158] 1874년 간행된 『육례홀기』 '차례의茶禮儀'에는 설, 추석, 동지와 단오에 사당에서 차

에 잠길 것이다. 사람의 자손인 자가 오히려 참아서 마음이 편안하고 그럴 수 있는가? 이제 미미한 한 후생後生으로서, 더욱이 옛사람의 울타리도 엿보지 못한 채 스스로 옛 도를 지킬 수 있다고 여기고, 예의 뜻을 안다면서, 천백년 동안 전해져 온 풍속을 화내어 혼자 폐한다면, 단지 또한 스스로 미루어 헤아리지 못한 것이다. 게다가 정명도와 장횡거의 시절에는 단지 한식과 10월 초하루의 두 제사만 있었을 뿐이다. 설령 이 네 가지 제사가 있었다고 한다면, 그들은 반드시 풍속을 따랐을 것임에 의심이 없다.

*우리나라의 사제四祭－설, 한식, 단오, 추석에 지내는 제사; 북망－하남성 낙양의 동북쪽에 위치한 산 이름으로 한漢나라 시대 이후의 묘지; 동곽－『맹자』에 나오는 동문 밖 무덤이 있는 곳

155) 『동국세시기』－조선 순조 때의 학자 홍석모洪錫謨(조선 후기의 학자. 본관 풍산豊山, 호 도애陶厓)가 지은 세시풍속집.

156) 『한국세시풍속사전』에, 제사 중에서 간략한 제사를 '차茶를 올리는 예'라는 뜻에서 '차례茶禮'라 부른 것으로 생각된다.

157) 『상변통고』, '묘제', '성묘省墓'에, 우암 가로되, "처음 도착하여 재배하고 다시 재배하고 물러나면 예의 의미가 더욱 간절하고 지성스러우며 두루 상세하다." 하였다.

158) 『동춘당집』, '답민지숙答閔持叔'에, 매년 네 명절날에 이미 사당에 참례를 하였는데도 금방 묘소에서 절사節祀를 지내는 것에 대해, 나도 일찍이 욕되게 하는 것으로 의심하여 노선생께 여쭈었는데, '사당과 묘소는 있는 곳이 서로 다르니 두 곳에서 제사를 지내도 무방하다.'라고 답하셨다.

례를 지내게 하였다.

근대에 와서 1934년 조선총독부는 『의례준칙』을 정해, 2대 조상에 대한 기제와 한식, 추석, 중양 또는 적당한 시기에 묘제를 지내도록 하였으며, 광복 후 1969년 제정된 『가정의례준칙』은 2대 조상에 대한 기제, 양력 1월 1일의 연시제, 추석에 명절 차례를 지내도록 하였으나 잘 지켜지지 않았고 1999년의 『건전가정의례준칙』은 2대 조상에 대한 기제와 명절 차례를 지내도록 하고 있다. 요즈음은 명절이 설과 추석으로 인식되면서 설과 추석에만 차례를 지내고 성묘하는 양식으로 풍속이 자리 잡게 되었다. 또한 객지에 나가있던 형제자매가 귀향하여 정을 나누고 집안 어른들을 찾아뵙는 전통의 명절로서, 설은 조상님들께 해가 바뀌었음을 고하는 인사의 의미가 있고, 추석은 한 해 농사의 결실을 감사드리며 햇곡식과 새로 난 과일을 천신薦新하는 뜻으로 차례를 지낸다. 그러나 오늘날에도 옛 풍습에 따라 정월대보름, 한식, 단오, 중양, 동지 등에 시절음식을 차려서 차례를 지내는 집안도 있다.

차례를 지낼 때 시절음식으로 설에는 떡국, 추석에는 조율고棗栗餻나 송편을 올리는데,[159] 설날에는 떡국으로 메와 갱을 대신하는 것이 보편적이며, 추석에는 메와 갱을 차리고 떡을 송편으로 하거나, 메와 갱 대신 송편을 올리기도 한다. 차례는 '참례'에 해당하므로 옛날에는 제찬이 아주 단출하여 과일 한두 접시, 잔반과 시절음식 한 그릇 정도였으나,[160] 지금의

---

159) 『사례집의』, '삭참의'에, 속절에는 제철음식을 올린다. 설 탕병湯餠(떡국), 정월대보름 약반藥飯(약밥), 한식 애병艾餠(쑥떡)과 화고花餻(화전花煎), 단오 청병靑餠(수리취절편), 6월 15일 수단水團, 추석 조율고棗栗餻(대추와 밤을 넣은 시루떡)와 송엽병松葉餠(송편), 중양 국고菊餻(국화전菊花煎)와 나복고蘿蔔餻(무 시루떡), 동지 두죽豆粥(팥죽), 납일臘日 사냥하여 잡은 고기, 여름철 증병蒸餠(증편), 겨울철 건정乾正(강정).

160) 『담헌서』, 「가례문의家禮問疑」, '가묘다례식家廟茶禮式'에, 초하루는 과일 두 그릇이고,

설과 추석은 가족들이 다 모이는 큰 명절이므로 제수를 기제사와 비슷하게 하거나 오히려 더 풍성히 하는 경향이 있다. 차례는 봉사 대상의 신위를 함께 모시고 제찬을 동시에 차려야 하기 때문에 고와 비를 합설하더라도 봉사 대수에 따라 제사상과 제기가 2~4벌이 필요하게 된다(표 34). 그러므로 일반 가정에서는 잔반, 수저와 떡국 또는 메와 갱(송편만 올리면 송편)은 신위 수대로 진설하고 나머지 제찬은 합설한다(표 35). 윗대 조상부터 순서대로 여러 번 지내기도 하지만, 차라리 한 상에 합설하는 것이 예에 맞다.[161]

차례는 약식 제사이므로 축을 읽지 않고 한 번만 잔을 올린다(무축단헌無祝單獻). 또 진찬과 진적進炙을 하지 않고 진설할 때 같이 차린다. 그러나 묘소에서 절사를 지낼 때에, 『격몽요결』에는 설날에 '靑陽載回(청양재회, 봄이 비로소 돌아와)', 추석에 '白露旣降(백로기강, 이슬이 이미 내려)'이, 『상례비요』에는 설날 '歲律旣更(세율기경, 해가 이미 바뀌어)'이 들어가는 축문식(축의 작성법과 해설 참고)이 있고 삼헌三獻을 했기 때문에, 오늘날에도 가문에 따라 비록 집에서 제사를 지내지만 메와 갱을 올려 축을 읽고 삼헌을 하기도 한다. 삼헌을 하는 경우는 기제와 의식이 같다. 무축단헌으로 하는 경우는 진

보름은 과일 한 그릇이다. 설날은 떡국 각 한 그릇, 정월대보름은 약밥 각 한 그릇, 유두는 수단 각 한 그릇, 백중(음력 7월 보름)은 상화霜花떡 각 한 그릇, 3월 3일은 화전 각 한 그릇, 9월 9일은 국화전 각 한 그릇, 동지는 팥죽 각 한 그릇이다. 삼망(三望, 정월대보름, 백중 및 추석)과 삼절(三節, 설, 한식 및 동지)에는 아울러 과일 두 그릇에 모사를 설치하고 초하루와 보름의 의식과 같이 한다.

161) 『가례증해』, '사시제'에, 『곡례』에 이르기를, 제사를 지내고 제사상에서 물린 음식(준여餕餘, 제퇴선祭退膳)으로 제사 지내지 않는다. 아버지 것으로 자식을 제사 지내지 않고, 남편 것으로 아내를 제사 지내지 않는다. 진주陳註에, 제사상에서 물린 고기로 돌아가신 이를 제사 지내서는 안 된다. 비록 아버지가 높아도 또한 그것으로 자식을 제사 지내지 않으며, 남편이 비록 높아도 그것으로 아내를 제사 지내지 않는다. 남긴 음식으로 하지 않는 것은 더러워서다.

고전예서에 근거한 집안제사 해설

설, 강신(분향, 뇌주), 참신, 헌작, 사신, 철의 순서가 보통이다(표 36). 설에는 헌작할 때 떡국에 숟가락을 걸치고 젓가락을 바르게 한 뒤 주인이 재배하고 잠시 기다렸다가 사신하는데, 헌작례를 마치고 떡국에 숟가락을 올려놓고 일시 국궁하였다가 사신하기도 한다. 추석의 경우 헌작할 때 술을 올리고 삽시정저하며, 메와 국이 있으면 이어 숭늉을 올린다. 송편만 차리면 헌작례에 또는 헌작례 뒤에 젓가락을 송편 위에 또는 시접 위에 바르게 하였다가 사신한다.

凡治人之道　莫急於禮　禮有五經　莫重於祭　夫祭
者非物自外至者也　自中出生於心也　心怵而奉之
以禮　是故唯賢者能盡祭之義

무릇 사람을 다스리는 도리에 예보다 긴요한 것은 없다. 예에는 다섯 가
지 법도가 있으나 제사보다 중한 것은 없다. 제사는 사안이 외부로부터 오
는 것이 아니라 내면으로부터 나와서 마음에 생기는 것이니, 마음으로 두
렵고 조심스러워 예로써 받든다. 이러한 까닭으로 오직 현자만이 제사의 뜻
을 다할 수 있다.

〈예기〉

高祖考位 高祖妣位	曾祖考位 曾祖妣位	祖位考 祖位妣	考位 姚位
餅 盞 匙 盞 餅	餅 盞 匙 盞 餅	餅 盞 匙 盞 餅	餅 盞 匙 盞 餅
湯 盤 筯 盤 湯	湯 盤 筯 盤 湯	湯 盤 筯 盤 湯	湯 盤 筯 盤 湯
肉 醋醬 魚	肉 醋醬 魚	肉 醋醬 魚	肉 醋醬 魚
脯 醋菜 沉菜 醢	脯 醋菜 沉菜 醢	脯 醋菜 沉菜 醢	脯 醋菜 沉菜 醢
棗 栗 時果 時果	棗 栗 時果 時果	棗 栗 時果 時果	棗 栗 時果 時果

표 34. 『육례홀기』 '차례의'의 설 차례 진설도

[고조고위 위치 / 高祖考位 · 高祖妣位]

高祖考位(고조고위) | 高祖妣位(고조비위)

餅湯(떡국)	盞盤(잔반)	匙筯(수저)	盞盤(잔반)	餅湯(떡국)
肉(육류)	醋醬(초장)		魚(생선)	
脯(포)	醋菜(초채)	沈菜(김치)	醢(젓갈)	
棗(대추)	栗(밤)	時果(과일)	時果(과일)	

[증조고위 위치 / 曾祖考位 · 曾祖妣位]

曾祖考位(증조고위) | 曾祖妣位(증조비위)

餅湯(떡국)	盞盤(잔반)	匙筯(수저)	盞盤(잔반)	餅湯(떡국)
肉(육류)	醋醬(초장)		魚(생선)	
脯(포)	醋菜(초채)	沈菜(김치)	醢(젓갈)	
棗(대추)	栗(밤)	時果(과일)	時果(과일)	

[조고위 위치 / 祖考位 · 祖妣位]

祖考位(조고위) | 祖妣位(조비위)

餅湯(떡국)	盞盤(잔반)	匙筯(수저)	盞盤(잔반)	餅湯(떡국)
肉(육류)	醋醬(초장)		魚(생선)	
脯(포)	醋菜(초채)	沈菜(김치)	醢(젓갈)	
棗(대추)	栗(밤)	時果(과일)	時果(과일)	

[고위 위치 / 考位 · 妣位]

考位(고위) | 妣位(비위)

餅湯(떡국)	盞盤(잔반)	匙筯(수저)	盞盤(잔반)	餅湯(떡국)
肉(육류)	醋醬(초장)		魚(생선)	
脯(포)	醋菜(초채)	沈菜(김치)	醢(젓갈)	
棗(대추)	栗(밤)	時果(과일)	時果(과일)	

추석에는 햅쌀로 메와 떡을 하고, 갱, 면, 시절채소 두 접시(배춧잎, 박, 오이, 콩나물 등으로 만든 나물), 닭, 새로 수확한 대추, 밤과 감 등의 과일을 갖춘다.

• 설 차례 진설도

<table>
<tr><th></th><th>祖考位 (조고위)</th><th>祖妣位 (조비위)</th><th></th><th>考位 (고위)</th><th>妣位 (비위)</th></tr>
</table>

餅湯(떡국)	盞盤(잔반)	匙筯(수저)	餅湯(떡국)	盞盤(잔반)	餅湯(떡국)	盞盤(잔반)	匙筯(수저)	餅湯(떡국)	盞盤(잔반)

麵食(면식)	肉(육류)	雞(닭)	魚(생선)	米食(떡)

脯(포)	熟菜(나물)	清醬(간장)	醢(젓갈)	沈菜(김치)

果(과일)	果(과일)	果(과일)	果(과일)	果(과일)	果(과일)

• 추석 차례 진설도

<table>
<tr><th></th><th>祖考位 (조고위)</th><th>祖妣位 (조비위)</th><th></th><th>考位 (고위)</th><th>妣位 (비위)</th></tr>
</table>

飯(메)	盞盤(잔반)	匙筯(수저)	羹(국)	飯(메)	盞盤(잔반)	羹(국)	飯(메)	盞盤(잔반)	匙筯(수저)	羹(국)	飯(메)	盞盤(잔반)	羹(국)

麵食(면식)	肉(육류)	雞(닭)	魚(생선)	米食(송편)

脯(포)	熟菜(나물)	清醬(간장)	醢(젓갈)	沈菜(김치)

果(과일)	果(과일)	果(과일)	果(과일)	果(과일)	果(과일)

표 35. 조고비와 고비의 2대를 봉사하는 설과 추석 차례 진설도의 예시

고전예서에 근거한 집안제사 해설

- 陳設과 進饌 진설과 진찬
- 迎神 영신
  奉紙榜就位 봉지방취위
- 降神 강신
  焚香 (再拜) 분향 (재배)
  酹酒 – 灌于茅上 再拜 뇌주 – 관우모상 재배
- 參神 참신
  主人以下 皆再拜 주인이하 개재배
- 獻爵 헌작
  主人 奠爵 주인 전작
  扱匙 正筯 삽시 정저
  主人 再拜 주인 재배
- 肅俟少時 숙사소시 (반갱飯羹이 있으면 진숙수進熟水의 예를 행한다.)
  下匙筯하시저
- 辭神 사신
  主人以下 皆再拜 주인이하 개재배
  焚紙榜 분지방
- 徹 철

표 36. 지방으로 지내는 명절 차례 순서(무축단헌의 경우)

선조묘제
先祖墓祭

묘제는『격몽요결』에는 풍속에 의하여 설, 한식, 단오와 추석에 묘소 앞에서 지내는 제사로 설명되어 있으나, 『사례편람』에는『가례』를 따라 삼월 상순에 묘제를 지내게 하고 있다. 그리고 시월 초하루의 친진조親盡祖에 대한 묘제 축문식을 싣고 있다. 『사례집의』는 삼월 상순의 묘제의와 시조부터 오대조까지의 선조에 대한 선조묘제의를 분리하고 선조에 대한 묘제는 시월에 초하루, 상정上丁[162] 혹은 편리한 날 지내게 했다.[163] 오늘날에와서는 기제사를 모시고 있는 이대 혹은 삼대, 사대의 조상에 대한 묘제는 명절의 절사 혹은 차례의 형태로 이어지지만, 집안에 따라 삼월 상순에 따로 지내기도 한다. 친진조에 대한 묘제는 묘사墓祀, 시사時祀, 시제時祭, 시향時享, 세제歲祭또는 세일사歲一祀로 불리며 시월에 지내고 있다.

세대가 먼 선조의 묘제는, 후손이 많으므로 문중을 이루어 묘제를 위한 전답 즉 묘전墓田이 마련된 경우가 많으며, 봉사대수가 이미 다 지났으므로 항렬이 가장 높은 이가 주인(제주祭主)이 된다(주석 55번을 참고). 묘제는 윗대 조상부터 먼저 지내고 이어서 또는 뒷날 아랫대 조상에게 지낸다. 고와 비의 묘소가 멀지 않으면 함께 제사 지낸다.

간혹 선대의 묘소를 잃어버리는 경우가 있는데, 묘소가 어느 산 어느 언덕에 있다는 것을 대략은 알지만 정확히 어느 묘인지 알지 못하면 부득이 그 근처에 제단祭壇을 설치하고 망제望祭를 지낸다. 〈가례증해〉

묘제 지내는 날 새벽에 묘소에 나아가 재배하고 소제하고, 제사를 봉

---

162) 상정-음력으로 매달 초순에 드는 정丁의 날. 대개 이날에 나라나 개인의 집에서 연제練祭 또는 담제禫祭 등의 제사를 지낸다.

163) 『사계전서』, 「가례집람」, '묘제'에, 한위공은 한식 및 시월 초하루에 제사를 지냈다. 『정자외서程子外書』에 이르기를, 묘에 절하는 것은 시월 초하루에 하는데, 서리와 이슬을 느껴서이다. 『이굴理窟』에 이르기를, 한식과 시월 초하루에 성묘하는 것은 또한 초목이 처음 자라나고 처음 죽는 때이기 때문이다.

고전에서에 근거한 집안제사 해설

행할 묘역을 둘러보고 슬픈 마음으로 살핀 후 자리로 다시 돌아와 재배한 다.[164] 마치면 깨끗한 자리를 묘소 앞에 깔고 석상이 있으면 행주로 깨끗이 닦고 진설을 시작한다.

묘제의 순서와 내용은 예서에 따라 약간의 차이가 있지만 기제와 거의 같다. 다만 참신과 강신의 순서에 있어서 선현들의 설이 다르니,[165] 집안마다 차이를 보인다. 『사례집의』 '선조묘제의'에는 묘소에서 지내는 경우 참신을 먼저하고 강신하며, 재사에서 지방을 써서 지내면 강신을 먼저하고 참신한다고 되어 있다. 묘소에서 지내면 모사기가 필요 없고 뇌주와 좨주할 때 땅에 부으면 된다. 『사례편람』에는 야외에서 하는 의식이므로 간략히 한다고 되어 있는데, 진찬을 없애고 진설에 함께 차리도록 하였으

---

164) 『격몽요결』, 「제의초」, '묘제의'에, 묘사 지내는 날 새벽에 주인 이하 검은 갓에, 흰 옷과 검은 띠를 하고, 집사를 거느리고 묘소에 나아가 재배하고, 제사 지낼 묘역 안팎을 에워싸 슬프게 살피며 세 번 돌면서, 혹 풀과 가시나무가 있으면, 즉시 칼, 도끼를 써서 뿌리째 없애고 베고 깎는다. 물 뿌리고 비로 쓰는 일을 마치면 제자리 하여 재배한다. 또한 묘소 왼쪽의 땅을 다듬어, 토신제의 장소로 한다.
『성호전집』, '제식'에, 『거가잡의居家雜儀』를 살펴보니, 항렬이 낮거나 어린 사람이 웃어른을 만나면, 먼저 재배한 다음 날씨의 춥고 따뜻함에 대해 평하면서 안부를 여쭙고 다시 재배한다. 묘역을 돌면서 슬픈 마음으로 살피는 것은 곧 날씨의 춥고 따뜻함에 대해 평하고 안부를 여쭙는 절차에 해당된다. 그런 까닭에 두 번 재배하는 것이다. (중략) 『가례』에는 '물을 뿌리고 비로 쓴다.'라고 하였지만 지금의 풍속은 떼(사초莎草)를 두루 입히기 때문에 물을 뿌리고 비로 쓰는 것은 적합하지 않다. 다만 지저분한 잡초를 제거할 뿐이다.

165) 『사계전서』, 「의례문해」, '참례'에, 『상례비요』의 묘제는 『격몽요결』에 의거하여 먼저 강신하고 나중에 참신하도록 하고 싶었으나, 『가례』를 고치기 편치 않아 그대로 했다.
『사례편람』, '보유'에, 사계 가로되, "무릇 신주를 내지 않고 원래 자리에 있으면 강신을 먼저 하고 참신을 뒤에 하니 초하루와 보름의 참례가 그것이다. 제사상을 설치하였으나 신주가 없으면 또한 강신을 먼저 하고 참신을 뒤에 하니 시조와 지방에 제사 지내는 경우가 그것이다. 만약 신주를 밖으로 옮겨내 모시면 헛되이 볼 수 없으므로 반드시 절하여 공경해야 하니 시제, 기제의 경우가 그것이다." 하였다.
『성호전집』, 「잡저」, '제식'에, 묘제를 지낼 때는, 체백體魄(송장)이 있는 곳이니, 먼저 참신을 해야 한다.

며, 초헌에 삽시정저를 하고, 삼헌 후 바로 사신하고 철하게 하여 유식과 고이성도 없었다(표 37).[166] 반면『사례집의』에는 참신, 강신, 진찬, 초헌, 아헌, 종헌, 유식, 숙사여식간, 철갱 및 진숙수, 음복수조, 고이성, 하비저합반개, 사신, 분축문, 철의 순서인데, 야외이므로 합문과 계문이 명시되어 있지 않으나 내용은 기제의 절차와 거의 같다(표 38). 홀기는 기제를 참고한다.

묘소 남쪽 산문 밖에 정자를 지어놓고 묘제를 지내야 한다는 학자가 있기도 하지만,[167] 현실적인 어려움 때문에 재사齋舍에서 지방을 써놓고 망

---

166)『성호전집』,「잡저」, '제식'에, 묘제를 지낼 때, 비록 유식侑食의 절차를 생략하였지만, 또한 우리나라의 풍속에 대략 의거하여 국을 물린 뒤 다시 탕수湯水(숭늉)를 올리고 밥을 떠서 탕수에 마는데, 잠깐 있다가 철상해야 비로소 곡진하게 되는 것이다. 어떤 이는 "유식의 절차를 원래 생략하였다면 의당 초헌 때 메에 숟가락을 꽂아야 한다."라고 한다. 그러나 우제虞祭 때에는 비록 유식을 하더라도 숟가락을 꽂지 않는다. 지금은 원래 유식을 하지 않으니, 숟가락을 어찌 꼭 꽂아야겠는가. 다만 밥을 떠서 탕수에 말면 숟가락이 탕기湯器 위에 따라서 있게 되니 무방할 듯하다.

167)『순암집』, '묘제의'에,『개원례』에 이르기를, '삼대 이전에 대해 묘제가 없었다. 진秦나라에 이르러 비로소 무덤 옆에 능침陵寢을 지었고, 한漢이 이를 이어받았는데 그 후로 풍속이 되었다. 당나라에 이르러 비로소 왕王과 공公 이하가 한식날 절하고 소제하는 의식이 정해졌는데, 슬프게 살피며 세 번 돌아보고, 가시덤불과 잡초를 베어낸다. 귀신은 고요함을 숭상하기에 가까이에서 영역塋域을 더럽힐 수 없으므로, 영역 남쪽의 산문山門 밖에 깨끗한 자리를 설치하여 제사 지낼 자리로 삼고, 평생 즐기던 바와 같은 시절음식으로 멀리서 제사 지낸다. 만일 한 영역에 묘소가 여럿이면 묘소마다 각각의 제사자리를 설치하여 소목昭穆에 따라 늘어세우되 서쪽을 상석上席으로 한다. 주인이 손을 씻고 술잔을 올리는데, 삼헌으로 그치고 철상하고 주인 이하 물러난다. 남은 음식은 묘소가 보이지 않는 구석진 다른 곳에서 먹을 수 있으니, 효자의 정이다.' 하였다. 살펴보건대 이것이 묘제의 시작이다. 묘제를 반드시 묘소 앞에서 지내지 않고 영역 남쪽의 구석진 곳에서 지내야 하는 것은 귀신은 고요하기 때문에 동요함이 있을까 두려워함이다. 이 뜻이 완벽하니 의심할 필요 없이 당연히 따라야 한다.『가례』에서 묘소 앞에 자리를 펴고 제사 지내게 한 것은 아마도 그때의 속례였는데 편의를 좇아 그런 것 같으니, 아마도『개원례』가 예의 뜻에 알맞은 것과는 같지 못한 것 같다. 남헌南軒(장식張栻, 남송의 관리이며 학자)의 '성묘문'에 가로되, '정자亭子에 제사자리를 마련해 술과 안주를 갖추어 제사를 올리니' 하였으니, 송나라 때의 묘제도 역시 묘정墓亭에서 지냈다. (중략) 살펴보건대, 이런 여러 조목들을 근거하면, 고금의 사람들이 예를 논한 뜻을 알 수 있다. 또『가례』에서 묘소 앞에 제사를

고전예서에 근거한 집안제사 해설

- 陳設及 進饌 진설급 진찬
- 參神 참신 (재사齋舍에서 지방으로 지내면 강신 후 참신한다.)
  主人以下 皆再拜 주인이하 개재배
- 降神 강신
  焚香 再拜 분향 재배
  酹酒 - 灌於地上 再拜 뇌주 - 관어지상 재배
- 初獻 초헌
  主人 奠爵 주인 전작
  三祭於地上 삼좨어지상
  啓飯蓋 계반개
  扱匙飯中 西柄 正筯於楪上 西首 삽시반중 서병 정저어접상 서수
  讀祝文 독축문
  主人 再拜 주인 재배
- 亞獻 아헌
  亞獻 奠爵 아헌 전작
  三祭於地上 삼좨어지상
  亞獻 再拜 아헌 재배
- 終獻 종헌
  終獻 奠爵 종헌 전작
  三祭於地上 삼좨어지상
  終獻 再拜 종헌 재배
  徹羹 進熟水于徹羹處 철갱 진숙수우철갱처
  下匙筯于楪中 合飯蓋 하시저우접중 합반개
- 辭神 사신
  主人以下 皆再拜 주인이하 개재배
  祝 焚(紙榜及)祝文 축 분(지방급)축문
- 徹 철

표 37. 사례편람 선조묘제 순서

제望祭로 지내는 집안이 많아지고 있다.[168] 비록 재실에서 세일사를 지내

차리도록 한 것은 대개 시속을 따른 것이다. 지금 국가가 산릉山陵에서 제사 지내는 경우 반드시 정자각丁字閣에서 지내니, 곧 예의 뜻이 그렇기 때문이다.

168) 『사계전서』, 「가례집람」, '묘제'에, 묻기를 "혹 묘가 한두 곳이 아니고 많아서 여덟아홉 곳에 이르며, 동으로 서로 매장되어 있고 언덕은 험준하여 남으로 갔다 북으로 왔다 하다가 정신은 나

- 陳設 진설
- 參神 참신 (재사齋舍에서 지방으로 지내면 강신 후 참신한다.)
  主人以下 皆再拜 주인이하 개재배
- 降神 강신
  焚香 再拜 분향 재배
  酹酒-灌於地上 再拜 뇌주-관어지상 재배
- 進饌 진찬
- 初獻 초헌
  主人 奠爵 주인 전작
  三祭於地上 삼좨어지상
  進炙肝 진적간
  啓飯蓋 계반개
  讀祝文 독축문
  主人 再拜 주인 재배
- 亞獻 아헌
  亞獻 奠爵 아헌 전작
  三祭於地上 삼좨어지상
  進炙肉 진적육
  亞獻 再拜 아헌 재배
- 終獻 종헌
  終獻 奠爵 종헌 전작
  三祭於地上 삼좨어지상
  進炙肉 진적육
  終獻 再拜 종헌 재배
- 侑食 유식
  主人 添酌 주인 첨작
  扱匙飯中 西柄 正筋於楪上 西首 삽시반중 서병 정저어접상 서수
  主人 再拜 주인 재배
  肅俟如食間 숙사여식간
  徹羹 進熟水于徹羹處 철갱 진숙수우철갱처
  下匙筋于楪中 合飯蓋 하시저우접중 합반개
- 辭神 사신
  主人以下 皆再拜 주인이하 개재배
  祝 焚(紙榜及)祝文 축 분(지방급)축문
- 徹 철

표 38. 사례집의 선조묘제 순서

고전예서에 근거한 집안제사 해설

더라도 묘소를 돌아보지 않으면 몹시 죄송스러운 일이다. 『순암집』의 의식대로 '재배례再拜禮'를 행하거나 퇴계종가처럼 '인향례引饗禮'를 행하는 것이 재실 묘제의 미안함을 보완하는 데 도움이 되겠다. '재배례'는 제사 지내기 하루 전에 자손들이 나뉘어 여러 묘소 앞으로 나아가서 부복하여 입으로 고하기를, '내일 제청에서 제사를 올리려하기에 감히 고합니다.' 하고, 슬프게 살피며 세 번 돌아보고, 영역을 청소하고 나무뿌리와 잡초 등을 뽑는 것이다. 퇴계종가의 '인향례'는 먼 묘소는 세일사 며칠 전부터 차종손이 순회를 하고, 가까운 묘소는 당일 아침에 묘소별로 인향관과 집사를 보내어 인향례를 행한다. 아침 8시경 미리 준비한 주과포와 향로 등을 지참하고 각자 맡은 묘소로 가서 묘소를 돌며 살피고 나서 상석 위에 주과포를 차리고 분향, 재배하는 것으로 간단히 한다. 원래 묘소에 헌작한 술을 다시 병에 담아 봉함하여 향불과 함께 집으로 신위를 인도하여 오는 법식이었으나, 산불 발생의 위험도 있고 하여 번잡한 절차는 생략하고 분향, 헌작하는 것으로 인향의 예를 마친다. 인향례를 끝내고 과일과 포를 간략하게 진설하고 산신제를 올린다. 〈종가의 제례와 음식 7-국립문화재연구소〉

른하고 몸은 피로해져 혹시라도 태만한 기운이 생길까 두렵습니다. 만약 낮의 길이가 또한 계속할 수 없으면 장차 어떻게 하면 좋겠습니까? 혹 그날에 아침이 지나도록 비가 오면 또 어떻게 합니까? 미리 묘소 곁에 집을 한 채 지어 놓았다가 이러한 때를 만나면 시제 의식에 따라 한 곳에서 합동으로 제사 지내면 어떻습니까?" 하니, 퇴계가 답하기를, "어찌 좋지 않겠는가." 하였다.
『상변통고』, '묘제'에, 퇴계 가로되, "같은 언덕에 있는 매우 많은 묘소에 각각 제사를 지내는 폐단이 세상에는 이렇게 많다. 내 생각으로는 묘역을 청소하고 살핀 뒤에 지방으로써 재사에서 합제合祭하는 것만 같지 않다. 재사가 없으면 제단祭壇을 설치하여 제사 지내는데, 불경스럽게 대하는 폐단을 면하여 신도 많이 흠향하실 수 있을 것이다." 하였다. 묻기를, "족장族葬(씨족 단위로 한 곳에 산소를 씀)한 여러 위를 만약 차례대로 제사 지내고자 한다면 여러 언덕을 오르내려서 아마도 근력은 피로해지고 정성과 공경은 느슨해질 것입니다. 또 아마도 제물은 새 것과 제사 지낸 것이 혹 섞이기도 하고, 찬 것과 더운 것이 많이 달라지니, 먼저 묘소에 나아가 술잔을 올려 혼백을 모셔내어(인령引靈) 지방으로써 재궁齋宮에서 합제하는 것이 어떻습니까?" 하니, 가로되, "무방하다." "깨끗한 땅에 제단을 설치하여 합제하는 것은 어떻습니까?" 하니, 가로되, "더욱 좋다." 하였다.

그림 16. 재실묘제 일두 정여창 종가 〈국립무형유산원 제공〉

재사에서 합동으로 묘제를 지내면 기제와 같은 양식으로 지내는데, 서쪽을 윗자리로 하여 세대별로 제상을 순서대로 설치하되 잇대지는 않는다(그림 16). 각각 헌관을 나누어 동시에 강신하고, 함께 참신한 뒤 동시에 진찬하고, 초헌할 때 윗대부터 순서대로 축을 읽고 초헌관이 재배하며, 아헌과 종헌 등 나머지 의식은 동시에 한다. 대상이 많으면 나누어 행한다.

축문식은 '축의 작성법과 해설'을 참고한다.

묘제를 마치면 산신제山神祭(토신제土神祭, 후토제后土祭)[169]를 지낸다. 만약 묘제가 같은 산 안이면 모든 묘에 제사를 마치고 가장 높은 조상의 묘 왼쪽에서 지낸다. 재사에서 묘사를 지냈으면 재사 옆에서 한다. 음식을 묘

---

169) 『상변통고』, '상례', '치장治葬'에, 『의절』에 이르기를, 후토后土란 칭호는 황천皇天(하늘의 경칭)에 대응하는 말이다. 사土와 서인의 집에서는 분수에 넘쳐 지나친 칭호인 듯하다. 문공文公의 『대전』을 살펴보면 '사토지제문祀土地祭文'이 있으니, 이제 후토씨后土氏를 토지신土地神으로 고칠 생각이다. 묻기를, "후토에게 제사 지내는 축문에서, 『가례』는 '후토씨'라 불렀고 『의절』은 『대전』에 의거하여 '토지씨'라 일컬었습니다. 이제 『대전』을 살펴보니 '토지'라 칭하는 바는 모두가 살고 있는 집의 신이고, 묘와 산의 신에게는 으레 '후토'라 칭하였는데." 하자, 퇴계 가로되 "당연히 『가례』를 따라야 한다." 하였다.

고전예서에 근거한 집안제사 해설

제와 같이 준비하거나,[170] 생선, 고기, 떡과 면식을 네 개의 큰 쟁반에 차린다. 〈사례집의〉 강신, 참신, 초헌, 아헌, 종헌하고 사신한다. 토지신은 강신할 때 분향하지 않고 뇌주만 하며, 전작할 때 좨주는 없다(표 39).[171]

- 陳設及 進饌 진설급 진찬
- 降神 강신
  酹酒-灌於地上 뇌주 – 관어지상
- 參神 참신
  主人以下 皆再拜 주인이하 개재배
- 初獻 초헌
  主人 奠爵 주인 전작
  (啓飯蓋 扱匙飯中 西柄) 正筯於楪上 西首 (계반개 삽시반중 서병) 정저어접상 서수
  讀祝文 독축문
  主人 再拜 주인 재배
- 亞獻 아헌
  亞獻 奠爵 아헌 전작
  亞獻 再拜 아헌 재배
- 終獻 종헌
  終獻 奠爵 종헌 전작
  終獻 再拜 종헌 재배
  下匙筯于楪中 (合飯蓋) 하시저우접중 (합반개)
- 辭神 사신
  主人以下 皆再拜 주인이하 개재배
  祝 焚祝文 축 분축문
- 徹 철

표 39. 산신제 순서 〈사례집의〉

---

170)『상례비요』, '묘제'에, 주자 가로되, "토지신에게 제사하는 예는 묘 앞의 제사와 꼭 같이 하는 것이 옳다. 채소, 과실, 자鮓, 포脯, 메, 차茶, 탕湯을 각각 한 그릇씩 담아서 차라리 어버이가 신을 섬기는 뜻을 다하고, 차별을 두지는 말아야 한다." 하였다.

171)『성호전집』, 「잡저」, '제식'에, '개영역開塋域' 조를 살펴보니 뇌주酹酒는 있어도 분향은 없다. 후토는 향냄새가 신을 부르기 위해 양에 도달하는 것과 관계가 없기 때문이다. 구씨는 임의로 삽입하였는데, 『가례』의 본의가 전혀 아니다. (중략) 지금 귀신이 스스로 좨할 수 없으므로 사람이 귀신을 대신하여 좨하는데, 후토는 마땅히 좨해야 할 대상이 아닌 것 같다. 술을 따라 바로 올리는 것이 타당하다.

참고문헌

❀ 참고문헌

1. 『가례증해』, 경호 이의조, 한국고전의례연구회 역주, 민속원, 2011.

2. 『격몽요결』「제의초」, 율곡 이이.

3. 『사계전서』, 사계 김장생, 김능하 옮김, 민족문화추진회 발행, ㈜뿌리문화사, 2001.

4. 『사례편람』, 도암 이재.

5. 『사의』, 성재 허전, 한국고전의례연구회 역주, 보고사, 2006.

6. 『상변통고』, 동암 류장원, 한국고전의례연구회 역주, 신지서원, 2009.

7. 『성호전집』, 성호 이익.

8. 『예기집설대전』「제통」, 정병섭 역, 학고방, 2015.

9. 『제사와 제례문화』, 한국국학진흥원 교육연수실 편, 도서출판 성심, 2011.

10. 『조선시대 관혼상제』「V 제례편」, 한국정신문화연구원 문옥표 등, 유성인쇄공사, 2000.

11. 『종가의 제례와 음식』, 국립문화재연구소, 월인, 2005.

12. 『주자가례』, 주희, 임민혁 옮김, 예문서원, 1999.

13. 『2003 한국의 제사』, 국립민속박물관, 2003.

14. 국립중앙도서관 http://www.nl.go.kr/

15. 성균관 http://www.skkok.com/

16. 한국고전종합DB http://db.itkc.or.kr/

17. 한국국학진흥원 http://www.koreastudy.or.kr/

18. 검색 및 인용 문헌:

   가례도家禮圖, 가례향의家禮鄕宜, 간이집簡易集, 겸암집謙庵集, 경국대전 經國大典, 고산선생문집鼓山先生文集, 구암집龜巖集, 남당집南塘集, 담헌서湛軒書, 도암집陶菴集, 동계집桐溪集, 동춘당집同春堂集, 만회집晩悔集, 미암집眉巖集, 미호집渼湖集,

고전예서에 근거한 집안제사 해설

백호전서白湖全書, 봉선잡의奉先雜儀, 사례촬요四禮撮要, 사미헌집四未軒集, 삼례
의三禮儀, 서석집瑞石集, 성재집省齋集, 성호사설星湖僿說, 송자대전宋子大全, 숙재
집肅齋集, 순암집順菴集, 신독재전서愼獨齋全書, 여유당전서與猶堂全書, 여헌집旅軒
集, 역천집櫟泉集, 오례의五禮儀, 요은집鬧隱集, 우복집愚伏集, 우서迂書, 월사집月
沙集, 육례홀기六禮笏記, 율곡전서栗谷全書, 임하필기林下筆記, 제례고정祭禮考定,
졸은유고拙隱遺稿, 지산집芝山集, 탁계집濯溪集, 택당선생별집澤堂先生別集, 퇴계집
退溪集, 하곡집霞谷集, 하려집下廬集, 해동역사海東繹史, 화당집化堂集

• 꼬리말

예로부터 예문禮文이 번다하여 사람들로 하여금 행하기 어렵게 만든다
는 선현들의 지적이 있어 왔다. 제례에 있어서도 마찬가지겠지만 어떻게
줄여야 마땅한지 그 해답은 없다. 다만, 집안마다 행례법에 차이가 있더
라도 예서의 원칙과 법식을 이해하여 예법의 큰 줄거리를 많이 벗어나지
않도록 힘써야 한다.[172]

---

172)『가례향의』, '서序'에, 대저 예는 시대와 지역에 따라 달랐으니, 주나라 때에도 여러 나라
들이 각각 같지 않았다.『가례』에서 정한 바도 주나라 시대의 예와 크게 다른 것이 있으며, 구
씨의『의절』에도 또한『가례』와 다른 것이 있다. 그렇다면 '예'라는 것은 오직 그 큰 줄거리를 잃
지 않으면 되는 것이지, 그 법도를 같게 다할 필요는 없다. 이른바 '禮從宜(예종의, 예는 때에
따라 마땅한 바를 좇는다.)'라는 것이 이것이다. 하물며 우리나라의 풍속은 본디 중국과는 크게
다르고, 또『가례』가 나온 후 500년이나 지났으니, 그 법도를 어찌 같게 다하겠는가? 그러므로
나의 어리석은 생각으로는, 사람들이 집에서 일상적인 행사를 하면 마땅히 이 책으로써 법도로
삼되, 그 중에서 향속鄕俗과 크게 다른 것이 있는 경우에는 행하기 적절한 향속으로 대신하게
한다면, 예의 큰 줄거리가 진실로 행해지지 않는 바가 없게 되고 그 행례 또한 풍속을 혼란스럽
게 하지 않을 것이다.
『신독재전서愼獨齋全書』,「의례문해속疑禮問解續」, '제례'에, 정기방鄭基磅(조선 중기의 학자이
며 문신. 본관 초계草溪, 호 행은杏隱)이 묻기를 "『주자어류』에 어떤 이가 묻기를, '조상이 선비
들이 아니었는데, 자손들이 가풍家風을 바꾸어 예禮로써 제사를 모시고 싶으나, 조상이 이해하
지 못하시면 도리어 어떻습니까?' 하니, 가로되, '어찌하여 서로의 견해를 아는데 이렇게 차이
가 나서, 공은 깨달아 알고 조상은 알지 못하는가? 달리 말해서, 공이 깨달아 알면 조상도 곧 안
다.' 하였습니다. 문세文勢로 보면 자손은 비록 알아도 조상은 이해하지 못한다는 말이고, 또 소
주小註로 보면 자손이 알면 조상도 바로 안다는 뜻입니다. 제가 이를 조심스럽게 살펴보다가 의
심이 없을 수 없어서 이렇게 나누어 써서 질문을 올립니다. 소생의 경우는 부모님 제사만 모시는
소종小宗입니다. 선대부터 간략히 행해오던 예법을 바꾸고자 하나, 문중의 논의들은 모두 상례
와 제례는 선조가 하던 대로 따르는 것이라고 여깁니다. 어떤 이는 그것이 옳지 않다고 여기고,
어찌 삼년을 기다렸다가 그 간략하게 해오던 예법을 고치려하는가,* 무엇 때문에 근심하는가와
같이 말합니다. 어느 말이 알맞은지 알지 못합니다." 하니, 답하기를, "『주자어류』의 두 가지 말
씀은 아마도 같은 뜻일 것입니다. 만약 어떤 이의 말대로 상례와 제례는 선조가 하던 대로 따라
야만 한다면 이는 수시로 예를 좇는 일을 그만두는 것이니, 옳겠습니까? 주부자朱夫子의 말씀을
다 깨달았으면서 지금 어찌 다시 따지십니까?" 하였다. *『논어』「학이學而」에, 아버지가 돌아가
시고 삼년간 아버지의 도道를 고침이 없으면 효라 이를 만하다. ·『신독재전서』-김집의 문집.

고전예서에 근거한 집안제사 해설

제례의 원뜻을 크게 해치지 않고 현재의 상황에 맞게 간소화한다면 다음과 같은 방법이 있다. 우선, 『건전가정의례준칙』에 따라 기제사의 대상을 2대로 하고, 한문 해석에 어려움을 겪는 가정은 지방을 한글화하고 축문 역시 해석을 참고해 한글로 작성하여 읽을 수 있다. 설과 추석에는 제사 대상인 신위들을 한 상에 합설하고, 메와 국 대신 설에는 떡국을 신위 수대로 올리고, 추석에는 송편으로 메와 국을 대신할 수 있으며, 모두 단헌한다. 배제配祭로 지내는 기제사는 합설하며 메, 국, 잔반과 수저만 따로 한다. 또 제사음식을 만들 때 기름으로 지지거나 튀긴 것을 꺼린다는 글이 있으므로 산적이나 전 같은 음식은 없애거나 최소한으로 하고, 과일은 네 가지면 충분하며, 생선이나 고기도 한두 끼 정도 먹을 양이면 족하니 형편에 따라 생선 한 마리도 좋고 탕도 꼭 구비할 필요가 없다. 적炙에 해당하는 제물은 쇠고기, 돼지고기, 닭고기나 어물 중에 소량 조리해서 한 접시 혹 세 접시를 진찬 또는 초헌에 같이 올리고 아헌과 종헌에 진적은 생략한다. 강신할 때 분향과 뇌주를 다한 후 한 번 재배하고, 초헌할 때 술을 따른 후 바로 쵀하고 잔반을 올리며, 아헌과 종헌에는 쵀하지 않는 것도 방편이 되겠다. 『오례의』를 따라 아예 쵀하는 절차를 없앨 수도 있겠고, 묘제의 절차처럼 합문과 계문을 생략하고 유식에 이어 승늉을 올린다면 더 줄겠으나 예를 행하는 이가 선택할 일이다. 또 현행 민법에서 자녀들은 균등히 상속받게 되어 있으므로 조선전기의 방식대로 자녀들이 돌아가며 제사를 모시는 윤회봉사를 고려해 볼 수 있겠다.

현대화를 거치며 가족 구성원은 줄어들고 있고 전통문화도 옛 모습을 잃어가고 있으니 집안제사 역시 원형을 보존하기 어려워졌을 뿐만 아니라 존폐마저 걱정해야 하는 시절이 되었다. 그러나 다하지 못한 효를 계속하려는 간절한 마음이 차마 소잔銷殘해지지는 않을 것이니, 제례를 통해 어버이와 조상님께 보은하려는 아름다운 뜻을 가진 이들이 점차 늘어나리라 기대해본다. 설령 예법이 복잡하고 어렵게 느껴져서 절차를 간략히 하더라도 정성을 다하여 받들면 조상님들께서 흠향하실 것이니 재계齋戒에 마음을 쏟고, 부족한 예법은 꾸준히 익혀서 그 형식과 뜻을 이해하도록 노력해 나가면 바른 길로 자리 잡을 것이다.

고향의 언덕에 잠드신 아버님과 어머님을 그리워하며 삼가 발문跋文을 적는다.

2017년 여름 碧山 적다.

부록

1. 절

　성호 가로되, "옛날 경의敬意를 표하면 반드시 절을 했는데, 서로 만날 때만이 아니었다. 서로 만나며 절하는 것은 예禮의 시작이고, 서로 헤어지며 절하는 것은 섬김의 나머지이다. 까닭 없이 오고가면 공경을 어떻게 나타내겠는가? 예가 무너지는 것은 반드시 절하지 않는 것으로부터 시작되니 군자는 조심한다." 하였으니 예나 지금이나 절은 소홀히 할 수 없다.

　절의 원형은 시대마다 또 예서에 따라 차이가 있고 이해하기도 쉽지 않은데, 『사계전서』의 「가례집람도설家禮輯覽圖說」과 『우복집愚伏集』 '양정편養正篇'에 비교적 자세히 설명되어 있어서 소개한다.

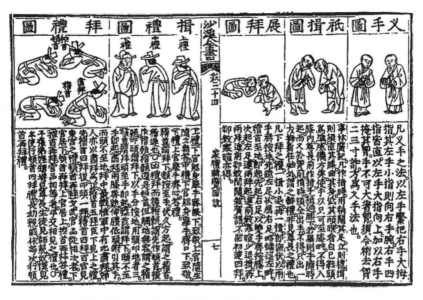

그림 17. 가례집람도설의 차수도, 지읍도, 전배도, 읍례도와 배례도

고전예서에 근거한 집안제사 해설

1. 가례집람도설 (그림 17)

• 차수도叉手圖

凡叉手之法　以左手緊把右手大拇指　其左手小指則向右手腕　右手
四指皆直　以左手大指向上　加以右手掩其胷　手不可大著胷　須令稍
去胷二三寸許　方爲叉手法也

　　모든 차수叉手[173](공수拱手. 두 손을 어긋나게 걸쳐 마주 잡는 것.)하는 법은 왼손
으로 오른손 엄지손가락을 바짝 잡고, 왼손 새끼손가락은 오른손 손목을
향하게 한다. 오른손 네 손가락은 모두 곧게 펴며, 왼손의 엄지는 위를 향
하게 한다. 또한 오른손으로 가슴을 가리는데, 손이 가슴에 지나치게 붙
으면 안 되고, 모름지기 2, 3치 정도 가슴에서 조금 떨어지게 하는 것이
차수법이다.

---

173) 『성호사설』, '인사문', '차수'에, 차수하는 법은 왼손으로 오른손의 엄지손가락을 굳게 잡
고, 왼손의 새끼손가락은 오른손 팔목으로 향하며, 오른손의 네 손가락은 모두 곧게 편다. 오
른손의 엄지손가락은 위로 향하고, 오른손은 가슴을 가리는데, 손을 가슴에 대는 것이 아니고
가슴에서 4~6cm로 조금 거리를 둔다. 그러나 오른손의 네 손가락을 모두 곧게 펴서 오른손의
식지가 왼손의 척골측 팔목뼈 아래에 이르는데, 네 손가락을 모두 힘주어 밖으로 향한다. 왼손
의 식지도 오른손목 바깥쪽 돌출뼈에 미치는데, 왼손의 네 손가락을 모두 안으로 향하여 꼭 쥐
고 두 엄지손가락 또한 서로 굳게 잡아 힘주어 버티면 풀리지 않는 것이니, 이것이 차수의 뜻이
다. 이제 불교 신도의 참선법을 보면, 두 손을 합장하고 두 팔꿈치는 손바닥 밖으로 뻗어 그 형
세가 견고하게 합쳐 풀리지 않으니, 그 방법이 차수에 비하여 더 긴밀한 듯하다. 그러나 내가
선현의 영정에서 공수를 보니, 왼손이 비록 오른손을 잡았으나 오른손의 손가락은 반드시 모두
위로 향하여 구부려 서로 껴안은 듯했으니, 오른손의 네 손가락이 모두 곧은 것이 아니었다.
이와 같이 하는 것 또한 좋은데, 옛사람의 차수가 또한 혹시 이 두 가지가 있는지 알지 못하겠
으나, 정밀히 살피는 자는 반드시 알 것이다.
『하곡집霞谷集』, 「경의經儀」, '배읍拜揖'에, 남자는 절할 때 왼손을 위로 한다. 공수할 때 왼손을
위에 둔다. 왼손을 위에 두어 차수하는데, 만약 상례이면 오른쪽을 위로 한다. · 『하곡집』−정제
두鄭齊斗(조선 후기의 학자이며 양명학의 비조. 본관 영일迎日)의 문집.

• 지읍도祗揖圖

事林廣記 凡作揖時 用稍闊其足 立則穩 揖則須直其膝 曲其身 低
其頭 眼看自己鞋頭爲準 威儀方美 使手以只可至膝畔 不得入膝內
尊長前作揖 手須過膝下 若畢則手隨時起 而又於胷前 揖時 須全
出手 不得 只出一大拇指在袖外 謂之鮮禮 非見尊長之禮也

　『사림광기事林廣記』에, 무릇 읍揖(절보다는 가벼운 인사법)을 할 때는 발을 약
간 벌리고 서면 평온하다. 읍을 할 때는 모름지기 무릎은 곧게 펴고, 몸은
구부리며, 머리를 숙이고, 눈은 자기의 신발 끝을 보는 것으로 기준을 삼
아야 몸가짐이 아름답다. 그리고 손은 단지 무릎 가장자리에만 이르게 하
고, 무릎 사이로 들어가지 않게 해야 한다. 어른 앞에서 읍을 하면 손은
모름지기 무릎 밑으로 내려가게 한다. 만약 마치면 때에 맞춰 손을 올려
서 가슴 앞에서 차수한다. 읍을 할 때는 모름지기 손을 다 드러내어야지
그러지 않고 단지 엄지손가락 하나만 소매 밖으로 내는 것은 선례鮮禮라고
하는데, 이는 존장을 뵐 때의 예가 아니다.

• 전배도展拜圖

凡下拜之禮 一揖小退 再一揖 卽俯伏以兩手齊按地 先跪左足 次
屈右足 略蟠遷左畔 稽首至地 卽起 先起右足 以雙手齊按膝上 次
起左足 連兩拜起 進前敘寒暄 少退揖 再兩拜 進前卻敘間闊 敘賀
語 不然初連四拜 卻敘寒暄亦得

　무릇 아랫사람이 절을 하는 예는, 한 번 읍을 하고 조금 물러나서 다시
한 번 읍을 하고, 곧 부복俯伏한다. 양 손을 모아서 땅을 짚고, 먼저 왼쪽
다리를 꿇은 다음 오른쪽 다리를 구부려 잠깐 왼쪽으로 거의 따리를 트는
것처럼 해서, 땅에 닿도록 머리를 조아리고, 바로 일어나는데, 먼저 오른

쪽 다리를 세우고, 양 손을 모아서 무릎 위를 짚은 다음, 왼쪽 다리를 세운다. 이렇게 이어서 두 번 절하고 일어나 앞으로 나아가서 날씨에 대한 안부를 여쭙고, 조금 물러나서 읍을 하고, 다시 두 번 절을 하고 앞으로 나아가서 다시 그 간 오래 뵙지 못했음을 겸양으로 아뢰고, 경하慶賀의 말씀을 드린다. 이렇게 하지 않고 처음에 이어서 사배四拜하고, 날씨 안부를 여쭈어도 된다.

• 읍례도揖禮圖

[上禮]下官躬身擧手齊眼下 致敬 上官隨生隨立無答 [中禮]下官躬身擧手齊口下 致敬 [下禮]上官擧手齊心 答禮

상례上禮는 아랫사람이 몸을 구부리고 손을 모아서 눈 아래까지 들어서 경의를 표하며, 윗사람은 읍을 받자마자 일어서나 답례答禮는 없다. 중례中禮는 아랫사람이 몸을 구부리고 손을 모아서 입 아래까지 들어서 경의를 표하며, 하례下禮는 윗사람이 손을 모아서 가슴까지 올려서 답례하는 것이다.

• 배례도拜禮圖

[稽首]謂拜下 額按至手 伏久方起 謂之稽首 稽遲也 [凶禮]拜而後稽顙 謂先作頓首 後作稽顙 稽顙還是頓首 但觸地無容謂之稽顙 [叩頭]謂拜下 以手分按地 用頭叩地者三 [頓首]謂拜頭至手卽起 [控首]謂拜下 頭不至手卽起 [肅拜]兩膝齊跪 伸腰低頭 俯引其手 以頭不至地 拜中最輕 惟軍中有此肅拜 婦人亦以肅拜爲正 [稽首五拜]臣下見上之禮 先稽首四拜後 叩頭一拜 [稽首四拜]百官見東宮之禮 [頓首再拜]文武官品從相次者 下官居下 頓首再拜 上官居上 控首再拜答禮 [控首再拜]官品相等者 平交相見之禮也○子孫

弟姪甥壻見尊長　生徒見師範　奴僕見本使行頓首四拜禮　長幼親戚
似等次　行頓首再拜禮

　계수稽首는, 절을 한 다음 이마를 눌러 손에 닿게 하고 엎드려 오래 있다
가 비로소 일어나는 것을 말한다. 계수라고 이르는 것은 '稽(계)'가 '遲(지,
느리다.)'라는 뜻이기 때문이다. 흉례凶禮에서는 절을 한 다음에 계상稽顙을
한다. 먼저 돈수頓首를 하고 뒤에 계상을 하는 것을 말한다. 계상도 역시
돈수인데, 다만 땅에 닿아서 모양이 없으므로 계상이라고 한다. 고두叩頭
는 절을 한 다음 손을 벌려서 땅을 짚고 머리로 땅을 두드리기를 세 번 한
다. 돈수頓首는 절하며 머리가 손에 닿으면 곧 일어나는 것을 말한다. 공
수控首는 절을 한 다음 머리가 손에 닿기 전에 곧 일어나는 것이다. 숙배肅
拜는 양 무릎을 가지런히 하여 꿇고, 허리는 펴고 머리는 숙이며, 손을 아
래로 향하게 늘어뜨리는데, 머리는 땅에 닿지 않는다. 절 가운데 가장 가
벼우며, 오직 군중軍中에서만 이 숙배의 예를 한다. 부인은 또한 숙배를
정배正拜로 삼는다.[174] 계수오배稽首五拜는 신하가 임금을 뵐 때의 예이다.
먼저 계수 4배한 뒤 고두 1배한다. 계수사배는 백관이 왕세자를 뵐 때의
예이다. 돈수재배頓首再拜의 경우, 문무관 품계의 차례를 좇아서, 하관下官
은 아래에 자리하여 돈수재배하고, 상관上官은 위에 자리하여 공수재배를
하여 답례한다. 공수재배는 벼슬의 품계가 서로 대등한 자나 나이가 비슷
한 벗이 서로 만날 때의 예이다. 아들, 손자, 동생, 조카, 생질, 사위 등
이 어른을 뵙거나, 생도生徒가 스승을 뵙거나, 노복이 상전을 뵈면 돈수사
배의 예를 행한다. 장유長幼나 친척은 등급과 차례를 비교하여 돈수재배

---

174) 『임하필기』, '부인배婦人拜'에, 우리나라 부인들의 절은 허리를 펴고 한다. 두 손으로 땅을
짚고 이마가 자리에 닿지 않게 하고 있으니, 이것은 옛 예법과 딱 맞는다. 그것은 머리 장식이 매
우 많아 부복俯伏할 수 없기 때문이니, 갑옷 입은 병사의 절과 같다.

　　　　고전예서에 근거한 집안제사 해설

의 예를 행한다.

2. 우복집愚伏集 양정편養正篇

• 차수叉手

以左手緊把右手大拇指　令左手小指向右手腕　大指向上　右手四指
皆直以掩胸　亦不可太著胸　須令稍離方寸

　왼손으로 오른손의 엄지손가락을 바짝 잡되, 왼손의 새끼손가락이 오
른 손목을 향하게끔 하고, 엄지손가락은 위로 향하게 한다. 오른손의 네
손가락은 모두 곧게 펴서 가슴을 가리되, 지나치게 붙이지 말고 모름지기
사방 한 치 정도 조금 떨어지게 한다.

• 읍揖

凡揖時稍闊其足則立穩　須直其膝　曲其身低其首　眼看自己鞋頭　兩
手圓拱而下　與尊者揖　擧手至眼而下　與長者揖　至口而下　皆令過
膝　與平交揖　當心而下　不必過膝　皆當手隨身起　叉於當胸

　무릇 읍을 할 때 발을 조금 벌려서 평온하게 선다. 모름지기 무릎은 곧
게 펴고, 몸은 조금 구부리고 머리는 숙이며, 눈은 자기의 신발 끝을 보
고, 양 손은 완전히 마주 잡고 내린다. 존자尊者와 더불어 읍을 하면 손을
눈까지 들었다가 내리며, 장자長者와 더불어 읍을 하면 입까지 들었다가
내리되, 모두 무릎 아래에까지 내려가게끔 한다. 나이가 비슷한 벗과 읍
을 하면 당연히 가슴까지 들었다가 내리며, 무릎 아래로 내릴 필요가 없
다. 모두 몸을 일으킴에 따라 당연히 가슴에 차수한다.

• 배拜(절)

凡拜 一揖少退 先跪左足 次跪右足 俯首至地而起 先起右足 以兩
手齊按右膝 次起左足 再一揖而後拜 其儀度務爲詳緩 不可急迫

　무릇 절은, 한 번 읍을 하고 조금 물러나 먼저 왼쪽 다리를 꿇고 다음으
로 오른쪽 다리를 꿇고, 머리를 숙여서 땅에 닿고 나서 일어나는데, 먼저
오른쪽 다리를 세우고, 양 손을 모아서 오른쪽 무릎을 짚고, 왼쪽 다리를
세운다. 다시 한 번 읍한 뒤 절을 하는데, 그 예법은 모두 천천히 하게끔
힘쓰며, 급박하게 해서는 안 된다.

• 궤跪(무릎 꿇는 법)

低頭拱手 穩下雙膝 腰當直豎 不可蹲屈 背當稍俯 以致恭敬

　머리를 숙이고 손을 마주 잡고(공수拱手), 평온하게 양 무릎을 바닥에 내
린다. 허리는 당연히 꼿꼿하게 펴며, 구부정해서는 안 되고, 등은 당연히
약간 숙여서 공경을 표한다.

　그 외에도『상변통고』, '거가잡의居家雜儀'의 '배궤지절拜跪之節' 편에『주례』
「대축大祝」을 인용하여 다음과 같이 설명되어 있다. 계수稽首는 머리를 바닥
에 닿게 하는 절이다. 먼저 양손을 공수하여 바닥에 이른 다음, 머리가 손
에 닿게 하고, 또 머리를 길게 빼서 오랜 시간 바닥에 닿아 있게 한다. 계
수의 계는 머문다는 글자이다. 계수는 절 가운데 가장 무거운 것으로 신하
가 군주에게 하는 절이다.[175] 돈수頓首는 머리를 바닥에 조아리는 절이다.

---

175)『상변통고』, 「통례」, '거가잡의'에, 『교특생』에 이르기를, '대부大夫의 신하가 계수하지 않
　는 것은 가신家臣을 존대함이 아니라 군주의 행위를 피함이다.'라고 했다. 제후가 천자에게,
　대부가 제후에게는 모두 당연히 계수해야 한다.

먼저 양손을 공수하여 바닥에 이른 다음, 머리가 손에 닿게 하고서, 또 머리를 길게 뺐었다가 곧 든다. 머리로 바닥에 조아림은 마치 머리로 물건을 두드리듯이 하는 것을 말한다. 이는 평교平交하는 사람들끼리 서로 하는 절이다. 가신家臣이 자신이 섬기는 대부大夫 및 모든 대등한 자에게는 모두 돈수의 절을 따름이 마땅하다. 공수空首는 머리가 손에 닿게 하는 절로 이른바 '배수拜手'이다. 먼저 양손을 공수하여 바닥에 이른 다음, 머리가 손에 닿게 한다. 그 머리가 바닥에 닿지는 않으므로 공수라고 한다. 군주가 신하에게 답하는 절이다. 숙배肅拜는 다만 구부리고 손을 아래로 내리는 것이다. 숙배는 절 가운데 가장 가벼운 것으로, 오직 군대에서만 행한다. 부인 또한 숙배를 정배正拜로 한다. 주자 가로되, "돈수 역시 머리를 길게 빼어 잠시 바닥에 조아리는 것이고, 계수는 머리를 길게 빼어 조금 오래 바닥에 머무는 것이다. '稽(계)'라는 것은 '留(류, 머문다.)'의 뜻이다." 하였다.

학봉의 『동자례童子禮』 '배기拜起'에서, 절하는 법은 『가례집람도설』의 '전배도'와 거의 같은데, 존장에게는 돈수 4배, 평교간에는 돈수 2배하게 하였으며, 지존至尊(임금)이 아니면 계수하지 않는다고 하였다.

이처럼 예서마다 절하는 양식에 조금씩의 차이를 보인다.

공수할 때 길배吉拜와 흉배凶拜에 차이가 있는데, 혼례와 제례의 경우에는 남자는 왼손이 위에 가서 왼손으로 오른손을 감싸고, 여자는 오른손으로 왼손을 감싼다. 졸곡卒哭까지는 상제喪祭이고 그 다음날인 부제祔祭부터는 길제吉祭이므로, 상을 당한 후 졸곡까지가 흉사인데, 흉사에 공수할 때는 손을 반대로 하여 남자는 오른손이 위에 가고 여자는 왼손을 위에 놓는다.[176] 〈사의〉 흉사인 상례에서 남자는 오른손, 여자는 왼손을 위로 한다

---

176) 『미호집』, '답서묵수答徐默修'에, 묻기를, "손 모양을 공손히 한다.'의 주註에 가로되, '단

는 것은 상주들에게 적용되는 것이지 문상객에게 적용되는 것은 아니다. 앉아 있을 때 공수한 손의 위치는 남자는 두 다리의 중앙에 얹고, 여자는 오른쪽 다리 위에 얹으며, 남녀 모두 한쪽 무릎을 세우고 앉을 때는 세운 무릎 위에 얹는다.

계수배는 절 가운데 가장 무거운 것으로 신하가 군주에게 하는 절이므로 지금은 행할 대상이 없다. 그러므로 남자의 큰절은 돈수배이고, 평절은 공수배라 할 수 있다.

부모, 조부모, 외조부모, 배우자의 부모, 조부모, 외조부모 등 직계존속과 백숙부모, 종조부모 등 8촌 이내 방계존속과 선생님, 상급자[177] 그리

정하게 공수하여 함부로 움직이지 않는 것이다.'라고 하였는데, 옛날 사람의 차수와 같은 것을 '공공供'이라 이른 것입니까? 어떤 이는 '변고가 없으면 왼손으로 오른손 위를 교차하여 잡고, 변고가 있으면 오른손으로 왼손 위를 교차하여 잡는다.' 하는데, 이것이 과연 어떻습니까? 또 차수는 또한 무슨 뜻에서 취한 것입니까?" 하니 답하기를, "'공'은 차수를 말한다. 공자가 문인들과 함께 서 있으면서 오른손을 위로 하였는데, 두세 명의 제자들도 또한 모두 오른손을 위로 하자, 공자가 가로되, '나는 누이의 상喪이 있기 때문이다.' 하니, 문인들이 즉시 왼손을 위로 하였다. 그렇다면 변고가 없으면 왼손을 위로 한다는 것을 알 수 있다. 대개 양陽은 좌左이고 음陰은 우右이며, 양은 길하고 음은 흉하니, 길하면 왼손을 위로 하는 것은 양을 높이기 위해서이고, 흉하면 오른손을 위로 하는 것은 음에 속하기 때문이다. '공'의 뜻으로 말한다면, 주자가 또한 가로되, '손을 받들어 가슴에 대고 단정히 걷고 바르게 서면, 그 마음이 숙연해져서 자신이 하나가 된다.' 하셨다. 군자가 반드시 공수하는 까닭이 어찌 여기에 있지 않겠는가." 하였다.

177) 『임하필기』, '문헌지장편', '체례體例'에, 고려 충렬왕 때 이제현李齊賢 가로되, "(상략) 2품계 이상의 상관을 뵈면 배례는 돈수재배頓首再拜를 한다. 읍례揖禮는 몸을 굽히고 손을 들어 눈 아래에 가지런히 하여 공경을 표한다. 상관上官은 윗자리에, 하관下官은 아랫자리에 위치한다. 예를 행하면 상관은 따라서 서기만 할 뿐 답례는 없다. 길에서 만나면 하관이 말을 피하는데 피하지 못하면 말에서 내리고, 상관은 말에서 내리지 않은 채 채찍을 내리고 지나간다. (중략) 1품부터 9품까지 한 품계가 차이가 나는 자의 배례는 곧 돈수재배로 하되 상관은 공수답배控手答拜한다. 읍례는 몸을 굽히고 손을 들어 입 아래에 가지런히 하여 경의를 표하면 상관은 손을 들어 가슴에 가지런히 하여 답례를 한다. 길에서 만나면 하관이 말을 피하고, 피하지 못하면 말에서 내리며, 상관 또한 말에서 내려서 위의 의식대로 읍례를 한다. 관품官品이 서로 대등한 자들의 배례는 공수재배控手再拜로 하며, 읍례는 주변이 각각 손을 들어 입 아래에 가지런히 하여 공경을 표하되, 동서로 서로 마주하여 예를 행한다. 길에서 만나면 말 위에서 채

고전예서에 근거한 집안제사 해설

고 10~20세 이상 나이가 많은 연장자 등[178]에게 남자는 돈수배를 한다.

나이가 비슷한 벗이나 동급자 사이에서는 평절을 하는데, 결혼할 때 부

찍을 들어 서로 읍한다. 무릇 백성들 간의 배례는 아들, 손자, 동생, 조카, 생질 또는 사위 등이 존장尊長을 뵙거나 생도生徒가 사범師範을 뵙거나 노비가 상전을 뵐 경우 돈수사배頓首四拜를 행하는데, 장유長幼와 친척의 차등을 밝혀 돈수재배의 예를 행하기도 한다. 답례는 경우에 따라 합당하게 한다. 평교平交는 공수재배控手再拜의 예를 한다. 무릇 백성들 간에는 읍례는 존비尊卑와 장유를 감안하여 상중하의 예를 행한다." 하였다.

178) 『격몽요결』, '접인接人'에, 모든 절*하고 읍하는 예법은 미리 정할 수 없다. 대체로 아버지의 절친한 친구에게는 당연히 절하고, 마을 내의 15세 이상 연장자에게도 당연히 절하고, 벼슬이 당상관이면서 나보다 10년 이상 연장자이면 당연히 절하며, 동향으로 20세 이상 연장자이면 당연히 절을 해야 한다. 그러나 그 사이의 높고 낮은 복잡한 사정은 때와 예절을 따르는 가운데에 달려있지 또한 반드시 이 규범에 구애될 필요는 없다. 다만 항상 자신을 낮추고 남을 높이는 생각을 마음속에 두어야 한다. 『시경』에, '따사롭고 공손한 사람이여, 생각건대 덕의 기틀이도다.'라고 하였다. *돈수배에 해당한다.
『미암집眉巖集』, '경연일기'에, "신이 향약의 의례를 삼가 살펴보니, 동류끼리 서로 만나는 데 다섯 등급이 있습니다. 첫째는 존자尊者로서 자기보다 20세가 많은 사람이며, 둘째는 장자長者로서 자기보다 10세가 많은 사람입니다. 셋째는 적자敵者로서 자기의 나이와 서로 위아래 10살의 차이가 없는 사람이며, 넷째는 소자少者로서 자기보다 10살 아래의 사람이고, 다섯째는 유자幼者로서 자기보다 20살 어린 사람입니다. 존자와 유자가 서로 만나고, 장자와 소자와 서로 만나면, 향약의 모임에서는 유자와 소자가 존자와 장자에게 모두 재배再拜를 합니다. 대개 장유長幼의 순서를 중히 여긴 까닭입니다. 무릇 모임은 모두 연치年齒로 합니다만, 만일 특이한 벼슬이 있는 사람이라면 비록 고향사람이라도 연치로 하지 않습니다. 이는 또한 조정의 벼슬을 중히 여긴 것이니, 대개 어른을 어른으로, 귀한 이를 귀한 이로 아울러 대접하여 어긋나지 않으려는 뜻입니다. 우리나라 풍속은 공청公廳에서의 공례公禮는 재배례를 행하고, 개인적으로는 읍揖만 하는데 사적인 곳에서도 두 예법을 아울러 써야 합니다. 평소에 선비들이 존장에게 단배례單拜禮만 행하는데, 단배가 비록 성대한 예는 아니지만 그러나 공경을 바치는 뜻이 있으니, 서로 대등하게 읍을 하는 것과는 다릅니다." 하였다. ·『미암집』-유희춘柳希春(조선 선조 때의 문신. 본관 선산善山)의 문집.
『지산집』, 「가례고증」, '사마씨거가잡의司馬氏居家雜義', '존장尊長'에, 살펴보건대, 주자가 증손增損한 『여씨향약呂氏鄉約』에 이르기를, 존유尊幼에 따른 항렬에는 무릇 다섯 등급이 있다. 존자尊者는 자기보다 30세 이상 나이가 많은 사람을 이르며, 아버지의 항렬에 있다. 장자長者는 자기보다 10세 이상 나이가 많은 사람을 이르며, 형의 항렬에 있다. 적자敵者는 나이가 상하로 10세를 벗어나지 않은 사람을 이르는데, 나이가 많은 사람은 초장稍長이고 나이가 적은 사람은 초소稍少이다. 소자少者는 자기보다 10세 이하의 어린 사람을 이른다. 유자幼者는 자기보다 30세 이하의 어린 사람을 이른다.

부간과 세배할 때 형제간에는 서로 평절로 맞절을 한다. 남자가 평교平交 즉 동년배 사이에 하는 절은 『가례집람도설』과 『임하필기』에 인용된 고려 이제현의 설은 공수배를, 『상변통고』와 『동자례』는 돈수배를 하게 하였는데 지금은 보통 공수배를 한다. 아랫사람에게 답배할 때 대상에 따라 공수배나 반절을 한다.

돈수배는, 『가례집람도설』 '전배도'와 '배례도'의 설명을 따르면, 눈높이까지 한 번 읍을 하고 조금 물러나, 양 손을 모은 채 땅을 짚고, 먼저 왼쪽 다리를 꿇고 다음으로 오른쪽 다리를 꿇고, 머리를 숙여서 손에 닿으면 곧 일어나는데, 먼저 오른쪽 다리를 세우고, 양 손을 모아서 오른쪽 무릎을 짚고, 왼쪽 다리를 세워서 발을 가지런히 하고, 공수한 손은 한복이면 가슴 앞에 양복이면 배꼽 앞에 자리한다. 공수배는 머리가 손에 닿기 전에 일어난다. 보통 단배單拜만 한다. 남자는 양陽이기 때문에 최소 양수인 한 번, 여자는 음陰이기 때문에 최소 음수인 두 번이 기본횟수인데, 의식이나 죽은 사람에게는 기본횟수의 배倍를 한다. 요즈음은 남녀평등의 의미로 절하는 횟수를 같이 하는 경우가 많다.

여자의 절[179]은 숙배가 바르다고 여러 예서에 기술되어 있으며, 임금이

---

179) 『지산집』, 「가례고증」, '사당', '협배俠拜'에, '협俠'은 '협夾(두 겹의, 끼이다)'과 같다. 살펴보건대, 『의례』 「소뢰궤식례」에 이르기를, '시동尸童이 주인에게 잔을 준다. 주인이 절을 하고 잔을 받는다. 시동이 답배한다. 주인이 또 절한다. 또 주부가 절을 하고 시동에게 헌작한다. 시동이 절하고 잔을 받는다. 주부가 또 절한다. 주註에, 모두 그것을 협배라고 하며, 또한 협작배夾爵拜라고도 한다.' 하였다. 『관례冠禮』에 이르기를, '아들이 이미 관례를 올리고 나면 어머니를 뵙는다. 어머니가 절을 하고 아들의 절을 받는다. 배웅하며 어머니가 또 절을 한다. 주註에 부인은 장부丈夫에 대해 비록 아들이라도 협배를 한다.' 하였다. 그런즉 '협俠'이 뜻하는 것을 알 수가 있다. 이제 『가례』에 근거하여 말하면, 제례의 경우 주부가 두 번 절하고 헌작하고 물러나서 또 두 번 절하며, 혼례는 신부가 먼저 두 번 절하면 신랑이 답하여 재배하고, 신부가 또 두 번 절한다. 이것이 모두 협배이다. 다만 주부가 점다點茶와 아헌亞獻을 할 때에 먼저 절한다는 문구가 없으므로, 아마도 한 번에 사배四拜를 하는 것 옳다. 협배라는 명칭은 여기에

고전예서에 근거한 집안제사 해설

무엇을 하사하더라도 숙배를 하고, 평상시에 사람들을 만나면 숙배로 예를 올리는 것이 옳다고 하였다. 〈가례집람〉 그러나 혼례에서 시부모를 뵙는 예나 상례喪禮에서 남편과 자식이 상주가 되었을 때에는 중한 예법으로 손을 차수하여 땅에 대고 머리를 닿게 절을 하여(개두磕頭) 남자의 절과 거의 같은 양식이었다. 〈상변통고〉『성호사설』 '인사문'에, "우리나라 영남 풍속에 여자가 여전히 남자의 절을 하는 것이 있다. 신라는 진한辰韓의 나라로서 진秦나라 시기의 사람이 비로소 개국한 것인데, 아마도 한漢나라 이전의 예로부터 전해져 오던 풍속이 아직도 남아 있는 것이다. 지금 서울의 여자들은 두 손을 모아 잡지 않고 먼저 아래로 내려 땅을 짚고 무릎을 꿇은 다음 조금 숙일 뿐이다. 사당에 이르면 남자의 절을 하고, 또 혼례에 협배俠拜를 하면 공수하여 땅을 짚는데, 오직 높이 틀어 올린 쪽(고계高髻)이 혹 떨어질까 두려워하여 몸은 구부리면서 머리는 곧게 하니 또한 대단히 우습다." 하였으니, 지역마다 차이가 있었던 것 같다. 요즈음 중한 예식에서 하는 절은, 바로 서서 공수한 손과 팔꿈치를 어깨높이로 수평이 되게 올리고, 고개를 숙여 이마를 공수한 손등에 붙인 뒤, 먼저 왼쪽 무릎을 꿇고 오른쪽 무릎을 꿇어 엉덩이를 내려 깊이 앉아서 윗몸을 반쯤 앞으로 천천히 굽혀서 잠시 머물러 있다가 윗몸을 일으키고, 오른쪽 무릎을 먼저 세우고 일어나면서 왼발을 오른발과 가지런히 모은다. 이어 공수한 손을 원위치로 내리면서 고개를 반듯하게 세운다. 이는 머리장식이 발

서 말미암은 것이다. 또 살펴보건대, 부인이 절하는 예는 숙배肅拜를 정배正拜로 삼는데, 두 무릎을 가지런히 꿇고 손을 바닥에 대고 머리는 아래로 숙이지 않는 절을 숙배라고 한다. 비록 임금이 하사하여 절하여도 이렇게 한다. 또 수배手拜가 있는데, 손을 바닥에 대고 머리가 손에 닿게 하는 절이다. 혼례에서 시부모를 뵐 때와 상喪을 당하면 이 절을 한다. 남편이나 장자長子가 상주가 되면 계상稽顙을 한다. 또 『내칙內則』에 이르기를, '모든 여자의 절은 오른손을 높인다(상尙). 주註에, 높인다(상尙)는 것은 공수拱手할 때 오른손이 위에 있는 것이다.' 하였다.

달하며 변형되어 온 것으로 보이며, 무릎을 꿇는 것이 바르지만 반가부좌 형태로 앉기도 한다.

숙배의 경우, 공수한 손을 풀어 양옆으로 자연스럽게 내리고, 왼쪽 무릎을 먼저 꿇고, 다음으로 오른쪽 무릎을 왼쪽 무릎과 가지런히 꿇어앉는다. 손끝이 바깥으로 향하게 손가락을 가지런히 모아서 무릎과 나란히 바닥에 대고, 윗몸을 앞으로 반쯤 굽혀 잠시 머물러 있다가 윗몸을 일으키며 두 손을 바닥에서 떼고, 오른쪽 무릎을 먼저 세우며 일어나 발을 가지런히 하고 공수한다.

만약 웃어른이 세 분 이상 같이 자리했으면 또한 세 번 절하고 그치는데, 번거로움을 피하기 위해서이다. 설날에 부모님이나 어른께 절을 올릴 때는, 세대世代별로 한 줄로 서며, 남자들은 왼쪽에 자리하는데 서쪽이 윗자리가 되며, 부인들은 오른쪽에 자리하는데 동쪽이 윗자리가 된다. 〈지산집〉

맞절을 할 때는 아랫사람이 먼저 시작해 늦게 일어나고, 웃어른이 늦게 시작해 먼저 일어난다.

답배는 상대에 따라 공수배나 반절을 한다. 반절로 답배하면 아랫사람이 절을 시작해 무릎을 꿇는 것을 본 다음에 시작해 아랫사람이 일어나기 전에 끝낸다. 반절 즉 반배半拜는, 무릎을 꿇은 채, 손은 앞으로 모아 짚고 머리와 허리를 약간 숙이는데, 여자는 손을 양옆으로 살짝 짚어도 좋다. 직계 어른이나 스승이면 앉은 채로 상체나 고개를 숙이는 정도로 그치기도 한다.

고전예서에 근거한 집안제사 해설

2. 禮書예서

⊛ 擊蒙要訣격몽요결

祭儀抄

出入儀

凡出入必告祠堂君近出則入大門瞻

禮而行歸亦如之若經宿處則焚香再

拜歸亦如之若遠出經旬處則開中門

再拜升堂焚香告云某將適某所敢告

又再拜而行歸亦如之但告云某今日

歸自其所敢見諸子異居者近出則不

必拜辭若遠出則須就祠堂拜辭如上

■ 喪制章상제장

喪制 當一依朱文公家禮 若有疑晦處 則質問于先生長者識禮處 必
盡其禮可也

　상사의 제도는 마땅히 한결같이 『주자가례』를 따라야 하니, 만일 의심
스럽거나 모르는 부분이 있거든 선생이나 어른으로 예禮를 아는 분에게
질문해서 반드시 그 예를 다하는 것이 옳다.

復 時俗 例必呼小字 非禮也 少者則猶可呼名 長者則不可呼名 隨
生時所稱可也 婦女 尤不宜呼名

　'복復'[180]을 하면, 지금의 습속은 관례적으로 꼭 어릴 때의 이름을 부르는
데, 이는 예가 아니다. 젊은 사람이면 오히려 이름을 불러도 되지만, 어
른은 이름을 불러서는 안 되고, 생시에 불리던 대로 따르는 것이 옳다. 부
녀자라면 이름을 부르는 것이 더욱 마땅하지 않다.

母喪 父在則父爲喪主 凡祝辭 皆當用夫告妻之例也

　어머니 상에 아버지께서 살아 계시면 아버지가 상주가 되니, 모든 축문
은 모두 당연히 지아비가 아내에게 고하는 법식을 쓴다.

父母初沒 妻妾婦及女子 皆被髮 男子則被髮 扱上衽 徒跣 小斂後
男子則袒括髮 婦人則髽 若子爲他人後者及女子已嫁者 皆不被髮徒跣

---

180) 복復-초혼招魂하여 회생하기를 바라는 의식으로 고복皐復이라고 하는데, 시신을 보지
않은 사람이 죽은 사람이 입던 옷을 가지고 동쪽으로부터 지붕 위에 올라가 북쪽을 향해 휘두르
며 '皐某官某公 復, 復, 復(고모관모공 복 복 복)' 하고 세 번 크게 부르는 의식으로, 친척인 경
우 '아무 아저씨 복, 복, 복' 하고 외친다.

　　　　　고전예서에 근거한 집안제사 해설

男子則免冠

부모께서 막 돌아가셨을 때에는 아내, 첩, 며느리와 딸은 모두 머리를 풀고, 아들은 머리를 풀고 윗옷 섶을 거두어 모으고 맨발로 다닌다. 소렴 小斂(사망한 다음날 아침 시신에게 수의를 입히는 절차)한 뒤에는 아들은 한쪽 어깨를 드러내고 머리를 묶으며 부인은 북상투를 한다. 만일 아들이 남의 양자가 되었거나 딸이 이미 출가자이면 모두 머리를 풀거나 버선을 벗지 않아도 된다. 남자는 관만 벗는다.

尸在牀而未殯 男女位于尸傍 則其位南上 以尸頭所在爲上也 旣殯
之後 女子則依前位于堂上 南上 男子則位於階下 其位當北上 以
殯所在爲上也 發引時 男女之位 復南上 以靈柩所在爲上也 隨時
變位 而各有禮意

시신이 침상에 있고 빈소를 차리지 않았으며 아들과 딸이 시신 옆에 자리하게 되면, 그 위치는 남쪽이 상석이 되니, 시신의 머리가 있는 곳을 상석으로 삼기 때문이다. 이미 빈소를 차린 뒤에는 딸들은 앞서 대로 마루 위에 자리하되 남쪽을 상석으로 하고, 아들들은 섬돌 아래에 자리하되 그 자리는 마땅히 북쪽을 상석으로 하니, 빈소가 있는 곳을 상석으로 삼기 때문이다. 발인할 때 아들과 딸의 위치는 다시 남쪽을 상석으로 하니, 영구가 놓여 있는 곳을 상석으로 삼기 때문이다. 때에 따라 위치를 바꾸되 각각 예의 뜻이 있는 것이다.

今人多不解禮 每弔客致慰 專不起動 只俯伏而已 此非禮也 弔客
拜靈座而出 則喪者當出自喪次 向弔客再拜而哭可也 弔客當答拜

요즈음 사람들은 많은 이가 예를 이해하지 못하여, 매번 조객이 위로할 때 전혀 기동하지 않고 단지 엎드려 있기만 할 뿐인데, 이는 예가 아니다. 조객이 영좌靈座에 절하고 나오거든 상주는 마땅히 상차喪次(중문 밖 사랑채나 행랑채의 허름한 방으로 상주가 탈상할 때까지 기거하는 곳)로부터 나와서 조객을 향하여 두 번 절하고 곡함이 옳다. 조객도 당연히 답해서 절하여야 한다.

衰絰 非疾病服役 則不可脫也

상복과 수질首絰 및 요질腰絰은 질병이 있거나 일하는 경우가 아니면 벗어서는 안 된다.

家禮 父母之喪 成服之日 始食粥 卒哭之日 始疏食糲飯也水飲 不食羹也 不食菜果 小祥之後 始食菜果 羹亦可食 禮文如此 非有疾病 則當從禮文 人或有過禮而啜粥三年者 若是誠孝出人 無一毫勉強 之意 則雖過禮 猶或可也 若誠孝未至 而勉強踰禮 則是自欺而欺 親也 切宜戒之

『가례』에 부모의 상에는 상복을 갖추어 입는 날에 비로소 죽을 먹고, 졸곡卒哭[181]하는 날에 비로소 거친 밥을 현미밥 먹고 물을 마시며 국은 먹지 않는다. 채소와 과일은 먹지 않는다. 소상小祥(초상을 치르고 만 1년이 되는 날 지내는 제사)이 지난 뒤에야 비로소 채소와 과일을 먹는다. 국도 먹을 수 있다. 예문禮文이 이와 같으니, 질병이 없으면 마땅히 예문을 따라야 하느니라. 예를 지나치는 사람이 가끔 있어서 삼 년 동안 죽을 먹는 자가 있는데, 만일 효성이 남보다 출중하여 힘써서 억지로 하는 뜻이 터럭 하나만큼도 없다면

---

181) 졸곡卒哭–삼우제를 지낸 뒤 무시애곡無時哀哭을 끝내기 위하여 지내는 제사로 초상으로부터 3개월이 지난 뒤 첫 강일剛日에 지내도록 되어 있으나 요즈음은 보통 초상으로부터 10일 이내에 지낸다. 강일은 일진日辰의 천간天干이 갑甲, 병丙, 무戊, 경庚, 임壬에 해당되는 날.

비록 예에 지나치더라도 가하지만, 만일 효성이 지극하지 못하면서 억지로 예에 지나치게 한다면 이것은 자신을 속이고 어버이를 속이는 것이니, 의당 경계해야 하느니라.

今之識禮之家 多於葬後返魂 此固正禮 但時人效嚬 遂廢廬墓之俗
返魂之後 各還其家 與妻子同處 禮坊大壞 甚可寒心 凡喪親者 自度
一一從禮 無毫分虧欠 則當依禮返魂 如或未然 則當依舊俗廬墓可也

　지금의 예법을 아는 집안에서는 대부분 장사 지낸 뒤에 반혼返魂(장지에서 혼백을 다시 집으로 모셔오는 것)하니, 이것은 진실로 바른 예이되, 다만 요즘 사람들은 남을 잘못 흉내 내어 마침내 여묘廬墓(상제가 무덤 옆에 여막을 짓고 살며 무덤을 지키던 일)하는 풍속을 폐하고 반혼한 뒤에 각각 자기 집으로 돌아가 처자식들과 함께 거처하여, 예절의 둑이 크게 무너졌으니, 몹시 한심스러워 할만하다. 무릇 어버이를 잃은 자는 일일이 예를 따라서 스스로 헤아려 조금도 모자라는 것이 없으면 마땅히 예를 따라 반혼할 것이요, 혹여 그렇지 못하면 옛 풍속을 따라 당연히 여묘하는 것이 옳다.

親喪成服之前 哭泣不絶於口 氣盡則令婢僕代哭 葬前 哭無定時 哀
至則哭 卒哭後則朝夕哭二時而已 禮文大槩如此 若孝子情至 則哭
泣豈有定數哉 凡喪 與其哀不足而禮有餘也 不若禮不足而哀有餘
也 喪事 不過盡其哀敬而已

　어버이의 상을 당하면, 상복을 갖추어 입기 전에는 곡하고 우는 것이 입에서 끊어지지 않게 하고, 기운이 다하면 하인으로 하여금 대신 곡하게 한다. 장사 지내기 전에는 곡을 하는 정해진 때가 없이 슬픔이 일면 곡하며, 졸곡을 지낸 뒤에는 아침과 저녁의 곡 두 번뿐이다. 예문이 대개 이와 같으나,

만일 효자로서 정이 지극하면 곡하고 우는 데 어찌 정한 횟수가 있겠는가? 무릇 초상에서 슬픔이 부족하고 예는 넉넉한 것이, 예는 부족하나 슬픔이 넉넉한 것만 못하니, 상사喪事는 그 슬픔과 공경을 다하는 것에 지나지 않을 따름이다.

曾子曰 人未有自致者也 必也親喪乎 送死者 事親之大節也 於此
不用其誠 惡乎用其誠 昔者 少連大連善居喪 三日不怠 三月不懈
期悲哀 三年憂 此是居喪之則也 孝誠之至者 則不勉而能矣 如有
不及者 則勉而從之可也

증자가 말씀하기를, '사람이 스스로 극진히 정성을 다하는 것은 없으나, 어버이의 상은 반드시 그래야 하도다!' 하셨다. 장사 지내는 것은 어버이를 섬기는 데 있어 큰 예절이니 여기에 그 정성을 쓰지 않는다면 어디에 그 정성을 쓰겠는가. 옛날에 소련小連과 대련大連¹⁸²⁾은 상사를 잘 치러 삼일 동안 게을리하지 않고, 석 달 동안 해이하지 않고, 일 년간 슬퍼하고, 삼 년 동안 근심하였으니, 이것이 바로 상사 치르는 법칙이다. 효성이 지극한 자는 힘들이지 않아도 능히 할 수 있거니와, 만일 미치지 못하는 자가 있으면 힘써서 따름이 옳다.

人之居喪 誠孝不至 不能從禮者 固不足道矣 間有質美而未學者
徒知執禮之爲孝 而不知傷生之失正 過於哀毁 羸疾已作 而不忍從
權 以至滅性者或有之 深可惜也 是故 毁瘠傷生 君子謂之不孝

사람이 상을 당하였을 때 효성이 지극하지 못하여 예법을 따르지 못하는

---

182) 소련과 대련– 2세 단군 부루태왕 때 상을 잘 치러 삼년상의 예를 갖추게 한 인물들이다.

것은 진실로 도리가 족하지 못하다. 요사이 자질은 아름다우나 아직 배우지 못한 자가 있어, 오직 예를 지키는 것이 효도를 하는 것인 줄만 알고, 생명을 상함은 올바름을 잃는 것임을 알지 못하여, 몸이 훼손될 만큼 슬퍼함이 지나쳐서 수척해지고 병이 이미 생겼는데, 종권從權(일시적으로 상주하는 일을 중지시켜 건강을 회복시키는 것)을 견뎌내지 못하여, 자신의 생명을 잃는 데 이르는 일이 간혹 있으니, 심히 애석하다. 그러므로 너무 슬퍼하여 몸이 수척하여지고 생명을 손상시키는 것을 군자는 불효라 이르는 것이다.

凡有服親戚之喪 若他處聞訃 則設位而哭 若奔喪 則至家而成服 若不奔喪 則四日成服 若齊衰之服 則未成服前三日中 朝夕爲位會哭 齊衰降大功者 亦同

　무릇 복을 입어야 할 친척의 상을 당해, 만일 다른 곳에서 부음訃音을 들었으면 신위神位를 설치하고 곡한다. 만일 초상에 급히 갈 수 있게 되면 집에 이르러 상복을 갖추어 입고, 만약 초상에 달려가지 못할 경우이면 4일 만에 상복을 갖추어 입는다. 만일 재최복齊衰服(아들과 며느리가 어머니의 상에 입는 복, 3년, 자최→제최, 재최)을 입어야 할 초상이면 성복하기 전 3일 동안은 아침저녁으로 신위를 설치하고 모여 곡한다. 재최복으로서 대공大功(9월)으로 낮추어진 자도 이와 같다.

師友之義重者及親戚之無服而情厚者與凡相知之分密者 皆於聞喪之日 若道遠不能往臨其喪 則設位而哭 師則隨其情義深淺 或心喪三年 或期年 或九月 或五月 或三月 友則雖最重 不過三月 若師喪 欲行三年期年者 不能奔喪 則當朝夕設位而哭 四日而止 止於四日之朝 若情重者 則不止此限

스승이나 벗으로 의義가 중한 자와 친척으로 복服은 없으나 정분이 두터운 자와 무릇 서로 알면서 교분이 친밀한 자는, 모두 상을 들은 날에, 만약 길이 멀어 그 초상에 가서 임할 수 없으면, 신위를 설치하고 곡한다. 스승이면 그 정의情義의 깊고 얕음에 따라 혹은 심상心喪 3년, 혹은 1년, 혹은 9개월, 혹은 5개월, 혹은 3개월을 할 것이요, 친구면 비록 가장 중하더라도 3개월을 넘지 않는다. 만약 스승의 상에 삼년복이나 기년복을 행하고자 하는 자가 분상奔喪할 수 없거든 마땅히 아침저녁으로 신위를 설치하고 곡하여, 4일에 그친다. 4일째 아침에 그친다. 만일 정이 중한 자라면 이 한도에 그치지 않는다.

凡遭服者 每月朔日 設位 服其服而會哭 師友雖無服 亦同 月數旣滿 則於次月朔日 設位服其服 會哭而除之 其間哀至則哭可也

무릇 복을 입게 된 자는 매월 초하루에 신위를 설치하고, 그 복을 입고 모여서 곡한다. 사우師友는 비록 복이 없으나 또한 같이 한다. 달수가 이미 찼으면 다음 달 초하루에 신위를 설치하고 그 복을 입고 모여서 곡하고 상복을 벗는다. 그 사이에 슬픔이 지극하면 곡하는 것이 옳다.

凡大功以上喪 則未葬前 非有故 不可出入 亦不可弔人 常以治喪 講禮爲事

무릇 대공大功 이상의 상喪이면 장사를 지내기 전에는 까닭 없이 출입하지 말 것이고, 또한 다른 사람의 상에 조문도 하지 말 것이며, 항상 초상을 치르고 예를 익히는 것을 일삼아야 한다.

고전예서에 근거한 집안제사 해설

■ 祭禮章제례장

祭祀 當依家禮 必立祠堂 以奉先主 置祭田 具祭器 宗子主之

　제사는 당연히 『가례』를 따르고, 반드시 사당을 세워서 조상의 신주를 받들며, 제전祭田을 장만하고 제기祭器를 갖추어서 종가宗家의 맏아들이 주관한다.

主祠堂者 每晨 謁于大門之內 再拜 雖非主人 隨主人同謁無妨 出入必告

　사당을 주관하는 자는 매일 새벽에 대문 안에서 뵙고 두 번 절하며, 주인이 아니라도 주인을 따라 함께 뵙는 것은 무방하다. 나들이할 때에는 반드시 사당에 고해야 한다.

或有水火盜賊 則先救祠堂 遷神主遺書 次及祭器 然後及家財

　만약 수해, 화재 또는 도적을 당하면, 먼저 사당을 구해서 신주와 유서를 옮기고, 다음으로 제기를 구한 연후에 가재를 옮긴다.

正正朝至冬至朔一日望十五日則參 俗節則薦以時食

　정월 초하루, 동지, 매달 초하루와 보름에는 참배하고, 명절에는 시절 음식을 올린다.

時祭則散齊四日 致齊三日 忌祭則散齊二日 致齊一日 參禮則齊宿一日 所謂散齊者 不弔喪 不問疾 不茹葷 飮酒不得至亂 凡凶穢之事 皆不得預 若路中猝遇凶穢 則掩目而避 不可視也 所謂致齊者 不聽樂 不出入 專心想念所祭之人 思其居處 思其笑語 思其所樂 思其

所嗜之謂也 夫然後當祭之時 如見其形 如聞其聲 誠至而神享也

시제를 지낼 때는 산재散齊(散齋, 밖에서의 행동을 삼가여 외부 환경을 방비하는 것) 4일, 치재致齊(致齋, 안으로 마음을 삼가는 것)를 3일 하며, 기제는 산재 2일, 치재를 1일 하며, 참례는 치재 하루 한다. 이른바 산재라는 것은 문상하지 않고, 병문안 가지 않으며, 매운 냄새나는 채소를 먹지 않고, 술을 마시되 어지러움에 이르지 않으며, 온갖 흉하고 더러운 일에는 모두 간여하지 않는다. 만약 길에서 갑자기 흉하고 더러운 것을 만나면 눈을 가리어 피하고 보지 말아야 한다. 이른바 치재라는 것은 음악을 듣지 않고, 나들이하지 않으며, 오로지한 마음으로 제사 받을 조상만을 생각하여, 거처하시던 것, 웃고 말하시던 것, 즐거워하시던 것, 즐겨 잡수시던 음식을 회상하는 것을 이름이다. 이렇게 한 뒤에 제사 지낼 때를 맞아서는 그 모습을 뵙듯이, 그 음성을 듣는 것처럼 정성을 다하매, 신이 흠향하는 것이다.

凡祭 主於盡愛敬之誠而已 貧則稱家之有無 疾則量筋力而行之 財力可及者 自當如儀

모든 제사는 사랑과 공경의 정성을 다하는 것을 주로 할 따름이다. 가난하면 집의 있고 없음을 저울질하고, 병들었으면 근력을 헤아려서 제사를 지내되, 재력이 미치는 자는 스스로 마땅히 의례와 같이 한다.

墓祭忌祭 世俗輪行 非禮也 墓祭則雖輪行 皆祭于墓上 猶之可也 忌祭不祭于神主 而乃祭于紙榜 此甚未安 雖不免輪行 須具祭饌 行于家廟 庶乎可矣

묘제와 기제를 세간의 풍속은 자손 간에 돌려가며 지내는데 예가 아니다. 묘제는 비록 돌려가며 지내더라도 모두 묘소에서 제사를 올리니 오히려 괜찮다. 기제는 신주에 제사 지내지 않고 지방에 제사를 지내야 하니 매우 미안한 일이다. 비록 돌아가며 지내더라도 모름지기 제물을 갖추어 사당에서 지내는 것이 대체로 옳은 일이다.

喪祭二禮 最是人子致誠處也 已沒之親 不可追養 若非喪盡其禮
祭盡其誠 則終天之痛 無事可寓 無時可洩也 於人子之情 當如何
哉 曾子曰 愼終追遠 民德歸厚矣 爲人子者所當深念也

　상례와 제례 두 예절은 사람의 자식으로 가장 정성을 다해야 할 일이다. 이미 돌아가신 부모는 다시는 봉양할 수 없으니, 만약 상을 당해서 그 예를 다하지 아니하고, 제사를 지냄에 그 정성을 다하지 않는다면, 어버이를 잃은 큰 아픔을 의탁할 만한 일이 없고 쏟을 만한 때가 없을 것이니, 자식의 정이 마땅히 어떠하겠는가? 증자 가로되, '장사를 당하여 예절을 극진하게 하고, 제사에 정성을 다하면, 사람의 덕성이 두터워진다.'[183] 하셨으니 사람의 자식 된 자는 마땅히 깊이 새겨두어야 할 바이다.

今俗多不識禮 其行祭之儀 家家不同 甚可笑也 若不一裁之以禮
則終不免紊亂無序 歸於夷虜之風矣 玆鈔祭禮 附錄于後 且爲之圖
須詳審倣行 而若父兄不欲 則當委曲陳達 期於歸正

　지금의 풍속은 대부분 예를 알지 못하여, 제사 지내는 의식이 집집마다 같지 않으니 몹시 우습다. 만약 예법으로써 한 번 마름질하지 않는다면, 마침내 문란과 무질서를 면하지 못해, 오랑캐의 풍속으로 돌아갈 것이다.

---

183) 신종추원愼終追遠-『논어』의 「학이學而」편에 나오는데 '신종'은 '부모의 임종을 신중히 하다.'라는 말로 장례를 극진히 모신다는 뜻이며, '추원'은 '조상을 추모한다.'는 말로 제사를 정성스레 올린다는 뜻인데 증자가 한 말이다.

이에 『가례』의 '제례'를 베껴 뒤에 부록으로 하고 또 그림으로 그려 놓았으니, 모름지기 자세히 살펴 따라 행하되, 만약 부형父兄이 그렇게 하려고 하지 않으시거든 당연히 간곡히 말씀 드려 바른 데로 돌아가도록 기약해야 할 것이다.

■ 祭儀鈔제의초

· 出入儀출입의

凡出入 必告祠堂 若近出則入大門 瞻禮而行 歸亦如之 若經宿處 則焚香再拜 歸亦如之 若遠出經旬處 則開中門再拜 升堂焚香告云 某將適某所 敢告 又再拜而行 歸亦如之 但告云 某今日歸自某所 敢見 諸子異居者 近出則不必拜辭 若遠出則須就祠堂拜辭如上儀 但不開中門 主人外餘人拜辭時 皆不開中門

무릇 외출하거나 돌아왔을 때에는 반드시 사당에 고해야 한다. 만약 가까이 나갈 때면, 대문에 들어가서 첨례瞻禮하고서 가며, 돌아와서도 또한 이와 같이 한다. 만약 숙박하고 와야 하면 분향하고 재배하며, 돌아와서도 이와 같이 한다. 만약 멀리 출타하여 열흘 이상 걸릴 곳이면 중문을 열어 재배하고, 사당에 올라 분향하고 아뢰기를 '아무개가 장차 어느 곳에 가려고 감히 아룁니다.'라고 하며, 다시 재배한 뒤 가고, 돌아와서 이와 같이 하는데, 단 아뢰기를 '아무개가 오늘 어느 곳으로부터 돌아와 감히 뵙습니다.'라고 한다. 여러 자식들이 흩어져 살면서 가까이 외출하면, 반드시 절하고 아뢰는 것은 아니다. 만약 멀리 출타하면 마땅히 사당에 나아가 위의 예의와 같이 절하고 아뢰되 단 중문은 열지 않는다. 주인 외의 나머지 사람은 절하고 아뢸 때 모두 중문을 열지 않는다.

祠堂東階 謂之阼階 惟主人主祭者 升降由阼階 主婦主人之妻 及餘
人 雖尊長 必由西階

　사당의 동쪽 층계를 조계阼階라고 하는데, 오직 주인만 제사를 주관하는 사
람 조계를 통해 오르내리며, 주부 주인의 아내 및 나머지 사람은 비록 웃어
른이라 할지라도 반드시 서쪽 층계를 통해야 한다.

·參禮儀참례의

正至朔望則參 前一日 灑掃齋宿[184] 厥明 夙興開祠堂門 設茅沙於
香案前 每位設饌 脯果隨宜 或設餠亦可 若正朝冬至 則別設饌數品 冬至則
加以豆粥 若冬至行時祭 則不行參禮 主人以下盛服 團領 或紅直領亦可 入
門就位 主人盥帨 升啓櫝 將啓櫝時 必先俯伏興 奉諸考神主置於櫝前
主婦盥帨升 奉諸妣神主置于考東 若有祔主 則分出如前 若祔主之卑者
則命長子長婦或長女分出 旣畢 主婦先降 主人詣香卓前焚香再拜 少
退立 執事者一人 奉酒注詣主人之右 一人執盞盤詣主人之左 主人
跪 執事者皆跪 主人受注 斟酒于盞 反注 取盞盤奉之 左執盤右執
盞 酹于茅上 傾酒于茅上也 以盞盤授執事者 執事者皆退 俛伏興少退
再拜以降神 降復位 與在位者皆再拜以參神 主人升 執酒注斟于各
位前盞 先於各位前設空盞 旣畢 立於香卓前再拜 降復位 與在位者

---

184) 『제례고정』, '제의고祭儀考'에, '齋宿(재숙)'의 '宿(숙)'은 '肅(숙, 엄숙하다, 가지런하다, 삼
가다)'이다. (중략) '宿(숙)'은 '致齊(치재)'이다.

皆再拜 辭神而退 按家禮 望日則不出主 不設酒 只設茶 今國俗無用茶之禮
當於望日 不出主 只啓櫝 不酹酒 只焚香 使有差等

　설, 동지, 매달 초하루와 보름에는 참례한다. 하루 전에 물 뿌리고 비로 쓸고 치재하며 그날 새벽 일찍 일어나서 사당 문을 열고, 향탁 앞에 모사茅沙를 설치하고, 신위마다 음식을 차린다. 포와 과일은 응당 따라야 하고, 혹 떡을 진설하는 것 또한 좋다. 만약 설날과 동지면 별도로 몇 가지 음식을 차리는데, 동지면 팥죽을 더한다. 만약 동지에 시제를 지내면 참례하지 않는다. 주인 이하 모두 옷을 갖추어 입고, 단령團領 혹 홍직령紅直領 또한 좋다. 문으로 들어가 제자리에 나아간다. 주인은 손을 씻고 수건으로 닦고 올라가서 신주함을 열고, 장차 신주함을 열려고 할 때, 반드시 먼저 부복했다가 일어나야 한다. 모든 고위考位 신주를 받들어 신주함 앞에 모신다. 주부는 손을 씻고 수건으로 닦고 올라가 모든 비위妣位 신주를 받들어 고위 신주의 동쪽에 모신다. 만약 부주祔主(합사祔祀한 신주)가 있으면 앞과 같이 나누어 모셔내는데, 만일 낮은 항렬의 부주면 맏아들, 맏며느리 혹은 맏딸에게 나누어 모셔내도록 시킨다. 마치면 주부가 먼저 내려오고, 주인은 향탁 앞에 나아가서 분향하고 두 번 절한 뒤 약간 물러서 선다. 집사 한 사람이 술 주전자를 받들어 주인의 오른쪽에 나아가고, 한 사람은 잔반을 잡고 주인의 왼쪽으로 나아간다. 주인이 꿇어앉고, 집사도 모두 꿇어앉는다. 주인은 주전자를 받아 잔에 술을 따르고, 주전자를 되돌려주고, 잔반을 받아 그것을 받든다. 왼손으로 잔 받침을 잡고 오른손으로 잔을 잡아, 모사 위에 붓고(뇌주酹酒) 나서, 모사기에 술을 기울인다. 잔반을 집사에게 준다. 집사는 모두 물러난다. 고개를 숙이고 엎드렸다가 일어나서 조금 물러나서 재배하여 강신降神하고 내려와 제자리로 돌아가서 자리한 사람들과 함께 재배하여 참신參神한다. 주인은 올라가 술 주전자를 들고 각위 앞의 잔에 술을 따른다. 먼저 각위 앞에 빈 잔을 놓아둔다. 마치면 향탁

고전예서에 근거한 집안제사 해설

앞에 서서 재배하고 내려와 제자리로 돌아와 선다. 자리한 사람들과 함께
재배하여 사신辭神하고 물러간다. 『가례』를 살펴보면 보름에는 신주를 내지 않고
술을 진설하지 않으며, 다만 차를 올린다고 하였는데, 우리나라의 풍속에 차를 쓰는 예가
없으니 마땅히 보름에는 신주를 모셔내지 않고 단지 신주함만 열며, 강신술을 따르지 않
고 단지 향만 피워 차등이 있게 한다.

· 薦獻儀천헌의

俗節 謂正月十五日 三月三日 五月五日 六月十五日 七月七日 八月十五日
九月九日及臘日 獻以時食 時食如藥飯艾餅水團之類 若無俗尚之食 則當具
餅果數品 如朔參之儀

속절에는 정월 대보름, 삼월 삼짇날, 오월 단오, 유월 유두, 칠월 칠석, 팔월 추석,
구월 중양절과 납일을 말한다. 시절음식을 시절음식은 약밥, 쑥떡, 수단의 부류로, 만
약 풍속에 받드는 음식이 없으면, 마땅히 떡과 과일 몇 가지를 갖춘다. 올리는데 초하
루의 참례의식과 같이 한다.

有新物則薦 須於朔望俗節幷設 若五穀可作飯者 則當具饌數品同設
禮如朔參之儀 雖望日亦出主酹酒 若魚果之類及菽小麥等不可作飯者
則於晨謁之時 啓櫝而單獻 焚香再拜 單獻之物 隨得卽薦 不必待朔望俗
節 凡新物 未薦前不可先食 若在他鄉 則不必然

새로 나온 물품이 있으면 바쳐야 한다. 마땅히 초하루, 보름과 속절에는 아울
러 진설한다. 만약 오곡으로 밥을 지을 만한 것이면 마땅히 반찬 몇 가지를
갖추어 함께 올리고 예는 초하루의 참례의식과 같이 한다. 비록 보름날이라
도 역시 신주를 내고 강신뇌주를 한다. 만약 생선이나 과일의 부류 및 콩, 밀 등

부록

217

밥을 지을 수 없는 것이면 새벽에 사당을 참배할 때 독을 열고 단헌單獻으로 분향하고 재배한다. 단헌으로 바치는 물품은 얻을 때마다 올리며 초하루나 보름 또는 속절까지 반드시 기다리지는 않는다. 모든 새로운 물품은 올리기 전에는 먼저 먹을 수 없다. 만약 타향에 있으면 반드시 그렇게 하지는 않는다.

·告事儀고사의

有事則告 如朔參之儀 獻酒再拜訖 主人立於香卓之南 祝 執版立
於主人之左 跪讀之畢 興 主人再拜 降復位 辭神

　일이 있으면 사당에 고하는데 초하루의 참례의식과 같이 한다. 술을 올리고 재배한 뒤 주인은 향탁의 남쪽에 선다. 축관이 축판을 잡고 주인의 좌측에 섰다가 꿇어앉아 축 읽기를 마치고 일어나면, 주인은 재배하고 제자리로 내려와서 사신辭神한다.

告事之祝　三代共爲一版　自稱以其最尊者爲主　如告授官則祝祠曰
維某年歲次某甲某月某朔某日某甲　孝曾孫某官某　敢昭告于顯曾
祖考某官府君　顯曾祖妣某封某氏　顯祖考某官府君　顯祖妣某封某
氏　顯考某官府君　顯妣某封某氏　某以某月某日　蒙恩授某官　奉承
先訓　獲露祿位　餘慶所及　不勝感慕　謹以酒果　用伸虔告謹告　若告
貶降則言　貶某官　荒墜先訓　惶恐無地云云　告及第則曰　蒙恩授某
科某第及第　奉承先訓　獲參出身云云　告生進入格則曰　蒙恩授生員
或進士　某等入格　奉承先訓　獲升國庠云云　若介子孫之事　則主人亦
告　而其祠曰　介子某　或介子某之子某　臨時隨宜變稱　云云　告畢　當
身進于兩階間再拜　當身拜時　主人西向立　降復位　與在位者辭神

고사 축은 삼대를 함께 한 판으로 하고, 스스로의 칭호는 가장 높은 분을 위주로 한다. 만약 벼슬을 제수 받아 고하면, 축문은 '아무 년 아무 월 아무 일에 효증손 아무 벼슬 아무개는 현증조고모관부군, 현증조비모봉모씨, 현조고모관부군, 현조비모봉모씨, 현고모관부군, 현비모봉모씨께 감히 소상히 아룁니다. 아무개가 아무 달 아무 날 은혜를 입어 아무 벼슬을 제수 받았습니다. 선조의 가르침을 받들고 이어 녹봉과 작위를 받게 되었습니다. 여경餘慶(남에게 좋은 일을 많이 한 보답으로 뒷날 그의 자손이 받는 경사)이 미친 바, 사모하는 감정을 이기지 못해 삼가 술과 과일을 써서 펼쳐 경건히 고합니다.'라고 한다. 만약 벼슬이 깎였으면 고하기를 '아무 벼슬로 강등되어 조상의 가르침을 몹시 떨어뜨려 두려움에 몸 둘 곳을 모르겠습니다. 운운' 한다. 급제를 고할 때는 '은혜를 입어 아무 과에 아무 제로 급제를 내려 받았습니다. 조상의 가르침을 받들고 이어서 처음으로 벼슬길에 나설 수 있게 되었으니 운운' 한다. 생원이나 진사에 입격되었음을 고할 때는 '은혜를 입어 생원에 혹은 진사에 아무 등으로 입격하여, 조상의 가르침을 받들고 이어 국상國庠(성균관)에 오를 수 있게 되었습니다. 운운' 한다. 만약 지차 자손의 일이면 주인이 또한 고하는데, 축문은 '개자介子(적장자嫡長子가 아닌 아들) 아무개 또는 개자 아무개의 아들 아무개 필요한 때에 따라서 마땅히 호칭을 바꾼다. 운운' 한다. 고하기를 마치면 당사자가 양계兩階의 사이로 나아가 재배하고, 당사자가 절할 때에 주인은 서향하여 선다. 제자리로 내려와 자리한 사람들과 함께 사신한다.

凡神主移安還安　或奉遷他處等事　則告祭用朔參之儀　若廟中改排器物鋪陳　或暫修雨漏處　而不動神主之事　則告祭用望參之儀　告祠則臨時製述

무릇 신주를 옮겨 모시거나 다시 모셔 오거나 혹은 다른 곳으로 이동하
여 모시는 등의 일이 있으면 고하는 제사는 초하루의 참례의식을 따른다.
만약 사당 안의 기물의 위치를 바꾸거나 혹은 비 새는 곳을 잠시 고치지만
신주를 옮기지 않으면 고하는 제사는 보름의 참례의식을 쓴다. 축문은 필요
한 때에 맞추어 짓는다.

主人生嫡長子 則滿月而見 如上儀 但不用祝 主人立於香卓之前
告曰 某之婦某氏 以某月某日 生子名某 敢見 告畢 立於香卓東南
西向 主婦抱子進立於兩階之間 再拜 主人乃降復位 辭身

　　주인이 적장자를 낳아서 만월滿月(한위공 『고금가제식』에 3개월, 『사례편람』에 만
3개월)이 되면 보여드리되 위의 예법과 같이 한다. 단지 축문은 쓰지 않고
주인이 향탁 앞에 서서 고하기를 '아무개의 아내 아무 씨가 아무 달 아무
날에 아들을 낳아 이름을 아무개라 하였기에 감히 뵈옵나이다.' 한다. 고
하기를 마치면 향탁의 동남에서 서향하고 서고, 주부가 아이를 안고 양계
兩階의 사이로 나가 서서 재배한다. 주인은 곧 제자리로 내려와 사신한다.

　· 時祭儀시제의

時祭 用春分夏至秋分冬至 前期三日告廟 若其日有故則退定 不出三日
以退定之故告廟 或依家禮 前期一朔 以仲月卜日 若事故無常 未可
預定 不能卜日 則只以仲月或丁或亥之日擇定 前期三日告廟 未告
廟前 亦須前期四日散齋 告廟之禮 則主人以下詣祠堂 北向敍立
如朔望之儀 皆再拜 主人升 焚香再拜 祝執詞 跪于主人之左 讀曰
孝曾孫某 將以某月某日 祗薦歲事于曾祖考妣 祖考妣 考妣 敢告

　　　　　　　　　　　　고전예서에 근거한 집안제사 해설

主人再拜　降復位　與在位者皆再拜而退　自此日　沐浴更衣致齋　主
人帥衆丈夫齋于外　主婦帥衆婦女齋于內

　시제는 춘분, 하지, 추분, 동지에 지낸다. 그 삼일 앞서 사당에 고하는데 만
약 그 날 까닭이 있으면 물려서 정하되 삼일을 벗어나지 말며, 물려 정한 사유를 사당에
고해야 한다. 혹은 『가례』에 의거하여 한 달 전에 중월仲月(음력 2월, 5월, 8월,
11월)의 좋은 날을 점으로 가린다. 만약 일이 일정하지 않아서 미리 정하
지 못하여 좋은 날을 점치지 못하면, 다만 중월에 정일丁日이나 해일亥日을
택하여 정한다. 정한 날의 삼일 전에 사당에 고하는데, 고하기 전인 시제
사일 전부터 또한 모름지기 산재散齋한다. 사당에 고하는 예법은 주인 이
하가 사당에 나아가서, 북향하여 순서대로 서서 초하루와 보름의 의식과 같다.
모두 재배한다. 주인이 올라가 향을 피우고 재배하면, 축관이 축문을 들
고 주인의 좌측에 꿇어앉아 읽기를, '효증손 아무개가 장차 아무 달 아무
날에 증조고비, 조고비, 고비께 세사歲事를 공경하여 올리겠기에 감히 고
합니다.' 한다. 주인이 재배하고 내려와 제자리에 서면 자리한 사람들과
함께 모두 재배하고 물러난다. 이날부터 목욕하고 옷을 갈아입고 치재致
齋하는데, 주인은 남자들을 통솔하여 사랑채에서 재계하고 주부는 부녀자
들을 통솔하여 안채에서 재계한다.

前一日　主人帥衆丈夫及執事　灑埽正寢　洗拭倚卓　務令蠲潔　設曾
祖考妣位於堂西北壁下南向　考西妣東　各用一倚一卓而合之　卓子
若小　則雖合二三　無妨　祖考妣考妣　以次而東　皆如曾祖之位　世各爲
位不屬　祔位皆於東序　西向北上　或兩序相向　其尊者居西　妻以下則位於階下
設香案於堂中　置香鑪香盒於其上　鑪西盒東　束茅聚沙於香案前及逐
位前　設酒架於東階上　別置卓子於其東　設酒注一醉酒盞盤一受胙

楪一ㅌ一巾一　置卓子於西階上　設祝版于其上　設盥器帨巾各二於
阼階下之東　其西者　有臺架　有臺架者　主人親屬所盥　無者執事所盥

　하루 전에 주인은 남자들 및 집사를 거느리고 정침正寢에 물 뿌리고 비로
쓸고, 의자와 탁자를 씻고 닦아서 깨끗이 하게끔 힘쓴다. 증조曾祖 고考와
비妣의 제사상을 사당의 서북벽 아래에 남향으로 마련한다. 고는 서쪽에
비는 동쪽에 각각 의자 하나 탁자 하나를 준비해 합친다. 탁자가 만약 작으면
비록 두세 개를 합쳐도 무방하다. 조고비, 고비를 차례대로 동쪽으로 모두 증조
위와 같이 하며, 세대마다 각각 제상을 놓는데 잇대지는 않는다. 부위는 모
두 동에서 차례대로 서향하며 북쪽을 상석으로 하거나, 혹은 양쪽에 차례대로 서로를 향
하게 하는데 높은 분을 서쪽에 모시고, 처 이하의 제상은 계단 아래에 둔다. 향탁을 정
침 가운데에 놓고 향로와 향합을 그 위에 향로는 서쪽, 향합은 동쪽 놓는다. 향
탁 앞 및 각 위마다 앞에 띠를 묶고 모래를 모은다. 주가酒架(작은 상)를 동
계 위쪽에 놓고, 그 동쪽에 별도로 탁자를 마련해 술 주전자 하나, 뇌주잔
반 하나, 수조례에 쓸 접시 하나, 숟가락 하나, 수건 하나를 둔다. 서계의
위에도 탁자를 놓아 축판을 그 위에 둔다. 조계 아래의 동쪽에 세숫대야와
수건을 각 두 개씩 두되 서쪽의 것에는 받침대와 걸이가 있다. 받침대와 걸
이가 있는 것은 주인과 친속이 손을 씻는 곳이고, 없는 것은 집사가 손을 씻는 곳이다.

主婦帥衆婦女滌濯祭器　潔釜鼎　具祭饌　每位果五品 貧不能辦則三品
亦可 脯一楪 俗稱佐飯 熟菜一楪 醢一楪 沈菜一楪 淸醬一器 醋菜
一楪 魚肉各一楪 魚肉當用新鮮生物 餠一楪 麪一盌 羹一盌 飯一鉢
湯五色 或魚或肉或菜 隨所備 若貧不能辦 則只三色亦可 炙三色 肝肉及魚
雉等物 務令精潔 未祭之前 勿令人先食及爲猫犬蟲鼠所汙 所謂每位
者 考妣各一位也 今人或以考妣同卓 未安

주부는 부녀자들을 거느리고 제기를 씻고, 가마와 솥을 깨끗이 한다. 제사 음식은 각 신위마다 과일 다섯 가지, 가난하여 갖추지 못하면 세 가지도 괜찮다. 포 한 접시 속칭 자반(佐飯), 나물 한 접시, 젓갈 한 접시, 김치 한 접시, 간장 한 그릇, 초채醋菜 한 접시, 생선과 고기가 각 한 접시, 어육은 당연히 신선한 생물을 쓴다. 떡 한 접시, 면 한 그릇, 국 한 그릇, 메 한 그릇, 탕 다섯 가지, 어물이나 육물 또는 채소류로 준비되는 바에 따라 하며 만약 가난하여 갖추지 못하면 단지 세 가지도 또한 괜찮다. 적炙 세 가지를 간, 고기 및 생선, 꿩 등 마련하는데, 깨끗이 하게끔 힘쓰고, 제사 지내기 전에 사람이 먼저 먹거나 고양이, 개, 벌레나 쥐에게 더럽힘을 당하지 않게끔 한다. 이른 바 '매위' 라는 것은 고와 비 각기 한 위이다. 요즈음 사람들이 간혹 고와 비를 상에 함께 차리는데 마음이 편치 못하다.

厥明 行祭之日 鷄鳴而起 主人以下著淨衣 新澣直領也 俱詣祭所 盥
手 設果楪於逐位卓子南端 次設脯熟菜淸醬醢沈菜等楪于其北 設
盞盤匕楪醋菜于卓子北端 盞盤居中 匕楪居西 醋菜居東 設玄酒瓶
玄酒 井花水也 及酒瓶各一於架上 玄酒居西 酒瓶居東 旣畢 主人以下
盛服 有官者 紗帽團領品帶 無官者 團領絛帶 婦人上衣下裳 皆極其鮮盛之服
詣祠堂前 敍立旣定 主人升自阼階 焚香跪告曰 孝曾孫某 今以仲
春之月 夏秋冬隨時 有事于曾祖考某官府君 曾祖妣某封某氏 祖考
某官府君 祖妣某封某氏 考某官府君 妣某封某氏 有祔位則曰 以某
親某官府君 某親某封某氏 祔食 敢請神主出就正寢 恭伸奠獻 告訖 奉
櫝授執事者奉之 主人前導 主婦從後 諸子弟以次隨之 至正寢 置
于西階卓子上 主人啓櫝 凡啓櫝奉主時 俯伏興 然後奉主 奉諸考神主
出就位 主婦盥帨升 奉諸妣神主亦如之 有祔位 則子弟奉出就位 旣畢

皆降復位 若時祭行于祠堂 則無奉主就位節次 只就祠堂各位前 陳器設饌如
上儀 先降神而後參神 主人與在位者再拜參神 若尊長老疾不堪行禮者 則
參神後休于他所

　그날 새벽 제사 지내는 날 닭이 울면 일어나, 주인 이하는 깨끗한 옷을 새
로이 빨래한 직령 입고 함께 제사 지낼 곳에 나아가서, 손을 씻고, 각 위 제
사상의 남쪽 끝에 과일 접시를 놓고, 다음으로 포, 나물, 간장, 젓갈, 김
치 등의 접시를 그 북쪽에 둔다. 잔반, 수저 접시, 초채를 제사상의 북쪽
끝에 두되, 잔반을 가운데 두고, 수저 접시는 서쪽에 놓고, 초채는 동쪽
에 놓는다. 현주병玄酒瓶 현주는 정화수이다. 및 술병을 각기 하나씩 주가 위
에 둔다. 현주는 서쪽에 술병은 동쪽에 둔다. 다하여 마치면, 주인 이하는 옷을
차려 입는다. 벼슬이 있는 사람은 사모紗帽, 단령團領, 품대品帶를, 벼슬이 없는 사
람은 단령, 조대絛帶를 하며, 부인은 저고리와 치마 모두 곱고 위엄 있는 옷으로 다한다.
사당 앞에 나아가 이미 정해진 차례대로 선다. 주인이 조계로 올라가, 분
향하고 꿇어앉아 고하기를 '효증손 아무개가, 이제 중춘의 달에, 여름, 가
을, 겨울은 시절에 따른다. 증조고모관부군, 증조비모봉모씨, 조고모관부군,
조비모봉모씨, 고모관부군, 비모봉모씨께 제사가 있어, 부위가 있으면 '모친
모관부군, 모친모봉모씨, 부식(사)祔食'이라고 한다. 신주께서 정침으로 나가시기
를 감히 청하여 공손히 추모하는 예를 펴려 합니다.' 한다. 고하기를 마치
면, 신주함櫝을 받들어 집사자에게 주어, 함을 받들게 하고, 주인이 앞에
서 인도하고, 주부는 뒤에서 따르며, 모든 자제는 차례대로 함을 따른다.
정침에 이르러, 서쪽 계단의 탁자 위에 놓고 주인이 신주함을 연다. 무릇
함을 열고 신주를 받들 때는, 고개를 숙이고 엎드렸다가 일어난 뒤에 신주를 받든다. 모
든 고위 신주들을 받들어 내어, 자리에 모시고, 주부가 손을 씻고 올라
가, 모든 비위 신주들을 받들어 또한 같이 하고, 부위가 있으면 자제가 받들어

고전예서에 근거한 집안제사 해설

모셔낸다. 마치면 모두 내려와 제자리에 선다. 만약 시제를 사당에서 행하면 신주를 받들어 자리에 모시는 절차가 없고, 단지 사당에 나아가, 각 위 앞에 제기와 음식을 진설하고, 위의 의식과 같이 하는데, 먼저 강신하고 뒤에 참신한다. 주인이 자리한 사람들과 함께 재배하여 참신한다. 만약 웃어른으로 늙고 병들어 제례 지내기를 감당하지 못하는 사람은 참신 후 다른 곳에서 쉰다.

於是降神 主人升 焚香再拜 少退立 執事者一人 開酒瓶 取巾拭口 實酒于注 一人取東階上盤盞 立于主人之左 一人執注立于主人之右 主人跪 執事者亦跪 進盤盞 主人受之 執注者亦跪 斟酒于盞 主人奉之 左手執盤 右手執盞 灌于茅上 灌 盡傾也 以盞授執事者 俛伏興再拜 降復位

이에 강신한다. 주인이 올라가서, 분향한 후 재배하고, 약간 물러나서 서면, 집사 한 사람이, 술병을 열고, 수건으로 병 주둥이를 닦고, 주전자에 술을 채운다. 집사 한 사람이 동쪽 계단 위의 잔반을 들고, 주인의 왼쪽에 서고, 한 사람은 주전자를 들고 주인의 오른쪽에 선다. 주인이 꿇어앉고, 집사도 또한 꿇어앉아 잔반을 올리면, 주인이 이것을 받고, 주전자를 든 사람도 또한 꿇어앉아 잔에 술을 따른다. 주인이 잔반을 받들어, 왼손으로 잔 받침을 잡고, 오른손으로 잔을 잡아, 띠 위에 붓는다. '관灌은 다 기울이는 것이다. 잔을 집사에게 주고, 고개를 숙이고 엎드렸다가 일어나 재배하고, 내려와 제자리로 간다.

於是執事者進饌 主人升 主婦從之 執事者一人以盤奉魚肉 一人以盤奉餅麵 一人以盤奉羹飯從升 至曾祖位前 主人奉肉奠于盞盤之西南 主婦奉麵奠于肉西 主人奉魚奠于盞盤之東南 主婦奉餅奠于魚東

主人奉羹奠于盞盤之東　主婦奉飯奠于盞盤之西　諸位皆倣此　若有祔
位　則使諸子弟婦女分設　諸子弟設湯于各位　皆畢　主人以下皆降復位

　이에 집사가 진찬進饌한다. 주인이 올라가고, 주부가 따른다. 집사 한
사람이 쟁반으로 생선과 고기를 받들고, 한 사람은 쟁반으로 떡과 면을
받들고, 한 사람은 쟁반으로 국과 메를 받들어, 따라 올라 증조의 신위 앞
에 이르면, 주인이 고기를 받들어 잔반의 서남쪽에 올리고, 주부는 면을
받들어 고기의 서쪽에 올린다. 주인이 생선을 받들어 잔반의 동남쪽에 올
리고, 주부는 떡을 받들어 생선의 동쪽에 올린다. 주인은 국을 받들어 잔
반의 동쪽에 올리고, 주부는 메를 받들어 잔반의 서쪽에 올린다. 모든 신
위에 모두 이와 같이 한다. 부위가 있으면 여러 자제와 부녀자를 시켜 나누어 차리
게 한다. 여러 자제들이 각 신위에 탕을 올리고, 다 끝나면 주인 이하 모두
내려가 제자리로 간다.

於是行初獻禮　主人升　詣曾祖位前　執事者一人執酒注立于其右　冬
則預先煖酒　主人奉曾祖考盞盤　位前東向立　執事者西向斟酒于盞
主人奉之　奠于故處　次奉曾祖妣盞盤　亦如之　位前北向立　執事者
二人各奉曾祖考妣盞盤　立于主人之左右　主人跪　執事者亦跪　主人
受曾祖考盞盤　右手執盞　祭之茅上　少傾酒也　以盞盤授執事者　奠于
故處　次受曾祖妣盞盤　亦如之　俛伏興少退立　執事者進炙肝　臨時
預炙于火鑪　兄弟之長一人奉之　奠于曾祖考妣前盞盤之南　祝執版立
於主人之左　跪　讀曰　維某年歲次某甲某月某朔某日某甲　孝曾孫某
官某　敢昭告于顯曾祖考某官府君　顯曾祖妣某封某氏　氣序流易　時
維仲春　夏秋冬隨時　追感歲時　不勝永慕　敢以淸酌庶羞　祗薦歲事　有
祔位則曰　以某親某官府君　某親某封某氏祔食　尚饗　讀畢　興　主人再拜退

詣諸位獻祝如初　有祔位　則每位讀祝畢　兄弟衆男之不爲亞終獻者　以次詣本
位所祔之位　酌獻如儀　但不讀祝　祖前　祝稱孝孫某敢昭告于顯祖考云云
考前　稱孝子某敢昭告于顯考云云　考前　改不勝永慕爲昊天罔極　旣
畢　皆降復位　執事者　以他器徹酒及肝　置盞故處

　이에 초헌례를 행한다. 주인이 올라가 증조의 신위 앞에 나아가면, 집
사 한 사람이 술 주전자를 들고 그 우측에 선다. 겨울이면, 미리 술을 데운다.
주인이 증조고의 잔반을 받들고 신위 앞에 동쪽을 향하여 서고, 집사는
서쪽을 향하여 잔에 술을 따른다. 주인이 그것을 받들어, 원래 자리에 올
리고, 다음으로 증조비의 잔반을 받들어, 또한 그와 같이 한다. 신위 앞
에 북향하여 서고, 집사 두 사람이 각기 증조고와 증조비의 잔반을 받들
어, 주인의 좌우에 선다. 주인이 꿇어앉고, 집사 또한 꿇어앉는다. 주인
이 증조고의 잔반을 받아, 오른손으로 잔을 잡아 띠 위에 좨祭하고, 술을
조금만 기울인다. 잔반을 집사에게 주어, 원래 자리에 올린다. 다음으로 증
조비의 잔반을 받아, 또한 그와 같이 하고, 고개를 숙이고 엎드렸다가 일
어나 약간 뒤로 물러서 선다. 집사가 적간炙肝을 내는데, 때에 임해 화로에 미
리 굽는다. 나이 든 형제 한 사람이 그것을 받들어, 증조고와 비 앞 잔반의
남쪽에 올린다. 축이 축판을 들고 주인의 왼쪽에 섰다가, 꿇어앉아, 읽기
를 '아무 년, 아무 달, 아무 날에 효증손 아무 벼슬하는 아무개가 증조고
모관부군, 증조비모봉모씨께 감히 밝혀 고합니다. 절후의 차례가 흐르고
바뀌어, 때는 중춘입니다. 여름, 가을, 겨울은 때를 따라 바꾼다. 조상님을 추모
하고 은혜를 깨닫는 한 해의 절기에, 길이 흠모하는 마음을 이기지 못해,
감히 맑은 술과 여러 가지 음식으로, 공손히 세사를 올리오니, 부위가 있으
면 '모친모관부군, 모친모봉모씨, 부식'이라고 한다. 흠향하시옵소서.' 한다. 읽기
를 마치고 일어나면, 주인은 재배하고 물러난다. 모든 신위에 나아가서,

축 올리기를 처음과 같이 한다. 부위가 있으면, 매 위에 축 읽기를 마치고, 형제나 여러 아들로 아헌과 종헌하지 않을 사람이, 차례로 부위에 나아가 의례와 같이 잔을 올리되, 단 축은 읽지 않는다. 조祖의 신위 앞에서는 축을 '효손 아무개가 조고께 감히 밝혀 고합니다. 운운'으로 하고, 고考의 신위 앞에서는 '효자 아무개가 고께 감히 밝혀 고합니다. 운운' 한다. 고위 앞은 '不勝永慕(불승영모)'를 고쳐 '昊天罔極(호천망극)'으로 한다. 끝나면, 모두 내려가 제자리로 돌아간다. 집사는 다른 그릇으로 술과 간을 비우고, 잔은 원래 자리에 둔다.

於是行亞獻禮 主婦爲之 諸婦女執事奉炙肉 如初獻儀 但不祭酒不讀祝 主婦有故 則諸父若兄弟中最尊者爲之 衆子弟執事 獻畢 徹酒及炙肉置盞故處

이에 아헌례를 한다. 주부가 하는데, 여러 부녀집사가 적육을 받들고 초헌의 의식과 같이 한다. 단 좨주하지 않고, 축을 읽지 않는다. 주부가 사정이 있으면, 제부諸父(아버지와 같은 항렬의 팔촌 이내의 가까운 일가붙이)나 형제 가운데 가장 연장자가 아헌례를 하고, 여러 자제가 집사가 된다. 끝나면, 술과 적육을 내리고, 잔은 원래 자리에 둔다.

於是行終獻禮 兄弟之長 或長男或親賓爲之 衆子弟奉炙肉 如亞獻儀

이에 종헌례를 한다. 주인 형제 가운데 연장자 또는 장남 혹은 가까운 손이 하는데, 여러 자제가 적육을 받들고 아헌 의식과 같이 한다.

於是侑食 主人升 執注就斟諸位之酒皆滿 立於香案之東南 主婦升扱匕飯中西柄正筯 立于香案之西南 皆北向再拜 降復位

이에 유식侑食한다. 주인이 올라가서, 술 주전자를 잡고 모든 위에 술을 부어 모두 가득하도록 하고, 향탁의 동남쪽에 선다. 주부가 올라가서, 메 가운데에 자루가 서쪽으로 향하게 숟가락을 꽂고, 젓가락을 바르게 하고, 향탁의 서남쪽에 선다. 함께 북쪽을 향해 재배하고, 내려와 제자리로 간다.

於是祝闔門 主人立於門東 西向 衆丈夫在其後 主婦立於門西 東向 衆婦女在其後 有尊長則少休於他所 食頃 祝聲三噫歆 乃啓門 主人以下皆復其位 其尊長休于他所者皆復就位 主人主婦奉茶 或代以熟水 分進于考妣之前 徹羹而退 有祔位 則使諸子弟衆婦女分進

　이에 축이 합문한다. 주인은 문의 동쪽에서 서쪽을 향하여 서고, 여러 남자들은 그 뒤에 자리한다. 주부는 문의 서쪽에서 동쪽을 향하여 서고 여러 부녀자들은 그 뒤에 자리한다. 나이 많은 어른이 있으면 다른 곳에서 잠시 쉰다. 밥을 먹을 시간이 지나면, 축이 세 번 희흠(애흠) 소리를 내고, 곧 문을 연다. 주인 이하 모두 제자리로 돌아가고, 다른 곳에서 쉬던 웃어른도 모두 원래 자리로 간다. 주인과 주부가 차를 받들어, 혹은 숭늉으로 대신한다. 고와 비 앞에 나누어 올리고, 갱은 걷어 물린다. 부위가 있으면 여러 자제와 부녀자를 시켜 나누어 올린다.

於是受胙 執事者設席于香案前 主人就席 北面立 祝詣曾祖考前 擧酒盞盤詣主人之右 主人跪 祝亦跪 主人受盞盤 祭酒 少傾於地 啐酒 少飮也 祝取匙及楪 前所設受胙楪 鈔取諸位之飯各少許 奉以詣主人之左 嘏于主人曰 祖考命工祝 承致多福于汝孝孫 來汝孝孫 使汝受祿于天 宜稼于田 眉壽永年 勿替引之 主人置酒于席前 俛伏興再拜 跪 受飯嘗之 實于左袂 掛袂于季指 取酒卒飮 執事者受盞自右 置注旁 受飯自左 亦如之 主人俛伏興 立於東階上 西向

祝立於西階上 東向 告利成 降復位 與在位者皆再拜 主人不拜 降復位 執事者升詣諸位 合飯蓋 降復位

이에 수조례受胙禮를 한다. 집사가 향탁 앞에 자리를 마련하고, 주인은 자리로 나아가 북쪽을 보고 선다. 축이 증조고의 앞으로 나아가, 술이 든 잔반을 들고, 주인의 오른쪽으로 가면, 주인은 꿇어앉고, 축 또한 꿇어앉는다. 주인은 잔반을 받아 쵀주하고, 땅에 조금 기울인다. 술을 맛본다(쵀주啐酒). 조금만 마신다. 축이 숟가락과 접시를 앞서 놓아둔 수조용 접시 가지고, 모든 신위의 밥을 취하는데, 각기 조금씩 받아들여 받들고 주인의 왼쪽으로 나아가서, 주인에게 축복하여 말하기를 '할아버지께서 공축으로 하여금 너 효손에게 많은 복을 받아 보내게 분부하셨다. 너 효손에게 내려주노라. 너로 하여금 하늘로부터 녹을 받고, 밭에서는 곡식이 순조롭게 하며, 눈썹이 세도록 오래 삶을 누리게 하고, 자자손손 쇠함 없이 이어가게 하노라!' 한다. 주인은 자리 앞에 술을 놓고, 고개 숙이고 엎드렸다가 일어나 재배하고 꿇어앉아서, 밥을 받아 맛보고, 왼쪽 소매에 채운다. 새끼손가락에 소매를 걸고, 술을 들어 다 마신다. 집사는 주인의 오른쪽에서 잔을 받아 주전자 곁에 놓고, 왼쪽에서 밥을 받아 또한 그와 같이 한다. 주인은 고개 숙이고 엎드렸다가 일어나서, 동계 위에 서향으로 서고, 축은 서계 위에 동향으로 서서 '利成(이성)'을 고하고, 내려와 제자리 하여, 자리한 사람들과 함께 모두 재배하는데, 주인은 절하지 않으며, 내려와 제자리로 간다. 집사는 올라가서 모든 신위 앞으로 나아가, 메 뚜껑을 덮고, 내려와 제자리로 간다.

於是辭神 主人以下皆再拜 老疾不堪行禮 前休于他處者 亦於受胙後入就位 辭神

이에 사신을 하는데, 주인 이하는 모두 재배한다. 늙고 병들어 제례를 행하지 못하고, 다른 곳에서 앞서 쉬었던 사람들도 역시 수조례 뒤에는 자리로 들어와 사신한다.

於是主人主婦升 各奉主納于櫝 奉主納櫝時 各位前皆俛伏興 奉歸祠堂 如來儀

이에 주인과 주부가 올라가서, 각기 신주를 받들어 함에 거두어 넣고, 신주를 받들어 함에 수장할 때, 각 위 앞에서, 모두 고개 숙이고 엎드렸다가 일어선다. 받들어 사당으로 돌아가는데, 모셔올 때의 의식과 같이 한다.

於是撤祭饌傳于燕器 滌祭器而藏之

이에 제사음식을 거두는데, 평상시에 사용하는 그릇으로 옮기고, 제기를 씻어서 보관한다.

於是餕 分祭物送于親友家 會親賓子弟敍坐 以酒饌酬酢而罷

이에 '준餕'한다. 제물을 나누어 친우의 집에 보내고, 가까운 손과 자제들이 모여서 순서대로 앉아 술과 음식을 먹고 파한다.

凡拜 男子再拜 則婦人四拜 謂之俠拜 前後皆倣此

무릇 절은, 남자가 재배하면 부인은 사배를 하는데 이를 협배俠拜라고 한다. 전후 모두 이를 모방한다.

謹按 朱子居家 有土神之祭 四時及歲末 皆祭土神 今雖不能備擧 四時之祭 例於春冬時祀 別具一分之饌 不設匕筯 家廟禮畢 乃祭土 神 似爲得宜 降神參神進饌初獻 皆如家廟之儀 其祝詞曰 維年歲

某月某朔某日某甲 某官某敢昭告于土地之神 維此仲春 歲功云始 若時昭事 敢有不欽 酒肴雖薄 庶將誠意 惟神監顧 永奠厥居 尚饗 冬祭則改日 維此仲冬 歲功告畢 若時報事云云 餘幷同 亞獻終獻 無侑食進 茶之儀 辭神 乃徹 祭土神之所 宜於家北園內淨處 除地築壇

    삼가 살피건대, 주자의 '거가居家'에는 토신土神에게 지내는 제사가 있어서, 사시四時와 그 해의 말에 모두 토신에게 제를 지냈다. 지금 비록 사시의 제사에 갖추어 올리지는 못하지만, 봄과 겨울 시사에 본보기로, 따로 한 몫의 음식을 준비하여, 수저는 놓지 않는다. 사당의 제사가 끝나고, 곧 이어 토신에게 제사 지내는 것이 적절하다고 할 것 같다. 강신, 참신, 진찬, 초헌, 모두 사당에서의 의식과 같이 하고, 축문은 '아무 해, 아무 달, 아무 날, 아무 벼슬하는 아무개는 토지의 신께 감히 밝혀 고합니다. 생각하건대, 이 중춘에 한 해의 농사가 시작되니 때를 좇아 제사로 밝힙니다. 감히 불경스러움이 있어 술과 안주가 비록 박하지만, 바라건대 성의로 받으십시오. 오직 신께서 살피고 돌아보아 주시고, 길이 그 거처에 터를 잡으십시오. 바라옵건대 흠향하소서. 겨울 제사면, 이 중동에 한 해의 농사가 끝났음을 고하며, 때를 좇아 제사로 보답합니다. 운운, 나머지는 같다.' 하고, 아헌, 종헌, 유식과 진다의 의식은 없다. 사신하고 철한다. 토신제의 장소는 마땅히 집의 북쪽 뜰 안의 깨끗한 곳으로 하고, 땅을 청소하고 단을 쌓는다.

· 忌祭儀기제의

忌祭則散齋二日 致齋一日 設所祭一位 家禮則只祭或考或妣一位 程子則幷祭考妣云 陳器具饌 如時祭之儀 但果及湯 皆不過三色 略有等殺 但具一分 若幷祭考妣則具二分

고전예서에 근거한 집안제사 해설

기제사는 산재는 이틀, 치재는 하루 한다. 제사 지낼 한 분의 신위만 차린다. 『가례』에 따르면 단지 고 혹은 비 한 분께만 제사 지내는데, 정자程子는 고비를 함께 제사 지낸다고 한다. 제기를 내고 음식 준비하기를, 시제의 의식과 같이 하는데, 단 과일과 탕은 모두 세 가지를 넘지 않아서, 약간 등급을 줄인다. 단지 한 몫만을 차린다. 만약 고비를 함께 제사 지내면 두 몫을 갖춘다.

厥明 夙興設蔬果酒饌 如時祭之儀 質明 主人以下變服 父母忌則有官者 服縞色帽垂脚 或黔布帽垂脚 玉色團領 白布裹角帶 無官者 服縞色笠或黔色笠 玉色團領 白帶 通著白靴 婦人則縞色帔 白衣白裳 祖以上忌 則有官者 烏紗帽 玉色團領 白布裹角帶 無官者 黑笠 玉色團領 白帶 婦人則玄帔 白衣 玉色裳 旁親之忌 則有官者 烏紗帽 玉色團領 烏角帶 無官者 黑笠 玉色團領 黑帶 婦人只去華盛之服 縞 白黑雜色也 黔, 淺青黑色 卽今之玉色也 詣祠堂 叙立 再拜訖 主人升 焚香跪告于所祭之主曰 今以某親某官府君 妣則曰某親某封某氏 遠諱之辰 敢請神主 出就正寢 恭伸追慕 俛伏興 乃啓櫝 奉神主蓋座 若幷祭考妣 則奉櫝授執事者 授執事者 主人先導 主婦從之 諸子弟婦女以次隨後 至正寢 奉主就位 參神 降神 進饌 初獻 如時祭之儀 但祝祠曰 歲序遷易 諱日復臨 若幷祭考妣 考忌則曰 某考諱日復臨 妣忌則曰 某妣諱日復臨云云 追遠感時 不勝永慕云云 若父母忌則改不勝永慕爲昊天罔極 旁親忌則曰 諱日復臨 不勝感愴云云 若父母忌則讀祝畢 祝興 主人兄弟哭盡哀

그날 새벽 일찍 일어나서, 채소, 과일, 술, 음식을 차린다. 시제 의식과 같다. 날이 샐 무렵(질명質明) 주인 이하는 옷을 갈아입고, 부모의 기제에, 벼슬이 있으면, 호縞색 모자에 끈을 드리우거나, 혹은 참색 모자에 끈을 드리우고, 옥색 단령을 입고, 각대를 흰 천으로 싼다. 벼슬이 없는 사람은 호색 갓을 쓰거나 혹은 참색 갓을 쓰며, 옥색 단령을 입고, 흰 띠를 하고 보통 흰 신을 신는다. 부인은, 호색 배자, 흰 저고리, 흰 치마를 입는다. 조부모 이상의 기제에는, 벼슬이 있는 사람은 검은 사모에 옥색 단령을 입고, 흰 천으로 각대를 싼다. 벼슬이 없는 사람은 검은 갓에 옥색 단령을 입고, 흰 띠를 한다. 부인은 검은 배자에 흰 저고리, 옥색 치마를 입는다. 방친의 기제에는, 벼슬이 있는 사람은, 검은 사모에 옥색 단령을 입고, 검은 각대를 한다. 벼슬이 없는 사람은, 검은 갓에, 옥색 단령을 입고, 검은 각대를 한다. 부인은 단지 화려한 옷을 피한다. 호縞는 백색과 흑색의 잡색이며, 참黲은 옅은 청흑색인데, 지금의 옥색이다. 사당에 나아가 차례로 서서 재배한 다음, 주인이 올라가 분향하고 꿇어앉아 제사 지낼 신주께 고하기를 '이제 모친모관부군의 비위이면, 모친모봉모씨로 한다. 기일에 신주께서 정침으로 나가시기를 감히 청하여 공손히 추모하는 예를 펴려 합니다.' 하고, 고개 숙이고 엎드렸다가 일어나, 곧 신주함을 열어 신주를 받들어 내어, 독좌櫝座는 덮고, 만약 고비 병제并祭면, 함을 받들어 집사에게 준다. 신주를 집사에게 준다. 주인이 앞장서고, 주부가 그를 따르고, 모든 자제와 부녀자가 차례로 그 뒤를 따라서, 정침에 이르러, 신주를 제위치에 모신다. 참신, 강신, 진찬, 초헌을 시제 의식과 같이 하는데, 단 축문은 '해가 바뀌어 돌아가신 날에 다시 임하여 만약 고비 병제에서 고의 기일이면, '某考諱日復臨(모고휘일부림)'. 비의 기일이면, '某妣諱日復臨(모비휘일부림)'으로 한다. 제사에 정성을 다하며 시절을 느끼니 길이 흠모하는 마음을 이길 수 없습니다. 운운' 한다. 만약 부모 기일이면, '不勝永慕(불승영모)'를 '昊天罔極(호천망극)'으로 고치고, 방친의 기일이면, '諱日復臨不勝感愴云云(휘일부림불승감창운운, 돌아가신 날에 다시 임하여 슬픔을 이기지 못하겠습니다. 운운)'으로 한다. 만약 부모 기일이면, 축 읽기를 마치고 축관이 일어나면, 주인 형제는 곡하여 슬픔을 다한다.

亞獻終獻侑食闔門啓門進茶辭神納主　奉歸祠堂　徹　竝如時祭之儀
但不受胙不餕

　아헌, 종헌, 유식, 합문, 계문, 진다, 사신, 납주, 철상 등은 시제 의식
과 같이 한다. 단, 수조례와 준을 하지 않는다.

是日　不飮酒　不食肉　不聽樂　變服以居　父母忌則縞色笠　白衣白帶　祖
以上則黑笠　白衣白帶　旁親則去華盛之服　夕寢于外

　이 날은 술 마시지 않고, 고기를 먹지 않으며, 음악을 듣지 않고, 옷을 갈
아입고 지내다가, 부모 기일에는 호색 갓에 흰 옷, 흰 띠를 하고, 조부모 이상은 검은 갓
에 흰 옷, 흰 띠를 하며, 방친에는 화려한 옷만 피한다. 저녁에는 사랑채에서 잔다.

· 墓祭儀묘제의

墓祭　依俗制　行于四名日　正朝　寒食　端午　秋夕　散齋二日　致齋一日
具饌每墓依分數　如忌祭之儀　更設一分之饌　以祭土神　厥明　主人
以下玄冠素服黑帶　帥執事者詣墓所　再拜　奉行塋域內外環繞　哀省
三周　其有草棘　卽用刀斧　鋤斬艾夷　灑掃訖　復位再拜　又除地於墓
左　以爲祭土神之所

　묘제는 시속의 법도에 의해 네 명절에 설, 한식, 단오, 추석 지낸다. 산재
를 이틀 하고, 치재는 하루 한다. 매 묘소마다 수대로 음식을 갖추고, 기
제 의식과 같이 한다. 다시 한 몫의 음식을 준비하여, 토지신에게 제사 지
낸다. 그날 새벽 주인 이하는 검은 갓에, 흰 옷과 검은 띠를 하고, 집사를
거느리고 묘소에 나아가 재배하고, 묘제를 받들어 행할 묘역 안팎을 에워
싸 슬프게 살피며 세 번 돌면서 혹 풀과 가시나무가 있으면, 즉시 칼, 도

끼를 쓰거나 호미로 베어 없앤다. 물 뿌리고 쓸기를 마치면 제자리 하여 재배한다. 또한 묘소 왼쪽의 땅을 다듬어, 토신제의 장소로 삼는다.

陳饌降神参神初獻　初獻時　卽扱匙飯中　正筯　如家祭之儀　但祝詞曰 氣序流易　靑陽載回　此正朝祝也　寒食則曰　雨露旣濡　端午則曰　草木旣長 秋夕則曰　白露旣降　瞻掃封塋　不勝感慕云云　亞獻終獻　終獻後　徹羹進 熟水　辭神　乃徹

　진찬, 강신, 참신, 초헌은 초헌할 때, 곧 메 가운데 숟가락을 꽂고, 젓가락을 바르게 한다. 집에서 제사 지내는 의식과 같다. 단지 축문은 '氣序流易(기서류역, 절후의 차례가 흐르고 바뀌어) 靑陽載回(청양재회, 봄이 비로소 돌아와) 이것은 설날의 축이다. 한식에는 雨露旣濡(우로기유, 비와 이슬에 이미 젖어), 단오는 草木旣長(초목기장, 풀과 나무가 이미 자라), 추석에는 白露旣降(백로기강, 이슬이 이미 내려)이라 한다. 瞻掃封塋(첨소봉영, 무덤을 우러러 뵙고 소제하매) 不勝感慕(불승감모, 흠모하는 감정을 이기지 못하겠습니다.) 운운' 한다. 아헌, 종헌, 종헌 후 갱을 물리고 숭늉을 올린다. 사신하고 철상한다.

遂祭土神　陳饌降神参神初獻　如上儀　但祝詞曰　某官姓名　敢昭告 于土地之神　某恭修歲事于某親某官府君之墓　惟時保佑　實賴神休 敢以酒饌　敬伸奠獻　尚饗　亞獻終獻辭神　乃徹而退

　드디어 토지신에게 제사를 올리는데, 진찬, 강신, 참신, 초헌은 위의 의식과 같이 하고, 단지 축문은 '아무 벼슬하는 아무개가 토지신께 감히 밝혀 고하옵니다. 아무개가 공손히 모친모관부군의 묘에 세사를 지냈습니다. 때를 맞추어 생각하건대 보살펴 도와주심은 진실로 신의 넉넉함에 힘입었기에 감히 술과 음식으로 경건히 제사를 펼치오니 흠향하소서.' 한

　　고전예서에 근거한 집안제사 해설

다. 아헌, 종헌, 사신하고 철상하여 물러난다.

謹按家禮　墓祭只於三月　擇日行之　一年一祭而已　今俗於四名日
皆行墓祭　從俗從厚　亦無妨　但墓祭行于四時　與家廟無等殺　亦似
未安　若講求得中之禮　則當於寒食秋夕二節　具盛饌　讀祝文　祭土
神　一依家禮墓祭之儀　正朝端午二節　則略備饌物　只一獻無祝　且
不祭土神　夫如是則酌古通今　似爲得宜

　삼가『가례』를 살피면, 묘제는 단지 3월에 날을 받아 행하니 일 년에 한
번 지낼 뿐이다. 지금의 풍속은 네 명절에 모두 묘제를 행하는데, 풍속을
따라 후하게 하는 것 또한 무방하다. 단지 묘제를 네 계절에 행하여 사당
과 차등이 없으니 또한 편안하지 않은 것 같다. 만약 중도의 예를 얻기 강
구하면, 마땅히 한식과 추석 두 명절에만 좋은 음식을 갖추고, 축문을 읽
고, 토지신께 제사 지내서, 『가례』의 묘제 의식을 하나로 따르며, 설과 단
오의 두 명절에는 약간의 음식을 준비하여 다만 단헌에 축도 없고, 토지
신에게 제사 지내지 않는다. 대저 이와 같이하면 옛날을 따르고 지금에도
통하여, 마땅할 것 같다.

· 喪服中行祭儀상복중행제의

凡三年之喪　古禮則廢祠堂之祭　而朱子曰　古人居喪　衰麻之衣　不
釋於身　哭泣之聲　不絶於口　其出入居處　言語飮食　皆與平日絶異
故宗廟之祭雖廢　而幽明之間　兩無憾焉　今人居喪　與古人異　而廢
此一事　恐有所未安　朱子之言如此　故未葬前則準禮廢祭　而卒哭後
則於四時節祀及忌祭　墓祭亦同　使服輕者　朱子喪中以墨衰薦于廟　今人

以俗制喪服 當墨衰 著而出入 若無服輕者 則亦恐可以俗制喪服行祀 行薦 而饌品減於常時 只一獻 不讀祝 不受胙可也 期大功則葬後 當祭如平時 但不受胙 未葬前 時祭可廢 忌祭墓祭 略行如上儀 緦小功則成服前廢祭 五服未成服前 雖忌祭 亦不可行也 成服後則當祭如平時 但不受胙 服中時祀 當以玄冠素服黑帶行之

모든 삼년상에, 옛날 예법에는 사당의 제사를 폐하지만, 주자 가로되, '옛 사람은 상을 당함에 상복을 몸에서 벗지 않았고, 곡하는 소리가 입에서 끊이지 않았다. 그 출입 거처, 하는 말, 음식 모두가 평소와는 완전히 다르므로, 사당의 제사를 비록 폐하여도, 이승과 저승 사이에, 섭섭함이 없었다. 요새 사람은 상중에 옛 사람과 다르면서 이 하나만 폐하는 것은, 아마도 미안한 바가 있는 듯하다.' 하셨다. 주자의 말씀이 이와 같으므로, 장사 이전이면, 예에 따라 제사를 폐하고, 졸곡 후에는, 사시절사四時節祀 및 기제사에 묘제도 같다. 복복服이 가벼운 사람을 시켜서 주자는 상중에 검은 상복(묵최墨衰)으로, 사당에 제사 지냈는데, 지금 사람은 세간에서 만든 상복–묵최에 해당–으로서, 출입해야 한다. 만약 복이 가벼운 사람이 없으면, 또한 아마도 세간에서 지은 상복으로서 제사를 지내는 것이 옳은 듯하다. 올리는 음식 수를 평소보다 줄이고, 단지 단헌하고, 축 읽지 않으며, 수조례도 않는 것이 옳다. 기년期年(1년)이나 대공大功(9월)은, 장사 후에 마땅히 평시와 같이 제사를 지낸다. 단 수조하지 않는다. 아직 장사하기 전에는 시제는 폐하고, 기제와 묘제는 위의 의식과 같이 줄여 행한다. 시마緦麻(3월)와 소공小功(5월)도 성복成服 전에는 제사를 폐한다. 오복으로 아직 성복하기 전에는 비록 기제사라 할지라도 또한 행하지 못한다. 성복 후 마땅히 평시와 같이 제사 지낸다. 단 수조하지 않는다. 복중의 시사는 마땅히 검은 갓, 흰 옷, 검은 띠로 한다.

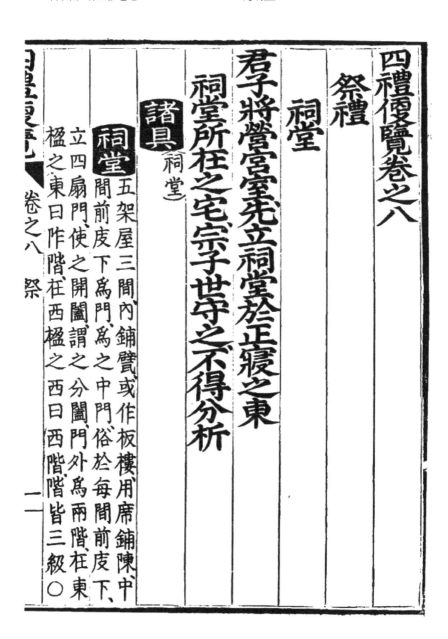

四禮便覽卷之八

祭禮

祠堂

君子將營宮室先立祠堂於正寢之東

祠堂所在之宅宗子世守之不得分析

諸具〔祠堂〕

祠堂

五架屋三間內鋪甎或作板樓用席鋪陳中

間前庋下爲門爲之中門俗於每間前庋下

立四扇門使之開闔謂之分閤門外爲兩階在東

梯之東日阼階在西梯之西日西階階皆三級○

祠堂

사당

君子將營宮室先立祠堂於正寢之東

군자가 집을 지으려 하면 먼저 사당을 정침의 동쪽에 세운다.

爲四龕 以奉先世神主

네 개의 감실을 만들어 선대의 신주를 모신다.

旁親之無後者 以其班祔

방친으로 후사가 없는 사람은 합사한다.

置祭田

제전을 둔다.

具祭器

제기를 갖춘다.

主人晨謁於大門之內

주인은 대문 안에서 새벽 인사를 드린다.

出入必告

나들이할 때는 반드시 고한다.

正至朔望則參

前一日 灑掃齋宿 厥明 夙興 開門軸簾 每龕 設新果盤於卓上 每位盞盤於神主櫝前 茅沙於香卓前 別設卓於阼階上 置酒注盞盤於其上 酒瓶於其西 盥盆帨巾於阼階下東南 又設主婦內執事盥盆帨巾於西階下西南 凡祭同 主人以下盛服 入門就位 主人北面於阼階下 主婦北面於西階下 主人有母則特位於主婦之前 主人有諸父諸兄則

特位於主人之右　少前　重行西上　有諸母姑嫂姊則特位於主婦之左
少前　重行東上　諸弟在主人之右　少退　子孫外執事在主人之後　重
行西上　弟之妻及諸妹在主婦之左　少退　子孫婦女內執事在主婦之
後　重行東上　立定　主人盥帨升　啓櫝　櫝蓋置於櫝座東　近北　奉諸考神
主置於櫝前　主婦盥帨升　奉諸妣神主　置于考東　次出祔主亦如之
命長子長婦或長女　盥帨升　分出祔主之卑者亦如之　皆畢　主婦以下
先降復位　主人詣香卓前　降神　焚香再拜　少退立　執事者盥帨升　開
瓶實酒于注　一人奉酒　詣主人之右　一人執盞盤　詣主人之左　主人
跪　執事者皆跪　主人受注斟酒　反注　取盞盤奉之　左執盤右執盞酹
于茅上　以盞盤授執事者　執事者皆降復位　俛伏興　少退再拜　降復位
與在位者皆再拜參神　主人升　執注斟酒　先正位次祔位次命長子　斟
諸祔位之卑者　先降　謂長子降　復位　主人立於香卓之前再拜　降復位
少頃　與在位者皆再拜辭神　主人主婦升　斂主櫝之如啓櫝儀　降復位　執事者
升　徹酒果　降簾闔門　降　而退　望日　不設酒不出主　餘如上儀　[栗谷]曰
不出主只啓櫝　不酹酒只焚香

[栗谷]曰若正朝冬至則別設饌數品　冬至則加以豆粥　正朝湯餅　若冬至行時祭則
不行參禮

[按]茶是中國所用而　國俗不用故設茶點茶等文　一幷刪去　若別有饌品則設筯楪
於每位考妣盞盤之間　主人斟酒訖　主婦升　正筯　主人主婦分立於香卓之前東西
皆北向拜爲可

설, 동지, 매달 초하루와 보름에는 참례한다.

　하루 전에 물 뿌리고 비로 쓸고 치재하며, 그날 새벽 일찍 일어나서 사
당 문을 열고, 발을 걷고 감실마다 새 과일 소반을 탁자 위에 놓고 신위마
다 신주함 앞에 잔과 잔 받침을 놓고 향탁 앞에 모사茅沙를 설치한다. 조

계階(동쪽 계단) 위에 별도의 탁자를 설치하여 술 주전자와 잔과 잔 받침을 그 위에 놓고, 술병을 그 서쪽에 놓는다. 세수 대야와 수건을 조계 아래 동남쪽에 둔다. 또한 주부와 내집사의 세수 대야와 수건을 서쪽 계단 아래 서남쪽에 두는데 모든 제사도 이와 같다. 주인 이하는 모두 옷을 갖추어 입고 문으로 들어가 제자리에 서는데, 주인은 조계 아래에서 북쪽을 향하고 주부는 서쪽 계단 아래에서 북쪽을 향한다. 주인의 어머니께서 계시면 주부 앞에 특별히 자리한다. 주인의 제부諸父나 제형諸兄들이 있으면 주인의 오른쪽에 특별히 자리하는데 약간 앞에 서며 두 줄로 서쪽을 상석으로 한다. 제모諸母, 고모, 형수, 손위누이가 있으면 주부의 왼쪽에 특별히 자리하는데 약간 앞에 서며 두 줄로 동쪽을 상석으로 한다. 집안의 여러 동생들은 주인의 오른쪽에 서되 약간 물러서 선다. 아들, 손자, 외집사는 주인의 뒤에 자리하며 두 줄로 서쪽을 상석으로 한다. 동생의 처와 여동생들은 주부의 왼쪽에 자리하되 약간 물러서 선다. 며느리, 손자며느리, 딸, 손녀, 내집사는 주부의 뒤에 자리하며 두 줄로 동쪽을 상석으로 한다. 정해진 대로 자리하면 주인은 손을 씻고 수건으로 닦고 올라가 신주함을 열고, 함의 덮개는 함좌의 동쪽에 북쪽에 가깝게 둔다. 모든 고위 신주를 받들어 신주함 앞에 모신다. 주부는 손을 씻고 수건으로 닦고 올라가 모든 비위 신주를 받들어 고위 신주의 동쪽에 모신다. 다음으로 부주祔主가 있으면 또한 이와 같이 모셔낸다. 맏아들, 맏며느리 혹은 맏딸에게 명하여 손을 씻고 수건으로 닦고 올라가 항렬이 낮은 부주를 나누어 모셔내기를 또한 이와 같이 하도록 한다. 모두 마치면 주부 이하는 먼저 내려가 제자리로 돌아간다. 주인은 향탁 앞에 나아가서 강신하는데, 분향하고 두 번 절한 뒤 약간 물러나서 서면, 집사가 손을 씻고 수건으로 닦고 올라가 술병을 열어 주전자에 술을 채운다. 한 사람이 술 주전자를 받들어 주인의 오른쪽에 나아가

고전예서에 근거한 집안제사 해설

고, 한 사람은 잔반을 잡고 주인의 왼쪽으로 나아간다. 주인이 꿇어앉고, 집사도 모두 꿇어앉는다. 주인은 주전자를 받아 잔에 술을 따르고, 주전자를 되돌려주고, 잔반을 받아 그것을 받든다. 왼손으로 잔 받침을 잡고 오른손으로 잔을 잡아, 모사 위에 붓고 나서 잔반을 집사에게 준다. 집사는 모두 물러나 제자리 한다. 고개를 숙이고 엎드렸다가 일어나서 조금 물러나서 재배하고 내려와 제자리로 돌아가서 자리한 사람들과 함께 재배하여 참신參神한다. 주인은 올라가 술 주전자를 들고 술을 따르는데, 먼저 정위正位에게 이어서 부위에게 올리고, 다음으로 맏아들에게 명하여 모든 항렬이 낮은 부위에게 따르게 하고, 먼저 내려가서 맏아들이 내려감을 말한다. 제자리에 서면, 주인은 향탁 앞에 서서 두 번 절하고 내려와 제자리로 돌아간다. 조금 지난 뒤 자리한 사람들과 함께 재배하여 사신辭神하고, 주인과 주부가 올라가서 신주를 신주함에 거두는 것은 함을 열 때의 의식과 같다. 집사가 올라가서 술과 과일을 물리고 발을 내리고 문을 닫고 내려온다. 물러난다. 보름날에는 술을 진설하지 않고 신주를 모셔내지 않으나 나머지는 위의 의식과 같다. [율곡] 이르기를 신주를 모셔내지 않고 단지 신주함만 열며, 강신술을 따르지 않고 단지 분향만 한다.

[율곡] 가로되, 만약 설날과 동지면 별도로 몇 가지 음식을 차리는데, 동지면 팥죽을 더하고 설날에는 떡국을 올린다. 만약 동지에 시제를 지내면 참례하지 않는다.

[살핌] 차 이것은 중국에서 쓰지만 우리나라의 풍속에는 쓰지 않으므로 '차를 차린다.', '차를 붓는다.' 등의 글은 하나같이 삭제해버렸다. 만약 별도의 음식이 있으면 각위 고비 잔반 사이에 시접匙楪을 놓고 주인이 술 따르기를 마치면 주부가 올라가서 젓가락을 바르게(정저正筋) 하고 주인과 주부가 향탁 앞에 동서로 나누어 서서 함께 북향하여 절하는 것이 옳다.

俗節則獻以時食

節 如淸明寒食重午重陽 [栗谷]曰正月十五日三月三日五月五日六月十五
日七月七日八月十五日九月九日及臘日 之類 凡鄉俗所尙者食 凡其節之
所尙者 [栗谷]曰藥飯艾餠水團之類 若無俗尙之食則當具餠果數品 薦以大
盤 間以蔬果禮如正至朔日之儀

[栗谷]曰有新物則薦 須於朔望俗節並設 五穀可作飯者則當具饌數品同設 禮如
朔參之儀 雖望日亦出主酹酒 若魚果之類及菽小麥等不可作飯者則於晨謁之時
啓櫝而單獻 焚香再拜 單獻之物 隨得卽薦 不必待朔望俗節 凡新物未薦前不可
先食 若在他鄉則不必然

[按]家禮本註 有中元而是佛家所尙朱子晩年 亦自不行故今刪之

속절에는 시절음식을 바친다.

속절은 청명, 한식, 중오, 중양 [율곡] 가로되 정월 대보름, 삼월 삼짓날, 오월
단오, 유월 유두, 칠월 칠석, 팔월 추석, 구월 중양절과 납일 등의 종류이다. 무릇
우리 풍속에서 숭상하는 바는 음식이므로, 무릇 그 속절에 숭상하는 것
을 [율곡] 가로되, 약밥, 쑥떡, 수단과 같은 종류인데, 만약 풍속에서 숭상하는 음식이
없으면, 마땅히 떡과 과일 몇 가지를 갖춘다. 큰 쟁반으로 나물과 과일을 사이하
여 올린다. 예를 설날, 동지, 초하루의 의식과 같이 한다. [율곡] 가로되, 새
로 나온 물품이 있으면 바쳐야 한다. 모름지기 초하루, 보름과 속절에 아울러 진설한다.
오곡으로 밥을 지을 만한 것이면 마땅히 반찬 몇 가지를 갖추어 함께 올리고 예는 초하루
의 참례의식과 같이 한다. 비록 보름날이라도 역시 신주를 모셔내고 강신술을 따른다. 만
약 생선이나 과일의 종류 및 콩, 밀 등 밥을 지을 수 없는 것이면 새벽에 사당을 참배할 때
독을 열고 단헌單獻으로 분향하고 재배한다. 단헌으로 바치는 물품은 얻을 때마다 올리며
초하루나 보름 또는 속절까지 반드시 기다리지는 않는다. 모든 새로운 물품은 올리기 전
에는 먼저 먹을 수 없다. 만약 타향에 있으면 반드시 그렇게 하지는 않는다.

고전예서에 근거한 집안제사 해설

[살핌] 『가례』의 본주에 중원中元(도가의 백중百中날로 7월 15일)이 있는데 이것은 불가에서 숭상하는 바로, 주자 만년에는 또한 스스로 행하지 않았으므로 이제 이것을 삭제한다.

有事則告
일이 있으면 고한다.

四時祭
사시제

時祭用仲月 前旬卜日
孟春夏秋冬同下旬之首擇仲月三旬各一日或丁或亥 主人盛服 立於祠堂中門外西向 兄弟立於主人之南 少退北上 子孫立於主人之後 重行西向 北上 置卓於主人之前 設香爐盒环珓及盤於其上 主人焚香薰珓而命以上旬之日云云卽以珓擲于盤以一俯一仰爲吉 不吉 更卜中旬之日 又不吉則不復卜而直用下旬之日 旣得日 祝開中門 主人以下北向立如朔望之位 皆再拜 主人升焚香再拜 跪 祝執辭 東向跪于主人之左 讀 云云興復位 主人再拜 降復位 與在位者皆再拜祝闔門 主人以下復西向位 執事者立于門西 皆東面北上 祝立于主人之右 命執事者 云云執事者應 曰諾 乃退
[溫公]曰若不暇卜日則用分至 亦可 [栗谷]曰前期三日告廟 若有故則退定 不出三日 以退定之故告廟 [曾子問]君子 過時不祭 [沙溪]曰仲月有故 季月亦可祭
[退溪]曰 國恤卒哭前 時祭宜停廢 {新增}過時不祭 本註 春祭過春 夏祭過夏
[命辭式]
某將以來月某日卽三旬內日或丁或亥諏此歲事適其祖考繼禰之宗但云考

下同尙饗

[告辭式]

　孝孫繼禰之宗稱孝子 下同某將以來月某日祇薦歲事于

祖考卜旣得吉用下旬日則不言卜旣得吉敢告

[祝命執事辭式]

　孝孫某將以來月某日祇薦歲事于

祖考有司具脩

시제는 중월仲月을 쓰니 열흘 전에 날을 점친다.

　봄의 첫째 달(맹춘孟春) 여름, 가을, 겨울도 같다. 하순의 첫 날에 중월 상중 하순의 각 하루씩을 택하거나 정일丁日 또는 해일亥日을 택한다. 주인은 옷을 갖추어 입고 사당 중문 밖에 서향하여 서고 형제는 주인의 남쪽에 약간 물러나 북쪽을 상석으로 하여 서고, 아들과 손자는 주인의 뒤에 두 줄로 서향하여 북쪽을 상석으로 하여 선다. 탁자를 주인 앞에 놓고 그 위에 향로, 향합, 배교环珓(盃珓, 땅에 던져서 그 누운 모양을 보고 길흉을 점치는 기구로 조개껍데기, 짐승의 뿔, 나무, 옥으로 만든다.)와 쟁반을 설치한다. 주인이 분향하여 배교에 쐬고 상순의 날로서 아무 아무 날로 이름 지으면서 쟁반에 배교를 던져 하나가 엎드리고 하나는 바로 누우면 길하다. 불길이면 다시 중순의 날로 점을 치고, 또 불길이면 다시 점치지 않고 하순의 날을 바로 쓴다. 이미 날을 받았으면 축이 중문을 열고 주인 이하 초하루나 보름 때의 위치와 같이 북향하여 서서 두 번 절한다. 주인이 올라가 분향하고 두 번 절하고, 꿇어앉는다. 축이 고하는 글을 들고 동향하여 주인의 왼편에 꿇어앉아서 읽는다. 읽고 나서 일어나 제자리로 간다. 주인이 두 번 절하고 내려와 제자리로 가서 자리한 사람들과 함께 두 번 절하고 축은 문을 닫는다. 주인 이하는 다시 서향하여 서고, 집사는 문의 서쪽에 서서 모두 동쪽을 바라보고 북쪽을 상석으로 한다. 축이 주인의 오른쪽에 서서 집사를 임명하는 글을 읽고 집사는 응낙하고 물러난다.

[온공] 가로되, 만약 날을 점칠 겨를이 없으면 춘분, 추분, 하지, 동지를 쓰는 것도 또한 좋다. [율곡] 가로되, 정한 날 3일 전에 사당에 고하고, 만약 까닭이 있으면 물려서 정하되 삼 일을 넘기지 않으며, 물려 정한 까닭을 사당에 고한다. [증자문] 군자는 계절을 넘겨서 제사 지내지 않는다. [사계] 가로되, 중월에 까닭이 있으면 계월季月(마지막 달)에 또한 제사 지낼 수 있다. [퇴계] 가로되, 국상의 졸곡 전에는 시제를 의당 멈추거나 폐한다. (신증) 계절을 넘겨서 제사 지내지 않는다는 것은, 본주本註에 봄 제사를 봄을 넘겨 지내거나 여름 제사를 여름을 넘겨 지낸다는 뜻이다.

[택일하는 말의 양식]

아무개가 장차 다음 달 아무 날에, 즉 삼십일 내의 날이거나 정일 또는 해일이다. 이 제사를 지내는 것이 조고께 적합한지 여쭙습니다. 아버지 제사를 이어받은 맏이는 단지 '고께'라고만 한다. 이하도 같다. 흠향하시옵소서.

[고하는 말의 양식]

효손 아버지 제사를 이어받은 맏이는 효자라 칭한다. 이하도 같다. 아무개가 장차 다음 달 아무 날에 조고께 공경스럽게 세사를 올리고자 점을 쳐 좋은 날을 이미 얻었기에, 하순의 날을 쓰면 '점을 쳐 좋은 날을 얻었다.'고 하지 않는다. 감히 아룁니다.

[축관이 집사를 임명하는 말의 양식]

효손 아무개가 장차 다음 달 아무 날에 조고께 공경스럽게 세사를 올리고자 하니 유사有司는 갖추고 수양하라.

前期三日 齊戒

主人帥衆丈夫 致齊于外 主婦帥衆婦女 致齊于內 沐浴更衣 飮酒

不得至亂 食肉不得茹葷 不弔喪不聽樂 凡凶穢之事 皆不得預

제사 전 사흘간 재계한다.

　주인은 남자들을 통솔하여 사랑채에서 치재致齋하고 주부는 부녀자들을 통솔하여 안채에서 치재한다. 목욕하고 옷을 갈아입는다. 술을 마시되 어지러움에 이르지 말며, 고기를 먹되 매운 냄새나는 채소를 먹지 말고, 문상하지 말며 음악을 듣지 말고, 온갖 흉하고 더러운 일에는 모두 간여해서는 안 된다.

前一日 設位

主人帥衆丈夫 深衣 及執事 灑掃正寢 洗拭椅卓 務令蠲潔 設高祖考妣位於堂西 北壁下南向 考西妣東 各用一椅一卓而合之 曾祖考妣祖考妣考妣以次而東 皆如高祖之位 世各爲位不屬 祔位皆於東序 西向北上 或兩序相向 尊者居西 妻以下則於階下

[問]考妣各卓 禮也而有再娶或三娶則正寢雖廣 亦難容十餘卓 如何 尤庵曰考妣各卓 禮有明文何可違也 不若小其床卓 使可容排也

[諸具]

帟幕 用以設於正寢者, 屏 用以設於椅後者, 席 用以鋪陣者 又具主人主婦拜席及受胙席, 椅 用以設位者 如有前後配及祔位則加設 大卓亦然, 坐褥 用以藉於椅上者 隨位各具, 小卓 出主時用以安櫝者, 大卓 用以設於椅前而陣饌者, 座面紙 用以鋪於卓上者 隨卓各具, 拭巾 隨卓各具, 屏 或簾用以闔門者 寢有門則不具, 深衣

하루 전 제사자리를 설치한다.

　주인은 남자들을 거느리고 심의를 입고, 집사와 정침을 물 뿌리고 비로 쓸고, 의자와 탁자를 씻고 닦아서 깨끗이 하게끔 힘쓴다. 고조고와 비

　　　　　고전예서에 근거한 집안제사 해설

의 제사자리를 사당의 서쪽 북벽 아래에 남향으로 설치한다. 고는 서쪽에 비는 동쪽에 각각 의자 하나 탁자 하나를 준비해 합친다. 증조고비, 조고비, 고비를 차례대로 동쪽으로 모두 고조 제사자리와 같이 하며, 세대마다 각각 제사자리를 만드는데 잇대지는 않는다. 부위는 모두 동에서 차례대로 서향하며 북쪽을 상석으로 하거나, 혹은 양쪽에 차례대로 서로를 향하게 하는데 높은 분을 서쪽에 모시며, 처 이하는 계단 아래로 한다.

[문] 고와 비 각각 탁자를 놓는 것이 예이다. 그러나 재취 혹은 삼취가 있으면 정침이 비록 넓다하여도 또한 십여 탁자를 수용하기 어려우니 어떻습니까? 우암 가로되, 고비 각각 탁자를 놓는 것은 예에 분명한 글이 있으니 어떻게 어기는 것이 가능하겠는가? 탁자를 작게 하여 늘어설 수 있도록 하는 것만 같지 못하다.

[준비물]

역막 정침에 설치하여 쓴다. 병풍 교의 뒤에 설치하여 쓴다. 자리 펼쳐서 쓴다. 또 주인과 주부가 절하는 자리와 수조례를 행하는 자리를 갖춘다. 교의 신위를 모시는 데 쓴다. 만약 전처, 후처와 부위가 있으면 더 설치한다. 큰 탁자도 또한 그렇게 한다. 방석 교의 위의 깔개로 쓴다. 신위마다 각각 갖춘다. 작은 탁자 신위를 모셔낼 때 신주함을 모셔두는 데 쓴다. 큰 탁자 교의 앞에 설치하여 제물을 진설하는 데 쓴다. 좌면지 탁자 위에 펴서 쓴다. 탁자마다 각각 갖춘다. 행주 탁자마다 각각 갖춘다. 병풍 또는 발 합문에 쓴다. 정침에 문이 있으면 갖추지 않는다. 심의.

陳器

設香案於堂中　置香爐盒於其上　設燭臺於每位卓上　束茅聚沙於香案前及逐位卓前　[集說]祔位不設　設酒架於東階上　別置卓於其東　設酒注酹酒盞盤　下有以佗器徹酒之文　此時亦當設空器　受胙盤匕巾醋瓶於其上　火爐香匕火筯於西階上　別置卓於其西　設祝板於其上　盥盆悅巾

於阼階下之東 其西者有臺架 又設陳饌大牀于其東

[諸具]

香案, 香爐, 香盒, 香匕, 火筋, 燭臺, 茅束 五, 茅盤 五 一設於 香案前 四各設於每位前 祔位則不設, 卓 二, 祝板 四, 酒瓶, 酒注, 盞 盤 用以酹酒者, 玄酒瓶 取祭日平朝第一汲水 盛之, 酒架 用以安瓶者, 拭 巾 用以拭瓶口者, 徹酒器 亞終獻時用以退酒者 每位各一, 徹炙器 亞終獻 時用以退炙者 每位各一, 大牀 用以先排祭饌者 又置徹炙器於其上, 受胙盤 匕具, 受胙席, 盤 多少隨宜, 潔滌盆, 拭巾 並用以洗盞盤及器椀者, 火 爐 用以煖祭饌者, 炬 用以設燎於庭者, 盥盆 四 二有臺主人主婦及內外親 屬所盥 二無臺祝及內外執事者所盥, 勺 四, 帨巾 四 二有架二無架

기물을 늘어놓는다.

　향탁을 사당 가운데에 놓고 향로와 향합을 그 위에 놓는다. 촛대를 매 신위마다 탁자 위에 놓는다. 향탁 앞 및 매 위마다 탁자 앞에 띠를 묶고 모래를 모은다. [집설] 합사한 신위에는 놓지 않는다. 주가酒架를 동계 위쪽에 놓고, 그 동쪽에 별도로 탁자를 마련해 술 주전자, 뇌주잔반, 아래에 다른 그릇으로 술을 물린다는 문장이 있으니 이때 또한 당연히 빈 그릇을 설치한다. 수조례에 쓸 쟁반, 숟가락, 수건과 식초병을 그 위에 둔다. 화로, 향 숟가락, 부젓가락은 서계 위쪽에 둔다. 서쪽에 별도로 탁자를 놓아 축판을 그 위에 둔다. 조계 아래의 동쪽에 세숫대야와 수건을 두되 서쪽의 것에는 받침과 걸이가 있다. 또 제수를 펼쳐 놓는 큰상을 그 동쪽에 둔다.

　[준비물]

　향탁, 향로, 향합, 향비(향 뜨는 숟가락), 부젓가락, 촛대, 띠 묶음 다섯 개, 모사기 다섯 개, 하나는 향탁 앞에 설치하고 네 개는 각 신위 앞에 놓되 합사한 신위 앞에는 두지 않는다. 탁자 두 개, 축판 네 개, 술병, 술 주전자, 잔반, 뇌주

醴酒에 쓴다. 현주병, 제삿날 평온한 아침 맨 처음 길은 물을 담는다. 주가, 병을 놓는 데 쓴다. 행주, 병 주둥이를 닦는 데 쓴다. 철주기, 아헌과 종헌 때 술을 물리는 데 쓴다. 각 신위마다 하나씩이다. 철적기, 아헌과 종헌 때 적을 물리는 데 쓴다. 각 신위마다 하나씩이다. 큰상, 제수를 미리 배설하는 데 쓰인다. 또 그 위에 철적기를 놓는다. 수조접시, 숟가락을 갖춘다. 수조 자리, 쟁반, 많고 적음은 적당히 한다. 설거지통, 행주, 잔반, 그릇, 접시를 씻는 데 쓴다. 화로, 제물을 데우는 데 쓴다. 홰, 마당에 횃불을 설치하는 데 쓴다. 세숫대야 네 개, 두 개는 받침이 있어 주인과 주부 및 친족들이 손을 씻는 곳이고, 두 개는 받침이 없으며 축관과 남녀 집사들이 손을 씻는 곳이다. 구기 네 개, 수건 네 장, 두 장은 걸이가 있는 곳에 두 장은 걸이가 없는 곳에 둔다.

省牲 滌器具饌

主人帥衆丈夫 深衣 省牲蒞殺 主婦帥衆婦女 背子 滌濯祭器 潔釜鼎具祭饌 務令精潔 未祭之前 勿令人先食及爲猫犬蟲鼠所汚
[諸具]

內執事, 牲 [按]大夫以羊豕 士以豚犬 庶人無常牲 見於禮書者 有卵魚豚鴈雞鵝鴨 今士夫之祭無牲 只庶羞而已故祝辭亦皆不稱牲而稱庶羞 澤堂以炙 當古之牲云爾 今不能全殺 未免貿於市則雖牛肉 亦不可謂之僭也, 果 [家禮本註]六品 凡木實之可食者 無不用 [孔子]曰果屬 桃爲下 祭祀不用 [沙溪]曰若難備 四品或兩品, 脯 [尤庵]曰要訣脯卽佐飯 二者恐是一物 又曰凡乾魚肉皆謂之脯, 醢 食醢魚醢, 蔬菜 熟菜沈菜之屬, 清醬 [按]醬是食之主 似不可闕 家禮只有醋楪而無用醬之文 栗谷沙溪始以清醬據古禮添入於蔬菜脯醢之中 今以清醬代醢一品 用之爲宜, 醋, 盞盤, 匕筯楪, 米食 卽餅, 麵食 如饅頭及俗所謂昌麵酸麵匊羞之類, 飯, 羹 [按]古者大羹 卽肉羹不致五味者 鉶羹 卽肉和菜調五味者 菜羹卽純用菜者 今湯用魚肉則羹當用菜 湯不用魚肉

則羹當用肉,　肉　[家禮本註]肉魚各一盤　家畜及山澤之族可食者　無不用,　魚
凡水族之可食者　無不用　[黃氏]曰鯉魚不用於祭祀云　[栗谷]曰魚肉當用新鮮生
物　[按]魚肉　或殽或膾或軒或乾或炒　凡羞之以魚肉爲之者俱無不可　肉帶骨曰
殽　腥細切爲膾　大切爲軒,　酒,　炙　[家禮本註]肝一串肉二串　肝進於初獻肉分
進於亞終獻各盛于盤　[要訣]又有魚雉等物　[少牢禮]魚右首　[尤庵]曰三獻各用
一物　多少隨宜,　茶　[備要]國俗代以水　卽熟水　果以下隨位各具,　祭器　備饌
時所用並見上本條,　背子或長衣

희생을 살피고 제기를 씻고 제찬을 갖춘다.

주인은 남자들을 거느리고, 심의를 입고, 희생을 살피고 잡을 때 입회
한다. 주부는 부녀자들을 거느리고, 배자를 입고, 제기를 씻고, 크고 작
은 솥을 깨끗이 하고 제찬을 갖추는데, 깨끗이 하게끔 힘쓴다. 제사 지내
기 전에 사람이 먼저 먹거나 고양이, 개, 벌레나 쥐에게 더럽힘을 당하지
않게끔 한다.

[준비물]

내집사, 희생할 짐승, [살핌] 대부大夫는 양과 큰 돼지를, 사士는 새끼돼지와 개
를, 서인庶人은 일정히 희생하는 짐승이 없다. 예서를 보면 알, 물고기, 새끼돼지, 기러
기, 닭, 거위, 오리 등이 있다. 요즈음 사대부의 제사에는 희생이 없고 다만 여러 음식일
뿐이므로 축문 또한 모두 희생을 일컫지 않고 여러 음식(서수庶羞)이라고 한다. 택당澤堂
은 적炙으로써 옛날의 희생에 해당케 하지만, 이제는 통째로 잡지 못하므로, 시장에서 사
온 것에 지나지 않으면 비록 쇠고기라 할지라도, 또한 이를 자기 신분에 넘친다고 이야기
할 수 없다고 하였다. 과일, [가례본주] 여섯 가지, 모든 나무 열매로서 먹을 수 있는 것
은 쓰지 않는 것이 없다. [공자] 가로되, 과일 종류에서 복숭아는 하품이니 제사에 쓰지
않는다. [사계] 가로되, 만약 갖추기 어려우면 네 가지 또는 두 가지를 쓴다. 포, [우암]
가로되, 『격몽요결』에 포가 곧 자반이라 했으니 둘은 아마도 같은 물품인 것 같다. 또 말

하기를 모든 말린 생선과 고기를 모두 포라고 한다. 해, 식해와 생선젓갈 채소, 나물과 김치 종류이다. 간장 [살핌] 장은 주된 음식이므로 빠뜨릴 수 없는 것 같다. 『가례』에 단지 식초 접시는 있으나 장을 쓴다는 문장이 없다. 율곡과 사계가 처음으로 옛날 예법에 근거하여 청장을 나물, 포, 젓갈 가운데 끼워 넣었으니, 이제 간장을 젓갈 한 가지에 대신하여 쓰는 것이 당연하다. 식초, 잔반, 수저접시, 미식, 즉 떡 면식, 만두와 시속에서 말하는 창면, 산면, 국수 종류 같은 것이다. 메, 갱 [살핌] 옛날 대갱은 곧 고깃국으로 다섯 가지 맛을 내지 않는다. 형갱은 곧 고기에 채소를 섞어 다섯 가지 맛으로 조절한다. 채갱은 오직 채소만 쓴다. 이제 탕에 생선과 고기를 쓰면 갱은 마땅히 채소를 쓰고, 탕에 생선과 고기를 쓰지 않으면 갱은 당연히 고기를 쓴다. 육, [가례본주] 고기와 생선 각 한 쟁반, 가축과 산천에 사는 족속으로 먹을 수 있는 것은 쓰지 않는 것이 없다. 어 (생선), 모든 물에서 나는 족속으로 먹을 수 있는 것은 쓰지 않는 것은 없다. [황씨] 가로되 잉어는 제사에 쓰지 않는다고 말했다. [율곡] 가로되 생선과 고기는 당연히 신선한 날것을 써야 한다. [살핌] 생선과 고기는 효殽나 회膾, 헌軒, 건乾(말림) 또는 초炒(볶음)으로 한다. 생선과 고기로써 만드는 모든 음식은 함께 하지 못하는 것이 없다. 뼈가 붙어 있는 고기를 효라 하고, 날고기로 가늘게 썬 것을 회라 하며, 크게 자른 것을 헌이라 한다. 술, 적, [가례본주] 간 한 꼬치와 고기 두 꼬치, 간은 초헌에 올리고 고기는 아헌과 종헌에 나누어 올리는데 각각 쟁반에 담는다. [요결] 또한 생선, 꿩 등의 물품이 있다. [소뢰례] 생선은 오른쪽으로 머리를 둔다. [우암] 가로되 삼헌에 각각 적 한 가지씩 쓰되 많고 적음은 적당히 한다. 차, [비요] 우리나라의 풍속은 물로 대신한다. 곧 숭늉이다. 과일 이하는 신위마다 각각 갖춘다. 제기, 배자 또는 장의.

厥明夙興 設蔬果酒饌
主人以下深衣 及執事者 俱詣祭所 燃燭唉明乃滅 盥手 設果楪於逐
位卓南端 卽第四行 蔬菜脯醢 相間次之 卽第三行 設盞盤醋楪于北

端　盞西楪東　匕筯居中　卽第一行　設玄酒及酒瓶於架上　玄酒在西
熾炭于爐　主婦背子　炊煖祭饌　皆令極熱以盒盛　出置東階下大牀上
그날 새벽 일찍 일어나 나물, 과일, 술, 음식을 차린다.

주인 이하 심의를 입고 집사와 제사 지낼 곳에 나아가서, 초를 켰다가 날
이 밝기를 기다려 끈다. 손을 씻고, 신위마다 탁자의 남쪽 끝에 과일 접시를
진설한다. 즉 넷째 줄. 나물, 포와 젓갈은 서로 사이하여 그 다음에 둔다.
즉 셋째 줄. 잔반, 식초 접시를 북쪽 끝에 두되, 잔반은 서쪽에 식초 접시
는 동쪽에 두고, 시저는 가운데에 둔다. 즉 첫째 줄. 현주와 술병을 주가 위
에 두는데 현주를 서쪽에 둔다. 화로의 숯에 불을 피운다. 주부는 배자를
입고, 불을 때어 제물을 데워 모두 뜨겁게 하여 합에 담아 동쪽 계단 아래
큰상 위에 내어 놓는다.

質明　奉主就位

主人主婦以下各盛服　盥手帨手　詣祠堂前序立　如朔望之位　立定　開門
軸簾　主人升自阼階　焚香跪告　云云俯伏興　斂櫝　正位祔位各置一笥
各以執事者一人奉之　主人前導　主婦從後　卑幼在後　至正寢　置于
西階卓上　主人啓櫝　奉諸考神主　出就位　主婦升　奉諸妣神主亦如
之　其祔位則子弟一人奉之　旣畢　主人以下皆降復位
[陳氏]曰子路質明而始行事　晏朝而退　孔子取之　此周禮也　然與其失於晏也　寧早
則雖未明之時　祭之可也　[語類]先生侵晨　已行事畢　[張子]曰五更而祭　非禮也

　고전예서에 근거한 집안제사 해설

［告辭式］

孝孫屬稱隨改見上卜日告式某今以仲春
夏秋冬隨時之月有事于
顯高祖考某官府君
顯高祖妣某封某氏曾祖考妣至考妣列書繼
曾祖以下之宗亦以最尊位爲主而隨屬稱以某
親某官府君卑幼去府君二字某親某封
某氏祔食敢請
神主出就正寢或廳事恭伸奠獻

날이 밝으려 할 무렵 신주를 받들어 자리에 모신다.

주인 주부 이하는 각각 잘 차려입고 손을 씻고 수건으로 닦고 사당 앞에 나아가 차례대로 선다. 초하루와 보름 참례 때의 자리와 같다. 제자리에 서면, 문을 열고 발을 만다. 주인이 조계로 올라가, 분향하고, 꿇어앉아 고한다. 운운하고 엎드렸다가 일어난다. 신주함을 거두어 정위와 부위를 각각 한 바구니에 모시고, 각각 집사 한 사람이 그것을 받들며, 주인이 앞에서 인도하고 주부는 뒤에서 따르며, 항렬이 낮거나 어린 사람은 뒤에 선다. 정침에 이르러, 서쪽 계단의 탁자 위에 놓고 주인이 신주함을 연다. 모든 고위 신주들을 받들어 내어, 자리에 모시고, 주부가 올라가, 모든 비위 신주들을 받들어 또한 같이 하고, 혹시 부위가 있으면 자제 한 사람이 받든다. 마치면 주인 이하 모두 내려와 제자리로 돌아간다.

[진씨] 가로되, 자로子路가 날이 밝으려 할 무렵에 제사를 시작하여 늦은 아침에 물러났는데, 공자가 이를 채택하였다. 이것이 주례周禮이다. 그러나 늦어서 그릇되기보다는

차라리 일러서 비록 밝지 아니한 시간이라도 제사 지내는 것이 옳겠다. [어류] 선생은 이른 새벽에 이미 제사를 마쳤다. [장자] 가로되, 오경(새벽 3~5시)에 제사 지내는 것은 예가 아니다.

[고하는 말의 양식]

효손 친속의 호칭은 따라서 고치는데 위의 점치는 날의 고사식을 보라. 아무개는 이제 중춘의 여름, 가을, 겨울은 때에 따른다. 달에 고조할아버지와 고조할머니께, 증조할아버지와 증조할머니부터 아버지와 어머니까지 나란히 쓴다. 증조 이하를 잇는 맏이는 역시 가장 높은 신위를 위주로 한 친속의 칭호를 따른다. 합사한 아무 친속과 더불어, 제사가 있어, 신주께서 정침으로 혹은 청사로 나가시기를 감히 청하여 공손히 예를 펴려 합니다.

參神

主人以下序立 如祠堂之儀 立定 再拜 若尊長老疾者 休於佗所

참신

주인 이하 사당의 의식에서와 같이 차례로 서고, 제자리에 서면 두 번 절한다. 만일 어른으로 늙고 병든 사람이면 다른 장소에서 쉰다.

降神

主人升 焚香 [備要]再拜 少退立 執事者一人 開酒 取巾拭瓶口 實酒于注 一人取東階卓上盞盤 立于主人之左 一人執注立于主人之右 主人跪 奉盞盤者亦跪 進盞盤 主人受之 執注者亦跪 斟酒于盞 主人左手執盤右手執盞 灌[朱子]曰盡傾于茅上 以盞盤授執事者 執事者反注及盞盤於故處 先降復位 俛伏興 再拜 降復位

강신

주인이 올라가서 분향한다. [비요] 재배한다. 약간 물러나서 서면, 집사 한 사람이, 술병을 열고, 수건으로 병 주둥이를 닦고, 주전자에 술을 채운다. 집사 한 사람이 동쪽 계단 탁자 위의 잔반을 들고, 주인의 왼쪽에 서고, 한 사람은 주전자를 들고 주인의 오른쪽에 선다. 주인이 꿇어앉고, 잔반을 받든 사람 또한 꿇어앉아 잔반을 올리면, 주인이 이것을 받고, 주전자를 든 사람도 또한 꿇어앉아 잔에 술을 따른다. 주인이 왼손으로 잔받침을 잡고, 오른손으로 잔을 잡아, 띠 위에 붓는다. [주자] 가로되, 다 기울인다. 잔반을 집사에게 주고, 집사는 주전자와 잔반을 원래 자리에 되돌려 놓고 먼저 내려와 제자리로 되돌아간다. 고개를 숙이고 엎드렸다가 일어나 재배하고, 내려와 제자리로 간다.

進饌

主人升 主婦從之 執事者一人以盤奉魚肉 一人以盤奉米麵食 一人以盤奉羹飯 從升至高祖位前 主人奉肉奠于盞盤之南 主婦奉麵食奠于肉西 主人奉魚奠于醋楪之南 主婦奉米食奠于魚東 卽第二行 主人奉羹奠于醋楪之東 主婦奉飯奠于盞盤之西 以次設諸正位 使諸子弟婦女各設祔位 皆畢 主人以下皆降復位

진찬

주인이 올라가고, 주부가 따른다. 집사 한 사람이 소반으로 생선과 고기를 받들고, 한 사람은 소반으로 떡과 면을 받들고, 한 사람은 소반으로 국과 메를 받들어, 따라 올라 고조의 신위 앞에 이르면, 주인이 고기를 받들어 잔반의 남쪽에 올리고, 주부는 면을 받들어 고기의 서쪽에 올린다. 주인이 생선을 받들어 식초 접시의 남쪽에 올리고, 주부는 떡을 받들어 생선의 동쪽에 올린다. 즉 두 번째 줄. 주인은 국을 받들어 식초 접시의 동쪽에 올리고, 주부는 메를 받들어 잔반의 서쪽에 올린다. 모든 정위에 순서대로 진찬한다. 여러 자제와 부녀자를 시켜 합사한 신위에 각각 차리게 한다. 모두 끝나면 주인 이하는 모두 내려가 제자리로 간다.

初獻

主人升 詣高祖位前 執事者一人執酒注立于其右 冬月卽先煖之 主人奉高祖考盞盤 位前東向立 執事者西向斟酒于盞 主人奉之 奠于故處 次奉高祖妣盞盤亦如之 執事者反注故處 位前北向立 執事者二人奉高祖考妣盞盤 立于主人之左右 主人跪 執事者亦跪 主人受高祖考盞盤 左手執盤 右手取盞 祭三祭 [要訣]少傾之茅上 以盞盤授執事者 反之故處 受高祖妣盞盤亦如之 俛伏興少退立 執事者炙肝于爐以楪盛之 兄弟之長一人奉之 奠于高祖考妣前匕筯之南 [備要]啓飯蓋置其南 降復位 祝取板立於主人之左 東向 跪 [儀節]主人以下皆跪 讀云云畢 置板於卓上 興 降復位 主人再拜退 詣諸位獻祝如初 每位讀祝畢 兄弟衆男之不爲亞終獻者 以次分詣本位所祔之位 酌獻不祭酒如儀 但不讀祝 [開元禮]不拜 獻畢皆降復位 執事者以佗器徹酒及肝 置盞故處 降復位

[祝文式] 代各異版 凡告祝以家禮爲主而如年月干
支改皇爲顯淸酌庶羞等句語多從備要書之

維

年號幾年歲次干支幾月干支朔幾日干支

孝玄孫孝曾孫孝孫孝子隨屬稱某官某敢

昭告于

顯高祖考某官府君

顯高祖妣某封某氏曾祖考妣祖考妣考妣

屬稱氣序流易時維仲春隨時追感歲

時不勝永慕[家禮本註]考改不勝永慕爲

昊天罔極敢以淸酌庶羞祗薦歲事以

某親某官府君卑幼云見上告式某親

某封某氏祔食[家禮本註]如本位無卽不

饗

言凡祔倣此尚

초헌

주인이 올라가 고조의 신위 앞에 나아가면, 집사 한 사람이 술 주전자를 들고 그 우측에 선다. 겨울달이면 미리 술을 데운다. 주인이 고조고의 잔반을 받들고 신위 앞에 동쪽을 향하여 서고, 집사는 서쪽을 향하여 잔에 술을 따른다. 주인이 그것을 받들어, 원래 자리에 올리고, 다음으로 고조비의 잔반을 받들어, 또한 그와 같이 한다. 집사는 주전자를 원래 자리에 둔다. 신위 앞에 북향하여 서고, 집사 두 사람이 고조고와 고조비의 잔반을 받들어, 주인의 좌우에 선다. 주인이 꿇어앉고, 집사 또한 꿇어앉는다. 주인이 고조고의 잔반을 받아, 왼손으로 잔 받침을 잡고, 오른손으로 잔을 잡아 띠 위에 좨하고, 세 번 좨한다. [요결] 조금만 기울인다. 잔반을 집사에게 주어, 원래 자리에 올린다. 고조비의 잔반을 받아, 또한 그와 같이 하고, 고개를 숙이고 엎드렸다가 일어나 약간 뒤로 물러서 선다. 집사가 적간을 화로에 구워 접시에 그것을 담고, 나이 든 형제 한 사람이 그것을 받들어, 고조고비 앞 수저의 남쪽에 올린다. [비요] 메 뚜껑을 열어 그 남쪽에 두고 내려와 제자리로 간다. 축이 축판을 들고 주인의 왼쪽에 섰다가, 동향하여, 꿇어앉는다. [의절] 주인 이하는 모두 꿇어앉는다. 읽기를 마치면 축판을 탁상 위에 둔다. 일어난다. 내려와 제자리로 간다. 주인은 재배하고 물러난다. 모든 신위에 나아가서 축 올리기를 처음과 같이 한다. 매 위에 축 읽기를 마치면, 형제나 여러 아들들로 아헌과 종헌하지 않을 사람이 차례로 나누어 본위에 합사한 신위에 나아가 의례와 같이 잔을 올리되, 좨주하지 않는다. 단 축은 읽지 않는다. [개원례] 절하지 않는다. 올리기를 마치면 모두 내려가 제자리로 돌아간다. 집사는 다른 그릇으로 술과 간을 비우고, 잔은 원래 자리에 둔다. 내려와 제자리 한다.

[축문의 양식]

대마다 각각 축판을 달리한다. 모든 고하는 축은 『가례』를 위주로 하여 연월간지는 같고 '皇(황)'을 '顯(현)'으로 고치고 '淸酌庶羞(청작서수)' 등의 어구는 대부분 『상례비요』의 글을 따른다.

아무 년, 아무 달, 아무 날에 효현손 효증손, 효손, 효자는 친속 칭호에 따른다. 아무 벼슬하는 아무개가 고조할아버지와 고조할머니께 감히 밝혀 고합니다. 절후의 차례가 흐르고 바뀌어, 때는 생각하건대 중춘 때에 따른다. 입니다. 추모의 마음을 느끼는 절기에, 길이 흠모하는 마음을 이기지 못해, [가례본주] 고위께는 '不勝永慕(불승영모)'를 고쳐 '昊天罔極(호천망극, 은혜가 하늘같이 넓어다함이 없습니다.)'으로 한다. 감히 맑은 술과 여러 가지 음식으로, 올해의 제사를 공경하여 올리오니, 합사한 아무 친속과 더불어 [가례본주] 이와 같은 신위가 없으면 곧 말하지 않으니 모든 합사한 신위는 이를 본뜬다. 흠향하시옵소서.

亞獻

主婦爲之 諸婦女奉炙肉及分獻 如初獻儀 但不讀祝 [朱子]曰未有主

婦則弟得爲亞獻

아헌

주부가 한다. 여러 부녀자들이 적육을 받들고 나누어 올리는데, 초헌의
의식과 같이 한다. 단 축은 읽지 않는다. [주자] 가로되, 주부가 없으면 동생이
아헌을 할 수 있다.

終獻

兄弟之長或長男或親賓爲之　衆子弟奉炙肉及分獻　如亞獻儀　但不
徹酒及炙

종헌

주인 형제 가운데 연장자 또는 장남 혹은 가까운 손이 한다. 여러 자제
들이 적육을 받들고 그리고 나누어 올리는데, 아헌의 의식과 같다. 단 술
과 적을 물리지 않는다.

侑食

主人升　執注就斟諸位之酒祔位不斟皆滿　反注故處　立於香案之東南
主婦升　扱匕飯中西柄正筯[沙溪]曰正之於楪中　立于香案之西南　皆謂
主人主婦北向再拜主婦四拜　祔位扱匕正筯　諸子弟婦女行之而不拜　降復位
[問]主婦不參祭則扱匕　主人爲之否　退溪曰當然

유식-음식을 권함

주인이 올라가서, 술 주전자를 잡고 나아가서 모든 위의 술이 부위는 따
르지 않는다. 모두 가득 차도록 붓고, 주전자를 원래 자리에 둔다. 향탁의 동남
쪽에 선다. 주부가 올라가서, 메 가운데에 손잡이가 서쪽으로 가게 숟가
락을 꽂고, 젓가락을 바르게 하고, [사계] 가로되, 시저접 가운데에 젓가락을 바

르게 한다. 향탁의 서남쪽에 선다. 함께 주인과 주부를 말한다. 북쪽을 향해 재배하고, 주부는 사배한다. 부위의 숟가락 꽂기와 젓가락 바로 놓기는 여러 자제와 부녀자들이 하는데 절은 하지 않는다. 내려와 제자리로 간다. [물음] 주부가 제사에 참여하지 않으면 숟가락 꽂기를 주인이 하는 것 아닙니까? 퇴계 가로되, 당연하다.

闔門

祝闔門 無門處降簾或屛幃 主人以下皆升階立於門東 西向 衆丈夫在其後 主婦立於門西 東向 衆婦女在其後 尊長則少休於佗所

[按]孔子曰攝主不厭祭 不假嘏 不歸肉 若主人遠遊或疾病 使子弟代之則可略去闔門啓門受胙等節

합문

축이 문을 닫고, 문이 없는 곳은 발을 내리거나 휘장으로 가린다. 주인은 이하 모두는 계단에 오른다. 문의 동쪽에 서서 서쪽을 향하며, 여러 남자들은 그 뒤에 자리한다. 주부는 문의 서쪽에 서서 동쪽을 향하고, 여러 부녀자들은 그 뒤에 자리한다. 어른은 다른 곳에서 잠시 쉰다.

[살핌] 공자 가로되, 주인 대신 제사 지내는 사람은 염제厭祭[185]하지 않고 가하假嘏(복을 비는 말)하지 않으며, 제사고기를 보내지 않는다. 만약 주인이 멀리 여행 갔거나 질병이 있어 자제에게 대신하게 하면 합문, 계문, 수조 등의 절차를 생략할 수 있다.

---

185) 『사계전서』, 「가례집람」, '사시제'에, 『예기』 「증자문」의 주에 이르기를, '厭(염)'은 바로 배부르게 먹는다는 뜻인데, 신이 흠향하는 것을 말한다. 염에는 음이 있고 양이 있다. 음염이란 것은, 시동씨를 맞이해 오기 전에 축이 잔을 따라서 올린 다음 주인을 위해서 신에게 흠향하도록 말하여 권하는 것이다. 이때에는 방의 깊고 고요한 곳에서 하므로 음염이라 한다. 양염이란 것은, 시동씨가 일어난 뒤에 좌식佐食이 시동씨의 천조薦俎를 철하여 집의 밝은 곳을 찾아 서북쪽 구석에 설치하므로 양염이라고 하는 것이다. 이런 예를 제정한 뜻은 신이 계신 곳이 저긴지 여긴지 알 수가 없어서 모두 신이 흠향하여 배불리 먹기를 바란 것이다.

啓門

祝聲三噫歆乃啓門　主人以下皆降復位　尊長先休于佗所者入就位　主人主婦　升徹羹　奉茶代以水　分進于諸位考妣之前奠于徹羹處　祔位　使子弟婦女進之　主婦以下先降復位

계문

　축관이 세 번 희흠(애흠) 소리를 내고, 곧 문을 연다. 주인 이하 모두 제자리로 돌아간다. 어른으로 앞서 다른 곳에서 쉬던 사람은 들어와 자리로 간다. 주인과 주부가 올라가서 갱을 물리고 차를 물로 대신한다. 받들어, 모든 위의 고와 비 앞에 나누어 올린다. 갱을 물린 자리에 올린다. 합사한 신위는 자제와 부녀자를 시켜 올리게 한다. 주부 이하는 먼저 내려와 자리로 돌아간다.

受胙

執事者設席于香案前　主人就席北面　祝詣高祖考前　擧酒盞盤詣主人之右　主人跪　祝亦跪　主人受盞盤祭酒于席前　啐酒　祝取匕並盤　抄取諸位之飯各少許　奉以詣主人之左　嘏于主人　云云　主人置酒于席前　俛伏興再拜　跪　受飯嘗之　實于左袂　掛袂于季指　取酒卒飮　執事者跪受盞自右　置注勺　受飯自左亦如之　主人俛伏興　立於東階上西向　祝立於西階上東向　告利成　降復位　與在位者皆再拜　主人不拜降復位　[栗谷]曰執事者升詣諸位　合飯蓋　降復位　合飯蓋時　先下匕筯于楪中

[嘏辭式][186]

祖考屬稱隨改　見上命辭式命工祝承致多福于汝孝孫屬稱隨改　繼禰之宗稱

---

186) 『사계전서』, 「가례집람」, '사시제'에, 『시경』의 주에 이르기를, "일을 잘하는 것을 '工(공)'이라고 한다. '承(승)'은 전한다는 뜻인 '傳(전)'과 같다. '來(래)'는 음독하면 '釐(리)'인데, 내려 준다는 뜻인 '賜(사)'이다. '引(인)'은 길다는 뜻인 '長(장)'이다." 하였다.

孝子 下同來音釐汝孝孫使汝受祿于天宜稼于田眉壽永年勿替引之
수조

집사가 향탁 앞에 자리를 설치하고 주인은 자리로 나아가 북향하여 선다. 축이 고조고 앞으로 나아가, 술이 찬 잔반을 들고, 주인의 오른쪽으로 가면, 주인은 꿇어앉고, 축 또한 꿇어앉는다. 주인은 잔반을 받아 자리 앞에 좨주하고, 술을 맛본다(좨주啐酒). 축이 숟가락과 접시를 가지고, 모든 신위의 메를 각기 조금씩 떠서 취하여, 받들고 주인의 왼쪽으로 나아가서, 주인에게 축복한다. 운운한다. 주인은 자리 앞에 술을 놓고, 고개 숙이고 엎드렸다가 일어나 재배하고 꿇어앉아서, 메를 받아 맛보고, 왼쪽 소매에 채운다. 새끼손가락에 소매를 걸고, 술을 들어 다 마신다. 집사는 꿇어앉아 주인의 오른쪽에서 잔을 받아 주전자 곁에 놓고, 왼쪽에서 메를 받아 또한 그와 같이 한다. 주인은 고개 숙이고 엎드렸다가 일어나서, 동계 위에 서향으로 서고, 축은 서계 위에 동향으로 서서 예를 다 마쳤음(이성利成)을 고하고, 내려와 제자리 하여, 자리한 사람들과 함께 모두 재배하는데, 주인은 절하지 않으며, 내려와 제자리로 간다. [율곡] 가로되, 집사는 올라가서 모든 신위 앞으로 나아가, 메 뚜껑을 덮고, 내려와 제자리로 간다. 메 뚜껑을 덮을 때 먼저 수저를 수저접에 내린다.

[하사식-수조례에 복을 줄 때의 양식]

할아버지께서 친속의 칭호를 따라 고침은 위의 명사식을 보라. 공축으로 하여금 너 효손에게 많은 복을 받아 보내게 분부하셨다. 친속의 칭호는 따라 고친다. 아버지 제사만 이어받은 맏이는 효자라 칭한다. 이하도 같다. 너 효손에게 내려주노라. '來(래)'를 '釐(리)'로 발음한다. 너로 하여금 하늘로부터 녹을 받고, 밭에서는 곡식이 순조롭게 되며, 눈썹이 세도록 오래 삶을 누리게 하고, 자자손손 쇠함 없이 이어가게 하노라!

고전예서에 근거한 집안제사 해설

辭神

主人以下皆再拜 [儀節]焚祝文

사신

　주인 이하 모두 재배한다. [의절] 축문을 사른다.

納主

主人主婦皆升　各奉主納于櫝　主人以笥斂櫝　奉歸祠堂　如來儀　各
安于故處　降簾闔門而退

납주

　주인과 주부가 함께 올라가서, 각기 신주를 받들어 함에 모셔 넣고 함
을 바구니에 거두어 담아서, 받들고 사당으로 돌아가는데, 모셔올 때의
의식과 같이 한다. 각각 원래 자리에 모셔놓고 발을 내리고 문을 닫고 물러난다.

徹

主婦還　監徹　酒之在盞注佗器中者皆入于瓶緘封之　果蔬肉食　並傳
于燕器　滌祭器而藏之

철

　주부가 돌아와서 상을 물리는 것을 살핀다. 잔과 주전자 및 다른 그릇
에 있는 술은 모두 병에 넣고 봉한다. 과일, 나물, 고기와 음식은 모두 평
상시에 사용하는 그릇으로 옮기고, 제기를 씻어서 보관한다.

餕

是日　主人監分祭胙　品取少許　置于盒　並酒皆封之　遣僕執書　云云
歸胙於親友　遂設席　男女異處　尊行自爲一列　南面　自堂中東西分

首 若止一人則當中而坐 其餘以次相對 分東西向 尊者一人先就坐
衆男序立 尊者前北向 世爲一行 以東爲上 皆再拜 子弟之長者一人
少進立 執事者一人執注立于其右 一人執盞盤立于其左 獻者跪 弟
獻則尊者起立 子姪則坐 受注斟酒 反注受盞 祝云云授執盞者置于尊
者之前 尊者擧酒畢 長者俛伏興退 復位 與衆男皆再拜 尊者命取
注及長者之盞 置于前 自斟之 祝云云命執事者以次就位 斟酒皆徧
長者進跪 受飲畢 俛伏興退立 衆男進揖 退立飲 長者與衆男皆再
拜 諸婦女獻女尊長於內 如衆男之儀 但不跪 旣畢 乃就坐 東西相
向 下同 薦肉食 諸婦女詣堂前 獻男尊長壽 男尊長酢之如儀 衆男
詣中堂 獻女尊長壽 女尊長酢之如儀 [坊記註]男女同姓則親獻 異姓則
使人攝之 乃就坐 薦麪食 內外執事者各獻內外尊長壽 如儀而不酢
遂就斟在坐者徧 竢皆擧 乃再拜退 遂薦米食 然後泛行酒 閒以祭
饌 酒饌不足則以佗酒佗饌益之 將罷 主人頒胙于外僕 主婦頒胙于
內執事者 徧及微賤 其日皆盡 受者皆再拜 乃徹席

[按]主人若有故 使人代之則不歸胙於親友 餕止會食 不行慶禮爲可

[歸胙所尊書式](書儀)

　　某惶恐平交以下去惶恐二字白今月某日有事于祖考謹降等改謹爲今遣

　　歸降等改歸爲致胙于

　　執事平交以下去于執事三字伏惟

　　尊慈俯賜平交去尊慈俯賜四字

　　容納平交改容納爲留納　降等去伏惟以下八字某惶恐再拜平交去惶恐二字

　　降等改惶恐再拜爲白

　　某人執事平交改執事爲左右

[皮封式](新補)

狀上

某官執事 　　　　　　　　　　　　姓某謹封

[所尊復書式] (書儀)

　某白降等云惶恐白 降等平交云云 皆指復書者而言 下同吾

　子平交以下云伏承某人孝享

祖考不專有其福降等云欲廣其福

　施降等改施爲辱及老夫平交云賤交降等云賤子感慰良深平交云不勝感戢

　降等云過 蒙恩私不勝 感戴之至某白

　某人平交云某再拜某人左右 降等云某惶恐再拜某人執事

[獻者祝辭式]

祀事旣成

祖考嘉饗伏願

　某親備膺五福保族宜家

[尊長酢長少祝辭式]

祀事旣成五福之慶與汝曹共之

준

　이날 주인이 제사고기 나누는 것을 살피고, 조금씩 떼서 모은 것을 함에 담고 아울러 술은 모두 봉하여 종을 시켜서 편지를 운운한다. 가지고 제사고기를 친척과 벗에게 보낸다. 비로소 자리를 마련하는데, 남녀는 장소를 다르게 한다. 항렬이 높은 어른은 스스로 한 줄로 하여 남쪽을 바라보고, 정침 가운데로부터 동서로 나누는데, 만일 한 사람뿐이면 당연히 가운데에 앉고 그 나머지는 차례로 서로 마주 보고 동향과 서향으로 나눈다. 어른 한 사람이 먼저 나아가 앉고 무리의 남자들은 차례로 선다. 어른 앞에 북향한다. 대代마다 한 줄로 하는데 동쪽을 상석으로 하며, 모두 재배한다. 자제 가운데 연장자 한 사람이 약간 나아가서 서고 집사 한 사람이 주전자를 들고 그 오른쪽에, 한 사람은 잔반을 들고 그 왼쪽에 선다. 술을 올릴 사람이 꿇어앉고 아우가 올리면 어른은 일어서고 아들이나 조카면 앉는다. 주전자를 받아 술을 따른 뒤 주전자는 되돌려주고 잔을 받는다. 축이 운운하고 잔을 가진 사람이 어른 앞에 놓도록 가르친다. 어른이 술 들기를 마치면 연장자는 머리를 숙이고 엎드렸다가 일어나서 물러나 제자리로 가서 모든 남자들과 함께 재배한다. 어른이 주전자와 연장자의 잔을 집어서 앞에 놓게 명하여, 스스로 술을 따르면, 축관이 운운하고 집사자에게 명하여 차례대로 자리에 나아가 모두에게 두루 술을 따르도록 한다. 연장자가 나아가 꿇어앉아 받아 마시기를 마치면 머리를 숙이고 엎드렸다가 일어나 물러나서 선다. 모든 남자들이 나아가 읍하고 물러나 서서 마시고 연장자와 모든 남자들이 아울러 재배한다. 안채에서 여러 부녀자들은 여자 어른에게 올리는데 남자들의 의식과 같다. 단 꿇어앉지 않는다. 다하여 마치면 이에 나아가 앉고, 동서로 서로 향한다. 아래도 같다. 고기를 올린다. 여러 부녀자들이 정침 앞에 나아가 남자 어른에게 장수를 비는 뜻으로 술을 부어 올리고, 남자 어른은 의식대로 잔을 돌린다. 여러 남자들은 중당中堂에 나아가 여자 어른에게 장수를 비는 뜻으로 술을 부어 올리고, 여자 어른은 의식대로 잔을 돌린다. [방기坊記 주註] 남녀가 같은 성씨이면 직접 올리고 다른 성씨이면 사람을 시켜 그것을 대신하게 한다. 이에 나아가 앉고 면식을 올리며 내외 집사가 각 남녀 어른들에게 의식대로 장수를 비는 뜻으로 술을 부어 올리되 잔을 돌리지는 않는다. 비로소 나아가 자리에 있는 사람들에게 두루 술을 따르고 들기를 기다렸다가 재배하고 물러난다. 비로소 떡을 올린 연후에 술을 널리 쓰고 제사 음식을 들인다. 술과 음식이 부족하면 다른 술과 다른 음식을 더한다. 장차 파하면 제사고기를 남자 종에게 하사하고

고전예서에 근거한 집안제사 해설

주부는 제사고기를 여자 집사와 두루 미천한 자에게 하사하여 그날 모두 다 없앤다. 받은 사람은 모두 재배하고 이에 자리를 물린다.

[안] 주인에게 만약 일이 있어 사람을 시켜 대신하게 하면 친척과 벗에게 제사고기를 보내지 않으며 준은 모여서 먹는 데 그친다. 잔치의 예식을 하지 않는 것이 옳다고 한다.

[제사 고기를 어른에게 보내는 글의 양식]『서의』

아무개가 두려워하며 자신과 대등한 사람 이하에게는 '惶恐(황공)' 두 글자를 뺀다. 사룁니다. 이번 달 아무 날에 할아버지의 제사가 있어 삼가 손아래에게는 '謹(근, 삼가)'을 '今(금, 이제)'으로 고친다. 시켜서 집사에게 제사 고기를 보냅니다. 손아래에게는 '歸(귀)'를 '致(치, 주다.)'로 고친다. 대등한 사람 이하에게는 '于執事(우집사)' 세 글자를 뺀다. 엎드려 생각건대 어른의 사랑으로 굽어 베푸시어 대등한 관계에는 '尊慈俯賜(존자부사)' 네 글자를 뺀다. 너그럽게 받아주십시오. 대등한 사람에게는 '容納(용납)'을 '留納(유납)'으로 고친다. 손아래에게는 '伏惟(복유) 이하 여덟 글자'를 뺀다. 아무개가 아무 사람 집사에게 두려워하며 재배합니다. 대등한 사람에게는 '惶恐(황공)' 두 글자를 빼고 손아래에게는 '惶恐再拜(황공재배)'를 고쳐서 '白(백, 아뢰다.)'으로 한다. 대등한 사람에게는 '執事(집사)'를 고쳐 '左右(좌우)'로 한다.

[피봉식](신보)

장상(올리는 글)

모관집사 앞   아무개 삼가 봉함

[어른이 답하는 글의 양식]『서의』

아무개가 아룁니다. 손아래이면 '惶恐白(황공백)'으로 한다. 손아래, 대등한 사귐 운운하는 것은 모두 답하는 글을 쓰는 자를 말하며 아래도 같다. 그대가 대등한 사귐 이하는 '伏承某人(복승모인, 아무 분께 엎드려 받습니다.)' 효성스럽게 할아버지의 제사를 지내고 그 복을 오로지하여 가지지 않고 손아래는 '欲廣其福(욕광기복, 그 복을 넓히고자)' 은혜가 손아래는 '施爲辱(시위욕, 은혜가 욕을 당하게 되도록)' 늙은

이에게까지 평교平交는 '미천한 친구에게까지', 손아래는 '미천한 저에게까지' 미쳤으니 위로를 느낌이 진실로 깊습니다. 대등한 사귐은 '不勝感戢(불승감집, 받들어 모셔지는 느낌을 어쩔 수 없습니다.)' 손아래는 '過蒙恩私不勝感戴之至(과몽은사불승감대지지, 사사로이 은혜를 과하게 입어 지극히 받들어졌다는 느낌을 이기지 못합니다.)' 아무 분에게 아무개가 사룁니다. 대등한 사귐은 '某再拜某人左右(모재배모인좌우, 아무개가 모인의 좌우에 재배합니다.)' 손아래는 '某惶恐再拜某人執事(모황공재배모인집사, 아무개가 모인의 집사에게 황공하게 재배합니다.)'

[헌자獻者(술을 올리는 사람)가 기원하는 말씀의 양식]

제사가 이미 끝났습니다. 할아버지께서 기쁘게 흠향하셨으니 엎드려 바라옵건대 아무 친척께서는 오복을 갖추어 받아 족속을 보전하고 가정이 화목하십시오.

[어른이 연장자와 젊은이에게 잔을 돌리며 기원하는 말씀의 양식]

제사가 이미 끝났으니 오복의 경사로다. 너희들과 더불어 공유하자.

凡祭 主於盡愛敬之誠而已 貧則稱家之有無 疾則量筋力 而行之 財力可及者 自當如儀

[祭統]祭也者 必夫婦親之 又曰君子之祭也 必身親莅之 有故則使人可也 [朱子]曰同居 同出於曾祖 便有從兄弟及再從兄弟 祭時 適孫當一日 祭其曾祖及 祖及父 餘子孫與祭 次日 却令次位子孫 自祭其祖及父 又次日 却令次位子孫 自祭其父 此却有古宗法意 古今祭禮 這般處皆有之 [栗谷]曰朱子居家 有土神 之祭 四時及歲末 皆祭土神 今雖未能備擧 例於春冬 別具一分之饌 家廟祭畢 乃祭土神 似爲得宜 降神參神進饌初獻亞獻終獻辭神乃徹 祭土神之所 宜於家 北園內淨處 除地爲壇

[按]時祭乃正祭 祭莫重於時祭而近世行之者甚尠 誠可寒心 其不識禮義則已矣

고전예서에 근거한 집안제사 해설

亦有欲行之而患其貧者　易曰東鄰殺牛不如西隣之禴祭　苟能盡其愛敬之心則雖
以一簞食一豆羹　因俗節而薦之恐亦不妨

<新增>問擊蒙要訣云　朱子居家有土神之祭四時及歲末　皆祭之　今雖不能備擧四
時之祭　例於春冬　時祀　別具一分之饌　家祭畢　除地築壇於北園淨處　乃祭土神
似爲得宜云云　依此行之如何　但不設匙箸　亦無侑食進茶之儀則應不設飯羹矣
此是何義耶　然則墓祭土神　亦不設飯羹耶　國家山川廟社之祭　不設飯羹匙箸　祭
神固異於祭先　栗谷之不設匙箸於土神　無乃有意耶　[沙溪]曰家中土神祭　世無
行之者　若行之則當依墓祭土神　具飯羹匙箸也　家禮墓祭土神　有設盤盞匙箸于
其北餘幷上同之文則其有飯羹明矣　丘氏儀節亦有匙箸　家中若祭土神則宜無異
同　要訣無乃從簡而然耶

모든 제사는 사랑과 공경의 정성을 다하는 것을 주로 할 따름이니,
가난하면 집의 있고 없음을 저울질하고, 병들었으면 근력을 헤아려
서 제사를 지내되, 재력이 미치는 자는 스스로 마땅히 의례와 같이
한다.

[제통] 제사는 반드시 부부가 몸소 해야 한다. 또 가로되 군자의 제사는 반드시 자신이
직접 담당해야 하며, 연고가 있으면 사람을 시키는 것이 옳다. [주자] 가로되, 증조에게서
같이 나와 같이 지내니, 곧 종형제와 재종형제가 있다. 제사를 지낼 때 종손은 마땅히 한
날 그 증조와 할아버지와 아버지를 제사 지내고, 나머지 자손은 제사에 참여한다. 다음날
다시 다음 지위의 자손으로 하여금 스스로 그 할아버지와 아버지께 제사 지내게 하며, 또
다음날 다시 다음 지위의 자손으로 하여금 스스로 그 아버지께 제사 지내게 한다. 이것은
옛날 종법의 뜻에 도리어 있으니, 예나 지금의 제례는 이러한 돌아감이 모두 있다. [율곡]
가로되, 주자의 '거가居家'에는 토신土神에게 지내는 제사가 있어서, 사시四時와 그 해의
말에 모두 토신에게 제를 지냈다. 지금 비록 갖추어 올리지는 못하지만, 봄과 겨울에 본
보기로, 따로 한 몫의 음식을 준비하여, 사당의 제사를 마치고 곧 이어 토신에게 제사 지

내는 것이 마땅할 것 같다. 강신, 참신, 진찬, 초헌, 아헌, 종헌, 사신하고 철한다. 토신제의 장소는 마땅히 집의 북쪽 뜰 안의 깨끗한 곳으로 하여, 땅을 청소하고 단을 쌓는다.

[살핌] 시제는 곧 정식 제사이며, 제사는 시제보다 중요한 것이 없는데 요즈음 시제를 행하는 사람이 매우 적으니, 참으로 가히 한심하다. 아마 예의 뜻을 알지 못하면 그만이겠으나, 또한 시제를 행하고자 하나 진실로 가난함을 근심하는 이도 있다. 『역경』에 동쪽 이웃이 소를 잡는 것이 서쪽 이웃의 박薄한 제사와 같지 못하다고 이르니, 만일 진실로 사랑과 공경의 마음을 다할 수 있다면 비록 한 그릇의 밥과 한 그릇의 국으로써 속절에 따라 올리는 것이 아마도 또한 거리끼지 않을 것이다.

〈신증〉 묻기를, 『격몽요결』에 가로되, '주자의 『거가居家』에는 네 계절과 그 해 말에 토신에게 지내는 제사가 있어서, 모두 제를 지냈다. 지금 비록 사시의 제사로 갖추어 올리지는 못하지만, 봄과 겨울의 시사時祀에 본보기로, 따로 한 몫의 음식을 준비하여, 집의 제사가 끝나면, 북쪽 뜰 안의 깨끗한 곳에 땅을 청소하고 단을 쌓아서 곧 토신에게 제사 지내는 것이 마땅할 것 같다.'라고 하니 이를 좇아 행함이 어떻습니까? 다만 숟가락과 젓가락을 놓지 않고 또한 유식과 진다의 의식이 없으면 응당 밥과 국을 차리지 않아야 합니다. 이것이 옳으면 그 의미는 어떠합니까? 그렇다면 묘소에서의 토신제도 또한 밥과 국을 차리지 않습니까? 국가, 산천, 종묘, 사직의 제사에 밥, 국, 숟가락과 젓가락을 차리지 않으니 신에 대한 제사는 항상 선조에 대한 제사와 다릅니다. 율곡이 토신에게 숟가락과 젓가락을 놓지 않는다고 한 것은 오히려 뜻이 있지 않습니까? [사계] 가로되, 집안에서의 토신제는 세상에 행하는 사람이 없으나 만약 행한다면 마땅히 묘소에서 토신에게 지내는 제사를 따라 밥, 국, 숟가락과 젓가락을 갖추어야 한다. 『가례』 '묘제'의 토신제에, '잔반과 숟가락, 젓가락은 그 북쪽에 놓고 나머지는 아울러 위와 같다.'는 문장이 있음은 곧 진실로 밥과 국이 있는 것이 분명하다. 구씨의 『의절』에 또한 숟가락과 젓가락이 있으니 집안에서 만약 토신에게 제사를 지낸다면 마땅히 다름없이 같다. 『요결』은 오히려 간략함을 좇아서 그러하지 않았을까?

고전예서에 근거한 집안제사 해설

[諸具]（祭土神）

祝, 執事者, 新潔席, 燭臺, 祝板, 饌 如祭先之一分, 酒注, 盞盤
二 一用以酹酒者, 徹酒器, 潔滌盆, 拭巾, 盛服, 拜席, 盥盆 二,
帨巾 二 並主人及祝及執事者所盥洗 不設爐盒茅沙 只酹酒於地

[준비물](토신제)

축, 집사자, 새로운 깨끗한 자리, 촛대, 축판, 음식, 조상 제사와 같이 하
여 한 몫 술 주전자, 잔반 두 개, 하나는 뇌주에 쓴다. 퇴주 그릇, 설거지 그
릇, 행주, 성복, 절하는 자리, 세숫대야 두 개, 수건 두 개, 세숫대야와 수건
은 주인, 축관과 집사가 씻는다. 향로, 향합, 모사를 설치하지 않고 다만 땅에 뇌주한다.

[祝文式][大全]

維
年號幾年歲次干支幾月干支朔幾日干支
某官姓名敢昭告于
土地之神維此仲春歲功云始夏改維此
以下八字云仲夏應期時物暢茂秋云維此仲
秋歲功將就冬云維此仲冬歲功告畢歲云歲
律將更幸茲安吉若時昭事秋冬歲改昭事
爲報事敢有不欽蘋藻雖微庶將誠意
惟
神監享永奠厥居歲改永奠厥居爲介以春
饗
祺尚

[축문식][대전]

아무 년, 아무 월, 아무 일에 아무 벼슬하는 아무개는 토지의 신께 감
히 밝혀 고합니다. 생각하건대, 이 중춘에 한 해의 농사가 시작되니, 여름

에는 '維此(유차) 이하 여덟자'를 '仲夏應期時物暢茂(중하응기시물창무, 중하에 시기를 맞춰 절기에 맞게 나는 만물이 자라고 우거지니)'로, 가을에는 '維此仲秋歲功將就(유차중추세공장취, 생각하건대 이 중추에 한 해의 농사가 곧 마치니)'로, 겨울에는 '維此仲冬歲功告畢(유차중동세공고필, 생각하건대 이 중동에 한 해의 농사가 끝났음을 고하니)'로, 해의 말에는 '歲律將更幸玆安吉(세율장경행자안길, 한 해의 사계절이 장차 바뀌려 하는데 다행히 이에 편하고 길하니)'로 고친다. 때를 좇아 제사로 밝힙니다. 가을, 겨울과 한 해 말에는 '昭事(소사)'를 '報事(보사, 제사로 보답하옵니다.)'로 고친다. 감히 공경하지 않음이 있어 나물들이 비록 자질구레하지만, 바라건대 성의로 받으십시오. 오직 신께서 살피고 누리시어, 길이 그 거처에 터를 잡으십시오. 한 해의 말에는 '永奠厥居(영전궐거)'를 고쳐 '介以春祺(개이춘기, 봄의 복을 크게 하십시오.)'로 한다. 부디 흠향하소서.

禰
녜제

〈新增〉[禮記]父廟曰禰 禰者近也

季秋祭禰 前一月下旬 卜日
如時祭之儀惟告于本龕之前餘並同

[朱子]曰某家祭禰 用某生日祭之 適值某生日在季秋(九月十五日)也

　〈신증〉[예기] 아버지의 사당을 '녜'라 하니 '녜'라는 것은 '가깝다.'라는 뜻이다.

구월에 아버지 사당에 제사 지내는데 앞 달 하순에 날을 점친다.

　시제의 의식과 같으나 오직 해당 감실의 앞에만 고하며 나머지는 아울러 같다.

[주자] 가로되, 저의 집에서 아버지의 사당에 제사를 지내매, 저의 생일을 써서 제사를 지냈는데 마침 저의 생일이 계추(구월 십오일)에 있었기 때문이다.

前三日齊戒 前一日設位 陳器具饌

如時祭之儀 但於正寢 止設兩位於堂中西上

제사 앞 삼일을 재계하고 하루 전에 제사자리를 설치하고 기물을 늘어놓고 음식을 장만한다.

시제의 의식과 같다. 단 정침에서 한다. 정침에 두 자리만 설치하고 서쪽을 상석으로 한다.

厥明夙興 設蔬果酒饌 質明盛服 詣祠堂 奉神主出就正寢

그날 새벽 일찍 일어나 나물, 과일, 술과 음식을 차린다. 날이 샐 무렵 옷을 차려입고 사당에 나아가 신주를 받들어 정침으로 내어 모신다.

參神降神 進饌 初獻亞獻終獻 侑食闔門 啓門受胙 辭神 納主 徹 餕

並如時祭之儀

참신, 강신, 진찬, 초헌, 아헌, 종헌, 유식, 합문, 계문, 수조, 사신, 납주, 철, 준

모두 시제의 의식과 같다.

[祝文式]

維

年號幾年歲次干支幾月干支朔幾日干支孝子某官某敢昭告于
　顯考某官府君
　顯妣某封某氏今以季秋成物之始感時追慕昊天罔極敢以淸酌庶
　　羞祗薦歲事尙
　饗
[嘏辭式]
考命工祝承致多福于汝孝子來音釐汝孝子使汝受祿于天宜稼于田眉
　壽永年勿替引之
　[축문식]

　아무 년, 아무 월, 아무 일에 효자 아무 벼슬하는 아무개가 아버지와 어머니께 감히 밝혀 고합니다. 이제 늦가을에 만물이 이루어지기 시작하여 시절을 느끼고 추모하니 은혜가 하늘처럼 넓어 다함이 없습니다. 감히 맑은 술과 여러 가지 음식으로 공경하며 이 해의 제사를 올리오니 흠향하시옵소서.
　[하사식]

　선고께서 공축으로 하여금 너 효자에게 많은 복을 받아 보내게 분부하셨다. 너 효자에게 내려주노라. '來(래)'를 '釐(리)'로 발음한다. 너로 하여금 하늘로부터 녹을 받고, 밭에서는 곡식을 순조롭게 하며, 눈썹이 세도록 오래 삶을 누리게 하고, 자자손손 쇠함 없이 이어가게 하노라!

忌日
기일

<新增>[祭義]曰君子 有終身之喪 忌日之謂也 忌日不用 非不祥也 [註]忌日 親

　고전예서에 근거한 집안제사 해설

之死日 不用不以此日 爲他事也 非不祥 言非以死爲不祥而避之也 [同春]問忌

日 謂之諱日 [沙溪]曰忌是禁字之義謂含恤不及他事 諱是避字之義 其義相近

〈신증〉[제의] 가로되, 군자는 종신의 상이 있는데 기일을 이름이다. 기일은 쓰지 않는데

불길해서가 아니다. [주] 기일은 친속이 돌아가신 날이다. '쓰지 않는다.'는 것은 이날 동

안 다른 일을 하지 않는다는 것이다. '불길해서가 아니다.'는 죽음이 불길해서 그것을 피

하는 것이 아님을 말한다. [동춘] 묻기를, 기일은 휘일을 이릅니까? [사계] 가로되, '忌

(기)'는 곧 '禁(금)'자의 뜻이며, 근심을 머금어서 다른 일을 더불어 하지 못함을 이르며,

'諱(휘)'는 곧 '避(피)'자의 의미이니 그 뜻이 서로 가깝다.

前一日 齊戒 設位
如祭禰之儀但止設一位

[補註]父之忌日 止設父一位 母之忌日 止設母一位 祖以上及旁親皆然

[尤庵]曰 國葬前私家忌祭不用祝 一獻 以示變於常時也 [栗谷]曰五服未成服

前 雖忌祭亦不可行

[按]只設一位 禮之正也 蓋忌日乃喪之餘 値其親死之日 當思是日不諱之親而

祭於其位 不宜援及佗位 只祭所祭之位而不爲配祭 非薄於所配祭 以哀在於所

爲祭者故耳 然則當以只祭一位爲正 考妣並祭雖有先儒之說 恐不可從 如外黨

妻黨之服則未成服之前 使家中無服者代行亦可 代行則似當單獻無祝

〈新增〉[晦齋]曰按文公家禮 忌日 只設一位 程子祭禮 忌日 配考妣 二家之禮

不同 蓋只設一位 禮之正也 配祭考妣 禮之本於人情者也 禮之本於情者 亦有

所不能已也 [退溪]曰忌日合祭 古無此禮 但吾家自前合祭之 今不敢輕議 [沙

溪]曰忌日幷祭考妣 雖非朱子意 我 朝先賢 嘗行之 [栗谷]亦曰祭兩位 於心爲

安云援尊之嫌 恐不必避

하루 전날 재계하고 제사자리를 마련한다.

녜제의 의식과 같은데 다만 한 자리만 마련한다.

[보주] 아버지의 기일에는 아버지 한 자리만 마련하는 데 그치고, 어머니의 기일에는 어머니 한 자리만 설치하는 데 그치며, 할아버지 이상 및 방친도 모두 그렇게 한다.

[우암] 가로되, 국장國葬 전의 개인 집 기제사는 축을 쓰지 않고 단헌으로 하여 보통 때에 비해 변화를 보인다. [율곡] 가로되, 오복五服으로 아직 성복하기 전이면 비록 기제라도 또한 지낼 수 없다.

[살핌] 단지 한 자리만 마련함이 예가 바르다. 대개 기일은 곧 상례의 결말이니, 그 친속이 돌아가신 날을 당하여, 당연히 이날 돌아가신 친속을 생각하고 그 분에 대해 제사 지내며, 다른 분을 더불어 끌어들이는 것은 마땅하지 않다. 단지 제사를 받는 분께 제사 지내는 것이지 배위配位제사를 지내지는 않는다. 배위로 제사를 받는 분께 박하게 함이 아니며 슬픔이 제사를 받는 사람에게 있기 때문일 따름이다. 그러면 마땅히 단지 한 분께만 제사 지내는 것이 바르다고 여겨지며, 고와 비를 아울러 제사 지내는 것은 비록 옛 선비의 말씀이 있지만 아마도 따르기가 옳지 않은 것 같다. 만일 외가 친척, 처가 친척의 복이라면 아직 성복하기 전에 집안의 복을 입지 않는 사람을 시켜 대신 지내는 것이 또한 옳으며, 대신 지내면 단헌무축單獻無祝으로 하는 것이 마땅한 것 같다.

〈신증〉[회재] 가로되, 문공『가례』를 살펴보면 기일에는 단지 한 분만 차린다고 하며, 정자『제례』에는 기일은 고와 비를 짝한다고 하니 두 학파의 예법이 같지 않다. 대개 다만 한 분만 차리는 것이 예가 바르다. 고와 비를 짝지어 제사하는 것은 예가 인정에서 비롯해서다. 예가 정에서 비롯하니 또한 버릴 수 없는 바가 있다. [퇴계] 가로되, 기일에 합쳐서 제사 지내는데, 예전에는 이런 예법이 없었다. 다만 우리 집은 전부터 합쳐서 기일을 제사 지내왔으니, 이제 함부로 가볍게 의논하지 못한다. [사계] 가로되, 기일에 고와 비를 아울러 제사 지내는 것은 비록 주자의 뜻은 아니지만 내 조선의 선현들은 일찍이 그렇게 했다. [율곡] 또한 가로되, 두 분을 제사 지내는 것이 마음에 편안하니 높은 분을 끌어들인 불만은 아마도 거리낄 필요는 없는 듯하다.

陳器具饌

如祭禰之饌一分

기물을 늘어놓고 음식을 장만한다.

　녜제의 음식과 같은데 한 사람 몫만 준비한다.

厥明夙興設蔬果酒饌

如祭禰之儀

그날 새벽 일찍 일어나 나물, 과일, 술과 음식을 차린다.

　녜제의 의식과 같다.

質明主人以下變服

날이 샐 무렵 주인 이하는 옷을 갈아입는다.

詣祠堂 奉神主出就正寢

如祭禰之儀

[告辭式]

　今以

顯某親某官府君或某封某氏 妻云亡室 卑幼改顯爲亡 去府君二字遠諱之辰

　[備要]妻弟以下云亡日敢[備要]妻弟以下不用敢字請

神主出就正寢[備要]或廳事恭伸追慕[備要]妻弟以下云追伸情禮

사당에 나아가 신주를 받들어 정침으로 내어 모신다.

　녜제의 의식과 같다.

　[고사식]

　이제 '顯某親某官府君(현모친모관부군)'의 또는 '某封某氏(모봉모씨)', 아내는 '亡

室(망실)', 항렬이 낮거나 어리면 '顯(현)'을 '亡(망)'으로 하고 '府君(부군)' 두 글자를 뺀다. 기일을 [비요] 아내나 아우 이하는 '亡日(망일)'이라 한다. 맞이하여 신주께서 정침으로 [비요] 혹은 청사로 나가시기를 감히 청하여. 아내나 아우 이하에는 '敢(감)' 자를 쓰지 않는다. 공손히 추모하는 예를 펴려 합니다. [비요]아내나 아우 이하는 '追伸情禮(추신정례, 추모하며 정 어린 제례를 펴려 합니다.)'로 한다.

參神 降神 進饌 初獻

如祭禰之儀若考妣則主人以下哭盡哀[備要]逮事祖考妣同

[語類]問忌日當哭否 曰若是哀來時 自當有哭

참신, 강신, 진찬, 초헌

녜제의 의식과 같으며 만약 아버지나 어머니의 기일이면 주인 이하는 곡하여 슬픔을 다한다. [비요] 생전에 섬긴 할아버지나 할머니도 같다.

[어류] 묻기를, 기일에 마땅히 곡하는 것 아닙니까? 하니, 가로되, 만약 슬픔이 올 때는 저절로 당연히 곡을 한다.

[祝文式]
維
年號幾年歲次干支幾月干支朔幾日干支某
親某官某弟以下不名敢昭告于妻去敢字弟以
下但云告于
顯某親某官府君屬稱隨改見上出主告式歲序
遷易
諱日復臨[備要]妻弟以下云亡日復至追遠感時
不勝永慕考妣改不勝永慕爲昊天罔極旁親去追
遠以下八字云不勝感愴妻弟以下當改感愴以陀語謹
以妻弟以下云玆以淸酌庶羞恭伸奠獻[備
要]妻弟以下云伸此奠儀尚
饗

〈新增〉[同春]問 並祭考妣則告辭與祝辭 似當添一兩語 [沙溪]曰告辭 遠諱之辰
敢請下 當添顯考 顯妣 祖以上並同 神主出就云云 祝辭歲序遷易下 當添某親 考
妣隨所稱祖以上並同 諱日復臨云云 [同春]問 今俗同奉考妣於一椅 又兼設饌於
一卓 與家禮考妣各用一椅一卓之意不同而孤家從前從俗 今欲變改 [愚伏]曰兩
位共一卓 五禮儀之文 從時王之制 亦無妨 吾家自先世 遵五禮儀 今不敢必變

[축문식]

아무 년, 아무 달, 아무 날에 아무 친속, 아무 벼슬, 아무개가 아우 이하
에는 이름을 쓰지 않는다. 顯某親某官府君(현모친모관부군)께 친속의 칭호는 위의 출
주할 때 고하는 양식을 보고 따라서 고친다. 감히 소상히 아룁니다. 아내는 '敢(감)'
자를 빼고 아우 이하에게는 '告于(고우)'라고만 한다. 해가 바뀌어, 돌아가신 날이
다시 임했습니다. [비요] 아내나 아우 이하는 '亡日復至(망일부지)'라고 한다. 제사
에 정성을 다하며 시절을 느끼니 길이 흠모하는 마음을 이길 수 없습니
다. 아버지와 어머니는 '不勝永慕(불승영모)'를 고쳐 '昊天罔極(호천망극, 은혜가 하늘처
럼 넓어 다함이 없습니다.)'으로 하고, 방친은 '追遠(추원)' 이하 여덟 자를 빼고 '不勝感愴
(불승감창)'이라 하며, 아내나 아우 이하는 마땅히 '感愴(감창)'을 다른 말로 고친다. 삼가
아내와 아우 이하는 '玆以(자이)'로 한다. 맑은 술과 여러 가지 음식으로, 공손히
제사를 펼치오니 [비요] 아내와 아우 이하는 '伸此奠儀(신차전의)'라 한다. 부디 흠
향하소서.

〈신증〉[동춘] 묻기를, 고와 비를 아울러 제사 지내면 고사告辭와 축사祝辭에 마땅히 한
두 말씀을 덧붙여야 할 것 같습니다. [사계] 가로되, 고하는 말의 '遠諱之辰敢請(원휘지신
감청)' 아래 마땅히 '顯考顯妣(현고현비) — 할아버지 이상도 아울러 같음 — 神主出就(신
주출취)운운'한다. 축사는 '歲序遷易(세서천역)' 아래에 당연히 '某親(모친)'을 덧붙이고,
— 고와 비는 칭해지는 바를 따르며 할아버지 이상도 아울러 같다 — '諱日復臨(휘일부림)'

운운' 한다. [동춘] 묻기를, 지금의 풍속은 고와 비를 한 교의에 함께 모시고, 또한 한 탁자에 음식을 겸하여 차리니, 『가례』의 고와 비는 각각 교의 하나와 탁자 하나를 쓴다는 뜻과 더불어 같지 않은데, 부모가 돌아가신 집은 예전을 좇아 풍속을 따르니 지금 바꾸어 고치고 싶습니다. [우복] 가로되, 두 분을 한 탁자에 함께 모시는 것은 『오례의』의 글로 현재 왕조의 법도를 따른 것으로 또한 거리낌이 없다. 우리 집은 선대부터 『오례의』를 따르므로 지금 감히 반드시 고치지는 못하겠다.

亞獻 終獻 侑食 闔門 啓門
並如祭禰之儀 但不受胙

아헌, 종헌, 유식, 합문, 계문

아울러 녜제의 의식과 같다. 단 수조하지 않는다.

辭神 納主 徹
並如祭禰之儀 但不餕

사신, 납주, 철

아울러 녜제의 의식과 같다. 단 준하지 않는다.

是日 不飮酒不食肉不聽樂黲巾素服素帶以居 夕寢于外
[語類]問人在旅中遇私忌 於所舍 設卓炷香可否 曰若是無大礙於義理 行之亦無害
[按]古者忌日無祭 只行終身之喪而已 有宋諸賢 特起奠薦之禮 今人但知忌祭之爲大 不知忌日之爲重 已祭之後 應接賓客 不異平時 或有謂已罷齊 出入如常者 甚不可也 當節其酬應 致哀示變 以終是日也

이날 술 마시지 않고, 고기를 먹지 않으며, 음악을 듣지 않고 검은 두건에 흰 옷과 흰 띠를 하고 지내고, 저녁에는 사랑채에서 잔다.

고전예서에 근거한 집안제사 해설

[어류] 묻기를, 사람이 여행하고 있는 가운데 개인의 기일을 만나면 머무는 곳에서 탁자를 설치하고 향을 사르는 것이 옳은지 아닌지? 가로되, 만약 이것이 의리에 크게 거리끼지 않는다면 그렇게 하는 것 또한 해롭지는 않다.

[살핌] 옛날에는 기일에 제사가 없었다. 단지 종신의 상이었다. 송나라의 여러 현자들이 특별히 제수를 올리는 예를 계발했다. 지금 사람들은 다만 기제사를 크게 지낼 줄만 알고, 기일을 무겁게 여겨야 하는지 알지 못해, 이미 제사 지낸 뒤 손님을 응접함이 평상시와 다름이 없고, 혹은 삼가기를 이미 파했다고(파재罷齊) 말하고 있으며, 출입을 보통 때와 같이 하는데, 몹시 옳지 않다. 마땅히 진실로 수응酬應(술잔을 되돌려서 권함)을 절제하고 슬픔을 극진히 하여 달라짐을 보이며 이날을 마친다.

墓祭
묘제

三月上旬 擇日 前一日齊戒
如家祭之儀

[按]墓祭非古也 朱子隨俗一祭而南軒猶謂之非禮 往復甚勤然後始從之 然則墓廟事體之殊別可知矣 今於廟行四時祭 又於四節日上墓則是墓與廟等也 烏可乎哉 四節墓祭 國俗行之已久 有難頓變故栗谷要訣 略加節損 然猶未免過重 終不若以家禮爲正而三月一祭也 蓋古所謂祭 卽時祭也 祭莫重於時祭 今人不知其爲重 或全然不行而又廢三節日墓祭則尤爲未安 此亦不可不知也 世之只行墓祭不行時祭者 須移祭墓者 行之於廟而於墓則一祭之爲宜

삼월 상순에 날을 가리고 하루 전날부터 재계한다.

집에서 제사 지내는 의식과 같다.

[살핌] 묘제는 옛 것이 아니다. 주자가 속습俗習을 따라 한 번 제사 지냈는데, 남헌이

오히려 그것을 예가 아니라고 말하여, 갔다가 되돌아옴을 몹시 부지런히 한 뒤에 비로소 그것을 따랐다. 그러니 무덤에서의 제사와 사당에서의 제사 모양이 유달리 다름을 가히 알 수 있다. 지금 사당에서 사시제를 행하고 또한 사절일에 묘소에 올리면 이는 무덤과 사당이 같아지는 것이다. 어찌 옳겠는가? 사절일에 묘제를 지내는 것은 나라의 풍속으로 그 것을 행한 지 이미 오래되어서, 갑자기 바꾸는 데 어려움이 있어서 율곡의 『요결』에 간략함을 더하여 절제하고 줄였다. 그러나 과중함을 면하지 못하는 것 같으니, 마침내 『가례』로써 바르게 하여 삼월에 한 번 제사 지내는 것만 같지 못하다. 대개 예전에 제사라고 하는 것은 곧 시제이다. 제사에는 시제보다 중한 것은 없으나, 지금 사람들이 중한 것을 알지 못하거나 혹은 전혀 행하지 않으면서, 또 삼절일 묘제까지 폐하면 더욱 편치 못하니, 이 점 또한 알지 못하면 안 된다. 단지 묘제만 지내고 시제는 지내지 않는 세상 사람은, 모름지기 묘소에서 제사 지내는 것을 옮겨서, 사당에서 그것을 지내고 묘소에는 한 번 제사 지내는 것이 마땅하다 하겠다.

具饌
墓上每分 如時祭之品 更設魚肉米麵食 以祭后土
음식을 갖춘다.

　묘에 각 몫을 올리는데, 시제의 물품과 같으며, 다시 생선, 고기, 떡, 면을 차려서 토지 신에게 제사 지낸다.

厥明灑掃
主人深衣帥執事者 詣墓所再拜 奉行塋域 內外環繞 哀省三周　其有草棘 卽用刀斧 鋤斬芟夷 灑掃訖 又除地於墓左 以祭后土
그날 새벽 물을 뿌리고 쓴다.

　주인은 심의를 입고 집사를 거느리고 묘소에 나아가 재배하고, 제사 지낼 묘역의 안팎을 에워싸 슬프게 살피며 세 번 돌고, 혹 풀과 가시나무가 있으면, 곧 칼과 도끼를 써서 뿌리째 없애고 베고 깎는다. 물 뿌리고 쓸기를 마치면, 또한 묘소 왼쪽의 땅을 다듬어서 토지신 제사에 쓴다.

布席陳饌

用新潔席陳於墓前　設饌　有石牀則陳饌於其上　如家祭之儀　置香爐盒於席前若設香案石則置於其上

[按]家祭儀先設蔬果　降神後又進饌而墓祭無進饌一節　當於此時同設　蓋原野之禮差略故家祭兩節　並包於陳饌二字矣

자리를 펴고 음식을 차린다.

새로운 깨끗한 자리를 써서 묘 앞에 펴고 음식을 차리는데, 석상이 있으면 그 위에 음식을 차린다. 집에서 지내는 제사의 의식과 같다. 향로와 향합을 자리 앞에 놓는데 만약 향안석이 놓여 있으면 그 위에 둔다.

[살핌] 집에서 지내는 제사 의식은 먼저 나물과 과일을 진설하고 강신한 후 또한 진찬進饌을 하지만 묘제는 진찬進饌의 한 절차가 없으므로 마땅히 이때에 함께 차린다. 대개 들에서의 예식은 조금 간략히 하므로 집에서 지내는 제사의 두 절차를 진찬陳饌 두 글자에 아울러 묶었다.

參神　降神

[沙溪]曰設位而無主則先降後參　墓祭亦然　家禮先參後降　未知其意　要訣墓祭先降　恐爲得也

참신, 강신

[사계] 가로되, 신위를 설치하여, 신주가 없으면 먼저 강신하고 뒤에 참신하는데, 묘제 역시 그러하다. 『가례』에 먼저 참신하고 뒤에 강신하니 그 뜻을 알지 못하겠다. 『요결』에

묘제는 먼저 강신한다고 하는데 아마도 만족스러운 것 같다.

初獻

如家祭之儀 ［栗谷］曰扱匕正筯

［祝文式］

維

年號幾年歲次干支幾月干支朔幾日干支

某親某官某敢昭告于告妻及弟以下見上

忌祭祝式

顯某親某官府君 或某封某氏合窆位則列書妻云

亡室卑幼改顯爲亡 去府君二字之墓氣序流

易雨露旣濡瞻掃

封塋不勝感慕攷妣改爲昊天罔極親親

爲不勝感愴妻弟以下當改感愴以他語謹以妻弟

以下改措語見上忌祭祝式清酌庶羞祇薦歲

饗

親云薦此妻弟以下云陳此歲事尚

［按］大全祭子墓文 氣序流易雨露旣濡念爾音容永隔泉壤一觴之酹病不能親諒爾

有知尚識予意 於告卑幼則之墓之下 遵用此文 若躬奠則改一觴之酹病不能親

爲清酌庶羞伸此奠儀似可

초헌

집에서 지내는 제사의 의식과 같다. ［율곡］ 가로되, 숟가락을 꽂고 젓가락을 바로 놓는다.

[축문식]

아무 년, 아무 월, 아무 일에 아무 친속, 아무 벼슬, 아무개가 아내와 아우 이하에게 고하면 위의 기제사 축의 양식을 본다. 顯某親某官府君(현모친모관부군)의 또는 某封某氏(모봉모씨)의, 합장이면 나란히 쓰고, 아내는 '亡室(망실)' 항렬이 낮거나 어리면 '顯(현)'을 '亡(망)'으로 하고 '府君(부군)' 두 글자를 뺀다. 묘에 감히 소상히 아룁니다. 절후의 차례가 흐르고 바뀌어, 비와 이슬에 이미 젖었습니다. 무덤을 우러러 뵙고 소제하매, 흠모하는 느낌을 이기지 못하겠습니다. 아버지와 어머니는 '不勝感慕(불승감모)'를 고쳐 '昊天罔極(호천망극)'으로 하고, 방친은 '不勝感愴(불승감창)'이라 하며, 아내나 아우 이하는 당연히 '感愴(감창)'을 다른 말로 고친다. 삼가 아내와 아우 이하에게 만든 말을 고치는 것은 위의 기제사 축의 양식을 본다. 맑은 술과 여러 가지 음식으로, 경건히 세사를 올리오니 방친은 '薦此(천차)'라 하고 아내와 아우 이하는 '陳此(진차)'라 이른다. 흠향하시옵소서.

[살핌] 『대전』의 아들 무덤에 제사 지내는 글은 '절후의 차례가 흐르고 바뀌어 비와 이슬에 이미 젖어 너의 소리와 모습을 생각하나 저승과 영구히 막혔구나. 한 잔의 술을 붓는 것도 병으로 몸소 하지 못한다. 네가 슬기가 있어서 오히려 나의 뜻을 알 것으로 믿는다.'이다. 항렬이 낮거나 어린 사람에게 고하면 '之墓(지묘)'의 아래에 이 글을 좇아서 쓰고, 만약 몸소 올리면 '一觴之酹病不能親(일상지뢰병불능친)'을 고쳐서 '淸酌庶羞伸此奠儀(청작서수신차전의)'로 하는 것이 옳은 것 같다.

亞獻 終獻

並以子弟親朋薦之 [栗谷]曰終獻後 進熟水

아헌, 종헌

아울러 아들, 동생, 친척과 벗이 아헌과 종헌을 올린다. [율곡] 가로되, 종헌 후 숭늉을 올린다.

辭神 乃徹

[松江]曰三年內墓祀 叔獻及礪城皆以單獻爲是(墓祀指新喪)

[按]三年內異几 明有禮文 神主未合位之前 墓所並祭甚未安 凡合葬之墓 須各行而並有喪則先重後輕而各服其服 哭而行事 若父先亡母喪三年內則以平凉子直領不哭而先祭父 改以衰服哭而祭母 若母先亡父喪三年內則祭父畢 但去杖脫経 不哭而行母祀 似爲合宜 親盡祖墓祭見上遞遷條 依韓魏公禮 十月一日祭之恐得宜

사신하고 철

　[송강] 가로되, 삼년 안의 묘사墓祀는 숙헌叔獻과 여성礪城이 모두 단헌을 옳다고 했다(묘사는 새로운 상을 입었을 때를 가리킨다.).

　[살핌] 삼년 안에 궤연을 달리하는 것은 분명히 예문에 있으니, 신주를 사당에 아직 합하기 이전에 묘소에 아울러 제사 지내는 것은 몹시 마음이 편치 못하다. 무릇 합장한 묘는 모름지기 각각 행하여 아우르는데 상喪이 있으면 중한 것을 먼저 하고 경한 것을 뒤에 하여 각각 그 복을 입고 곡하고 제사 지낸다. 만약 아버지께서 먼저 돌아가시고 어머니상 삼년 안이면 패랭이에 직령으로 곡하지 않고 먼저 아버지께 제사 지내고, 상복으로 갈아입고 곡하며 어머니께 제사 지낸다. 만약 어머니께서 먼저 돌아가시고 아버지상 삼 년 안이면 아버지 제사를 마치고 다만 지팡이를 거두고 수질 및 요질을 벗고 곡하지 않으며 어머니 제사를 지내는 것이 알맞을 것 같다. 친진조의 묘제는 위의 체천 조항을 보는데, 한위공의 예법을 좇아 시월 초하루에 제사 지냄이 아마도 마땅한 것 같다.

　　　　　　　　　　　　　　　고전예서에 근거한 집안제사 해설

[親盡祖墓祭祝文式]

維
年號幾年歲次干支十月朔日干支幾代孫某官某
敢昭告于
始祖考或先祖考或幾代祖考或始祖妣或先祖妣或幾代祖
妣某官府君或某封某氏合窆位則列書之墓今以草木
歸根之時追惟報本禮不敢忘瞻掃
封塋不勝感慕謹以清酌庶羞祇薦歲事尚
饗

[친진조 묘제 축문식]

아무 년, 시월 초하루에 몇 대손, 아무 벼슬, 아무개가 始祖考(시조고) 혹은
'先祖考(선조고)' 혹은 '幾代祖考(기대조고)' 혹은 '始祖妣(시조비)' 혹은 '先祖妣(선조비)' 혹
은 '幾代祖妣(기대조비)' 某官府君(모관부군) 혹은 '某封某氏(모봉모씨)', 합장이면 나란히
쓴다. 묘에 감히 밝혀 고합니다. 이제 초목이 뿌리로 돌아가는 때에 추모하
며 생각하니, 조상님께 보답해야 함을 도리로 감히 잊을 수 없습니다. 무덤
을 우러러 뵙고 소제하매, 흠모하는 느낌을 이기지 못하겠습니다. 삼가 맑
은 술과 여러 가지 음식으로, 경건히 세사를 올리오니 부디 흠향하소서.

遂祭后土 布席進饌

四盤于席南端 設盞盤匕筯于其北 餘並同上

드디어 토신에게 제사 지낸다. 자리를 펴고 음식을 차린다.

쟁반 네 개를 자리 남쪽 끝에 두고 잔반과 숟가락과 젓가락을 그 북쪽에 놓고 나머지는 아울러 위와 같다.

降神 參神 三獻 辭神 乃徹而退
강신, 참신, 삼헌, 사신하고 철하며 물러난다.

[祝文式]

維

年號幾年歲次干支幾月干支朔幾日干支

某官姓名敢昭告于

土地之神某恭妻弟以下去恭字修歲事于某

親某官府君或某封某氏卑幼去府君二字之

墓維時保佑實賴

神休敢以酒饌敬伸奠獻尚

饗

[축문식]

아무 년, 아무 월, 아무 일에 아무 벼슬하는 아무개는 토지의 신께 감히 밝혀 고합니다. 아무개가 공손히 아내와 아우 이하는 '恭(공)'자를 뺀다. 某親某官府君(모친모관부군)의 또는 '某封某氏(모봉모씨)', 항렬이 낮거나 어리면 '府君(부군)' 두 글자를 뺀다. 묘에 세사를 지냈습니다. 때를 맞추어 생각하건대 보살펴 도와주심은 진실로 신의 넉넉함에 힘입었기에 감히 술과 음식으로 경건히 제사를 펼치오니 흠향하소서.

不勝感愴要改感愴覽以僧悼到悟里幼覽改此八字

爲今念爾音容永隔泉壤大覽金謹以節妻弟以下云耘

以覽清酌庶羞備祇薦儀苟親云薦此妻弟以下云

陳此覽歲事尙

饗 儀
節

先祖墓祭儀

先祖者高祖而上非一人易世子秋而親皆已盡則埋主于

墓以祭田爲墓田宗子主之諸子孫迭掌 求族有司綱而

歲一祭之百世不改 程家祭器櫃自長房移于墓舍並備置

合用之物藉而藏之無石物則具通墓田而計其入制爲

祭○先□墓祭

二九

■ 先祖墓祭儀 선조묘제의

先祖者高祖而上　非一人　易世『叔子』而親皆已盡則埋主于墓　以祭田
爲墓田　宗子主之　諸子孫迭掌『家禮』族有司(今補)而歲一祭之　百世不
改『家禮』祭器櫃自長房移于墓舍　並備置合用之物藉而藏之　無石物
則具　通墓田而計其入　制爲豐約　歲有定規　置一曆　歲記錢穀出入
及饌需加減　又置族案　每於祭日修之　置宗法　亦於祭日講之　別置
一曆歲錄會而與祭之人　每年以能幹者一人爲族有司而掌之　並監
具饌行禮事(今補)

　선조는 고조 이상으로 한 사람이 아니다. 세대가 바뀌어『숙자』제사를 직
접 지내는 대수가 모두 이미 다하면 묘소에 신주를 묻는다. 제전을 묘전
으로 삼고 종가의 맏아들이 그것을 맡는다. 여러 자손들이 번갈아 관장하
여『가례』족유사族有司 해마다 한 번 제사 지내며 백 세대가 지나도 바꾸지 않
는다.『가례』제기함은 맏이의 집으로부터 묘사墓舍로 옮기고 아울러 함께
쓸 물건과 깔개를 비치하여 저장하며 석물이 없으면 갖춘다. 모든 묘전에
서 그 수입을 셈하여 풍성하게 또는 검소하게 할지 마름질하는 것은 해마
다 정해진 규칙을 가진다. 책력冊曆 하나를 두어 해마다 돈과 곡식의 출입
과 제수祭需의 가감을 기록한다. 또한 족안族案을 두어 각 제삿날마다 그것
을 정리한다. 종법을 두어 제삿날에 강론한다. 따로 책력을 하나 두어 해
마다 모여서 제사에 참여한 사람을 기록한다. 해마다 능히 일 맡을 수 있
는 자 한 사람을 족유사로 삼아 그것을 관장하고, 아울러 제물을 갖추고
제례 지내는 것을 감독하게 한다.

十月一日祭之『祭式』上丁『愚伏』或餘日隨便(今補)次位則次日祭『宋子』歲
爲原定(今補)　爲草木初死『張子』感霜露也『叔子』行列最尊者『遂菴』爲

主人 有故則次長主之 庶孼及出後子孫 雖行尊 不得爲主人 自廟中四時
之祭 約而爲墓前歲一祭故其禮略備 與親未盡之墓祭自不同(今補)
觀於家禮先祖祭儀 可知矣『宋子』國恤 待卒哭後行之(補稱) 上墓地窄則
設位次墓之前『退溪』考妣兩墓相去不遠則同祭『沙溪』各葬則只設一位(今補) 先
墓列葬莫辨者『本菴』爲壇而祭『禮記』於其傍『增解』有雨則以紙榜合祭於齋舍『退
溪』旁親之無後者 外孫 及待養奉祀者 一年一祭於墓而單獻無祝

시월 초하루에 제사를 지낸다.『제식』상정上丁『우복』혹은 다른 날로 편리함을 따
르며, 다음 묘위는 다음 날 제사 지낸다.『송자』해마다 원래 정해진 날 지낸다. 초
목이 처음 죽어『장자』서리와 이슬을 느끼기 때문이다.『숙자』항렬이 가장
높은 이가『수암』주인이 되고 까닭이 있으면 다음 연장자가 제사를 주관한
다. 서얼과 양자 간 자손은 비록 항렬이 높아도 주인이 될 수 없다. 사당에서의 사시
제를 간략하게 해서 묘소 앞에서 해마다 한 번 제사 지내므로 그 예를 대
략 갖춘다. 직접 제사 지내는 대수가 다하지 않은 조상의 묘제와는 자연
히 같지 않으니『가례』의 '선조제의'를 보면 알 수 있다.『송자』국상에는 졸곡
을 기다려 그 후에 지낸다. 윗대의 묘지가 좁으면 다음 묘소 앞에 자리를 마련한다.『퇴계』
남자 조상과 여자 조상의 묘소가 서로 멀지 않게 떨어져 있으면 함께 제사 지낸다.『사계』
각각 묻었으면 다만 한 분만 차린다. 선조의 묘소가 나란히 묻혀 분별하지 못하는 것은『본
암』단을 세워 그 가까이에서『증해』제사 지낸다.『예기』비가 오면 지방으로 재사齋舍에서
합동 제사 지낸다.『퇴계』방계 친척으로 후사가 없는 사람은 외손과 모셔 돌보는 봉사자가
일 년에 한 번 묘소에서 제사 지내며 단헌이고 축은 없다.

贊禮祝執事合用之人 先事備數(今補) 前一日主人『家禮』帥執事者詣墓
『儀節』舍(今補) 齋戒如儀 凡凶穢之事皆不得預 省牲蒞殺 滌濯祭器 潔
釜鼎 具饌如時祭之品 務令精潔 未祭勿令人先食 及爲猫犬蟲鼠所汙

찬례, 축관, 집사로 적합하게 쓸 사람은 일에 앞서 숫자대로 갖춘다. 하루 전날『가례』주인은 집사자를 이끌고 묘『의절』사墓所에 나아가 의례대로 재계한다. 모든 흉하고 더러운 일에는 모두 참여해서는 안 된다. 희생할 짐승을 살피고 잡을 때 자리하고, 제기를 씻고 솥을 깨끗이 하며, 제사음식을 시제의 품목과 같이 마련하는데 정결하도록 힘쓴다. 제사 전에 사람으로 하여금 먼저 먹게 하거나 고양이, 개, 벌레, 쥐에 의해 더렵혀지지 않도록 한다.

厥明夙興『家禮』祭於齋舍則灑掃布席（今補）用紙爲牌『儀節』設位 以西爲上『開元』主人深衣 以下各盛服 帥執事者詣墓所『家禮』先行（今補）拜掃『開元』別有儀 但無又再拜（今補）訖『家禮』修會人到記及祭官分榜 設幄於墓前之上（今補）以拭巾淨洗石牀 或席『便覽』或木牀『南溪』

　그날 새벽 일찍 일어나『가례』재사齋舍에서 제사를 지내면 물 뿌리고 비로 쓸고 자리를 편다. 종이로 패牌를 만들어『의절』신위를 모시는데 서쪽을 상좌로 한다.『개원』주인은 심의를 입고 이하 각각 옷을 차려입고 집사자를 거느려 묘소에 나아간다.『가례』먼저 절하고 비로 쓰는데 별도의 의례가 있다. 단 또 재배함은 없다. 마치면『가례』모인 사람의 도기到記와 제관祭官의 분방分榜을 정리한다. 묘소 앞의 위에 휘장을 치고 행주로 석상을 혹은 자리『편람』혹은 목상『남계』을 깨끗이 닦는다.

執事者（今補）盥手 設果六品『家禮』四品 或兩品『沙溪』於南端『家禮』第四行『儀節』棗在西栗在棗東（今補）藥果之屬略用『陶菴』脯熟菜淸醬醢沈菜于『要訣』第三行『儀節』自西而東『備要』盞盤醋楪于北端『家禮』第一行『儀節』盞西楪東 匙筯居中『家禮』合設則匙筯居中西醋楪居中東 又其東西之中

고전예서에 근거한 집안제사 해설

各置盞盤(今補) 空第二行 以俟進饌『儀節』

　집사자는 손을 씻고 과일 여섯 가지를『가례』네 가지 혹은 두 가지『사계』남쪽 끝『가례』넷째 줄에『의절』차린다. 대추는 서쪽에 놓고 밤은 대추의 동쪽에 놓는다. 약과류는 간략히 쓴다.『도암』포, 나물, 간장, 젓갈, 김치는『요결』셋째 줄에『의절』서쪽부터 동쪽으로 놓는다.『비요』잔과 잔 받침, 식초접시를 북쪽 끝『가례』첫째 줄에『의절』놓는데, 잔은 서쪽에 식초접시는 동쪽에 두고, 시저는 가운데에 놓는다.『가례』고와 비를 함께 차리면 시저는 가운데의 서쪽에 식초접시는 가운데의 동쪽에 둔다. 또 이들의 동편과 서편의 중간에 각각 잔반을 놓는다. 둘째 줄은 비워서 진찬進饌을 기다린다.『의절』

陣器陣饌　置香爐香盒『家禮』於香案石上『便覽』爐西盒東『要訣』無石牀則於席前　具香於盒　炷火於爐　布拜席於前　又布序立席於其前(今補)用一席於『便覽』墓之(今補)東階　設酒瓶酒注酹酒盞盤『家禮』徹酒器『便覽』受胙盤匕鹽楪『家禮』徹炙器潔盆拭巾受胙席『便覽』於其上　熾炭于爐炊煖祭饌『家禮』以淨席『開元』陣於墓前之東(今補)　魚肉麪米食羹飯『家禮』魚肉用湯則羹用菜『便覽』自西而東『集考』炙肝于其東　洗拭盞器各置其處(今補)　別設席於墓前之西『便覽』設祝板火爐火筯『家禮』熟水於其上『便覽』盥盆帨巾『家禮』於其前　皆南向(今補)

　기물을 펼치고 진찬한다. 향로와 향합을『가례』향안석 위에 두는데,『편람』향로는 서쪽 향합은 동쪽에 놓는다.『요결』석상이 없으면 자리 앞에 둔다. 향을 향합에 갖추고 향로에 불을 피운다. 배석(절하는 자리)을 앞에 펴고 또 서립석(차례로 서는 자리)을 그 앞에 편다. 묘소의 동쪽 계단에 자리 하나를 펴서『편람』술병, 술 주전자, 강신 뇌주酹酒용 잔반,『가례』퇴주그릇,『편람』수조受胙용 쟁반, 숟가락, 소금 접시,『가례』적炙 물리는 그릇, 설거지 통, 행주,

수조용 자리를『편람』그 위에 놓는다. 화로에 숯을 피워서 제사 음식을 불때서 데운다.『가례』깨끗한 자리를 가지고『개원』묘소 앞의 동쪽에 생선, 고기, 면, 떡, 갱, 메를『가례』생선과 고기를 탕에 쓰면 갱은 채소를 쓴다.『편람』서쪽부터 동쪽으로 진열하며,『집고』적간은 그 동쪽에 둔다. 잔과 그릇을 씻고 닦아서 각각 그 곳에 놓는다. 묘소 앞의 서쪽에 따로 자리를 마련하여『편람』축판, 화로, 부젓가락,『가례』숭늉을 그 위에 둔다.『편람』세숫대야, 수건을『가례』그 앞에 두되 모두 남쪽으로 향하게 한다.

主人以下序立『家禮』於墓庭（今補） 西上重行北面『家禮』凡同族者皆在『儀節』庶孼以行列少間立『遂庵』贊禮『開元』立於東階下 西面贊唱 當跪拜則就本位 已則復此位（今補） 立定『家禮』贊禮進主人之左請行事（今補）

주인 이하는 묘소 뜰에 차례로 서는데,『가례』서쪽을 상좌로 해서 두 줄로 북쪽을 향한다.『가례』모든 같은 집안사람은 함께 한다.『의절』서얼은 줄에 약간 틈을 벌려서 선다.『수암』찬례贊禮는『개원』동쪽 계단 아래에 서며 서쪽을 향해 홀기笏記를 읽는다. 마땅히 꿇어 절하는 경우 본디 자리로 나아가며 마치면 이 자리로 돌아온다. 바로 서면『가례』찬례는 주인의 왼쪽에 나아가 제사 지내기를 청한다.

參神『家禮』行於墓舍則先降後參（今補） 主人以下皆再拜

참신『가례』묘사墓舍에서 지내면 먼저 강신하고 뒤에 참신한다. 주인 이하는 모두 재배한다.

降神 主人以下『家禮』諸執事詣洗 北向（今補）盥手『開元』帨手『家禮』以次畢 皆復位（今補） 主人升『家禮』詣香案前『儀節』或席『便覽』跪『家禮』行於墓舍則（今補）告 焚香『家禮』三上『儀節』俛伏興再拜 少退立 執事者一人

『家禮』升（今補）開酒 取巾拭甁口實酒于注 執注立于主人之右『家禮』西
向（今補） 一人『家禮』升（今補）取東階盞盤 立于主人之左『家禮』東向（今補）
主人跪 奉盞盤者亦跪 進盞盤 主人受之 執注者亦跪 斟酒于盞 主
人左手執盤 右手執盞『家禮』盡傾『語類』灌於『家禮』地『附註』上 以盞盤
授執事者『家禮』執事者皆興（今補） 反注及盞盤於故處 先降復位『便覽』
主人俛伏興再拜 降復位

　강신 주인 이하『가례』모든 집사는 나아가 씻는데, 북쪽을 향하여 손을
씻고『개원』손을 닦는다.『가례』차례로 마치면 모두 자리로 돌아온다. 주인
이 올라가『가례』향탁 앞에『의절』혹은 자리에『편람』나아가 꿇어앉는다.『가례』묘
사에서 지내면 고한다. 세 번『의절』향을 피워 올린다.『가례』고개를 숙이고 엎
드렸다 일어나 두 번 절하고 조금 물러나서 선다. 집사자 한 사람이『가례』
올라가서 술병을 열고 수건을 가지고 병의 입을 닦고 주전자에 술을 채
워서 술 주전자를 들고 주인의 오른쪽에『가례』서향하여 선다. 한 사람은
『가례』올라가서 동쪽 계단의 잔반을 들고 주인의 왼쪽에『가례』동향하여 선
다. 주인이 꿇어앉고 잔반을 받든 이도 또한 꿇어앉아서 잔반을 건네고
주인은 받는다. 주전자를 든 이도 또한 꿇어앉아서 잔에 술을 따른다. 주
인은 왼손으로 잔 받침을 잡고 오른손은 잔을 잡아『가례』모두 기울여『어류』
땅『부주』위에 붓고『가례』잔반을 집사자에게 준다.『가례』집사자는 모두 일
어나서 주전자와 잔반을 본디 자리에 돌려주고 먼저 내려와 자리로 돌아
간다.『편람』주인은 고개를 숙이고 엎드렸다 일어나 두 번 절하고 내려와
자리로 돌아간다.

進饌 主人升詣位前 執事者『家禮』升（今補）奉饌以進 主人受之 奠肉
于盞盤之南『家禮』合設則于熟菜北（今補） 麵食于肉西 魚于醋楪之南『家

禮』右首進腴 合設則于醢北(今補) 米食于魚東 羹于醋楪之東『家禮』合
設則各于考妣盞東(今補) 飯于盞盤之西 設畢 皆降復位

　진찬 주인이 올라가서 신위 앞으로 나아가고, 집사자는『가례』올라가 제
사 음식을 받들어 건네면 주인이 그것을 받는다. 고기를 잔반의 남쪽에,
『가례』합설이면 나물의 북쪽에 올리고 면식麪食은 고기의 서쪽에, 생선은 식초
접시의 남쪽에,『가례』머리를 오른쪽으로 하여 배를 신위 방향으로 바친
다. 합설이면 젓갈의 북쪽이다. 떡은 생선의 동쪽에, 갱은 식초접시의 동쪽
에,『가례』합설이면 각각 고비 잔의 동쪽에, 메는 잔반의 서쪽에 올린다. 진설을
마치면 모두 내려와 제자리로 돌아간다.

初獻『家禮』禮『儀節』 主人升詣位前『家禮』北向立(今補) 執事者一人『家禮』
升(今補) 執酒注立于其右 主人奉考盞盤 位前東向立 執事者西向
斟酒于盞 主人奉之奠于故處 次奉妣盞盤東向立 執事者西向斟酒
主人奉之奠于故處『家禮』妣二人以上亦如之 祭酒及亞終獻幷同(今補) 執事
者反注故處『便覽』 主人位前北向立 執事者奉考盞盤 立于主人之左
『家禮』東向 又一人升(今補) 奉妣盞盤 立于主人之右『家禮』西向(今補)
主人跪 執事者亦跪 主人受考盞盤『家禮』 左手執盤『便覽』 右手執盞
『家禮』 少傾『附註』三『便覽』祭于『家禮』地『附註』上 以盞盤授執事者『家禮』
執事者受之興(今補) 反之故處『家禮』 次(今補)受妣盞盤『家禮』 三『便覽』
祭 以盞盤授執事者『家禮』 執事者受之興(今補) 反之故處『家禮』 執事
者皆降復位(今補) 主人俛伏興少退立 執事者『家禮』一人升(今補) 以楪
盛炙肝 加鹽『家禮』 次長不爲亞終獻者(今補)一人『家禮』升(今補) 奉之
奠于匙筯之南『家禮』 進末 合設則于醬北(今補) 啓飯蓋置其『備要』右『集
考』 與執事者(今補)降復位『便覽』 祝『家禮』升(今補)取板立於『家禮』主人之

左東向『叔子』跪『家禮』 主人以下皆跪『儀節』 讀畢興『家禮』 置板『便覽』故
處(今補) 降復位『便覽』 主人俯伏興『儀節』 以下皆興(今補) 主人再拜『家
禮』 列葬則次詣次位前如初亞終獻同(今補) 降復位 執事者『家禮』一人升(今
補) 以他器徹酒『家禮』 洗盞拭盞(今補) 置故處『家禮』一人升 以他器(今
補)徹肝『家禮』 反器故處皆(今補)降復位『便覽』

초헌『가례』례『의절』 주인이 올라가서 신위 앞에 나아가『가례』 북향하여 서고
집사자 한 사람이『가례』 올라가 술 주전자를 잡고 그 우측에 선다. 주인이
고考의 잔반을 받들고 신위 앞에 동향하여 서고 집사자는 서향하여 잔에
술을 따른다. 주인이 그것을 받들어 원래 자리에 올린다. 다음으로 비妣
잔반을 받들어 동향하여 서고 집사자가 서향하여 술을 따른다. 주인이 그
것을 받들어 원래 자리에 올린다.『가례』 비가 두 분 이상이어도 또한 이와 같이 한
다. 쇄주와 아헌, 종헌도 아울러 같다. 집사자가 주전자를 원래 자리에 돌려놓고
『편람』 주인은 신위 앞에 북향하여 선다. 집사자가 고의 잔반을 받들어 주
인의 왼쪽에『가례』 동향하여 서고, 또 한 사람이 올라가 비의 잔반을 받들
어 주인의 오른쪽에『가례』 서향하여 선다. 주인이 꿇어앉으면 집사자 또한
꿇어앉는다. 주인이 고의 잔반을 받아서『가례』 왼손으로 잔 받침대를 잡고
『편람』 오른손으로 잔을 잡아『가례』 조금 기울여『부주』 땅『부주』 위에 세 번『편람』
쇄주하고『가례』 잔반을 집사자에게 준다.『가례』 집사자는 그것을 받고 일어
나 원래 자리에 되돌려놓는다.『가례』 다음으로 비의 잔반을 받아『가례』 세 번
『편람』 쇄주하고 잔반을 집사자에게 주면,『가례』 집사자는 그것을 받고 일어
나 원래 자리에 되돌려놓고『가례』 집사자는 모두 내려와 자리로 돌아간다.
주인은 고개를 숙이고 엎드렸다 일어나 조금 물러나 선다. 집사자『가례』 한
사람이 올라가 접시에 적간炙肝을 담아 소금을 친다.『가례』 다음의 웃어른으
로 아헌이나 종헌을 하지 않을 이 한 사람이『가례』 올라가 그것을 받들어 시

저의 남쪽에『가례』올린다. 올리는 마지막에 합설이면 간장의 북쪽에 올린다. 메의 뚜껑을 열어『비요』그 우측에『집고』두고 집사자와 함께 내려와 제자리로 돌아간다.『편람』축이『가례』올라가 축판을 들고『가례』주인의 왼쪽에서서 동향하여『숙자』꿇어앉는다.『가례』주인 이하는 모두 꿇어앉고『의절』축문 읽기를 마치면 일어서서『가례』축판을 원래 자리에 두고『편람』내려와 제자리로 돌아간다.『편람』주인이 엎드렸다가 일어나고『의절』이하 모두 일어난다. 주인이 두 번 절하고,『가례』나란히 장사 지냈으면 다음 신위 앞에 나아가 같이 한다. 초헌, 아헌, 종헌도 같다. 내려와 자리로 돌아간다. 집사자『가례』한 사람이 올라가 다른 그릇으로 술을 물리고『가례』잔을 씻어서 잔을 닦고 원래 자리에 놓는다.『가례』한 사람이 올라가서 다른 그릇으로 간을 물리고『가례』그릇을 원래 자리에 돌려놓고 모두 내려와 제자리로 돌아간다.『편람』

亞獻『家禮』禮『儀節』 次長爲之 (今補) 亞獻升詣位前『家禮』北向立 (今補) 執事者一人『家禮』升 (今補) 執酒注立于其右 亞獻奉考盞盤 位前東向立 執事者西向斟酒 亞獻奉之奠于故處 次奉妣盞盤東向立 執事者西向斟酒 亞獻奉之奠于故處『家禮』執事者反注故處『便覽』 亞獻位前北向立 執事者奉考盞盤 立于亞獻之左『家禮』東向 又一人升 (今補) 奉妣盞盤 立于亞獻之右『家禮』西向 (今補) 亞獻跪 執事者亦跪 亞獻受考盞盤『家禮』 左手執盤『便覽』 右手執盞『家禮』 少傾『附註』三『便覽』祭于『家禮』地『附註』上 以盞盤授執事者『家禮』 執事者受之興 (今補) 反之故處『家禮』 次 (今補) 受妣盞盤『家禮』 三『便覽』祭 以盞盤授執事者『家禮』 執事者受之興 (今補) 反之故處『家禮』 執事者皆降復位 (今補) 亞獻俛伏興少退立 執事者『家禮』一人升 (今補) 以楪盛炙『家禮』 次長升 (今補) 奉之奠于匕筯之南『家禮』 與執事者 (今補) 降復位『便覽』 亞獻再拜 降復位 執事者『家禮』

고전예서에 근거한 집안제사 해설

一人升(今補) 以他器徹酒『家禮』 洗盞拭盞(今補) 置故處『家禮』 一人升
以他器(今補)徹炙『家禮』反器故處 皆(今補)降復位『便覽』

아헌『가례』례『의절』 다음 웃어른이 아헌을 한다. 아헌이 올라가서 신위 앞
에 나아가『가례』 북향하여 선다. 집사자 한 사람이『가례』 올라가서 술 주전
자를 들고 그 우측에 선다. 아헌이 고考의 잔반을 받들고 신위 앞에 동향
하여 선다. 집사자가 서향하여 술을 따르고 아헌이 그것을 받들어 원래
자리에 올린다. 다음으로 비妣의 잔반을 받들어 동향하여 서고 집사자가
서향하여 술을 따른다. 아헌은 그것을 받들어 원래 자리에 올린다.『가례』
집사자는 주전자를 원래 자리에 되돌려놓는다.『편람』 아헌이 신위 앞에 북
향하여 서고 집사자가 고의 잔반을 받들어 아헌의 왼쪽에 서서『가례』 동향
한다. 또 한 사람이 올라가서 비의 잔반을 받들어 아헌의 오른쪽에 서서
『가례』 서향한다. 아헌이 꿇어앉으면 집사자도 또한 꿇어앉는다. 아헌이
고의 잔반을 받아서『가례』 왼손으로 잔 받침을 잡고『편람』 오른손으로 잔을
잡아『가례』 조금 기울여『부주』 땅『부주』 위에 세 번『편람』 좨주하고『가례』 잔반을
집사자에게 준다.『가례』 집사자는 그것을 받고 일어나서 원래 자리에 되돌
려놓는다.『가례』 다음으로 비의 잔반을 받아서『가례』 세 번『편람』 좨하고 잔반
을 집사자에게 준다.『가례』 집사자는 그것을 받고 일어나서 원래 자리에 되
돌려 놓는다.『가례』 집사자는 모두 내려와 제자리로 돌라간다. 아헌은 고
개를 숙이고 엎드렸다가 일어나 조금 물러나서 선다. 집사자『가례』 한 사
람이 올라가서 접시에 적을 담고『가례』 다음 웃어른이 올라가서 그것을 받
들어 시저의 남쪽에 올리고『가례』 집사자와 함께 내려와 제자리로 간다.『편
람』 아헌이 두 번 절하고 내려와 제자리로 간다. 집사자『가례』 한 사람이 올
라가서 다른 그릇에 술을 물리고『가례』 잔을 씻고 잔을 닦아서 원래 자리에
놓는다.『가례』 한 사람이 올라가서 다른 그릇에 적을 물리고『가례』 그릇을

원래 자리에 되돌려놓는다. 모두 내려와 제자리로 간다.『편람』

終獻『家禮』禮『儀節』 次長爲之(今補) 終獻升詣位前『家禮』 北向立(今補)
執事者一人『家禮』升(今補) 執酒注立于其右 終獻奉考盞盤 位前東向
立 執事者西向斟酒 終獻奉之奠于故處 次奉妣盞盤東向立 執事者
西向斟酒 終獻奉之奠于故處『家禮』 執事者反注故處『便覽』 終獻位前
北向立 執事者奉考盞盤 立于終獻之左『家禮』東向 又一人升(今補) 奉
妣盞盤 立于終獻之右『家禮』西向(今補) 終獻跪 執事者亦跪 終獻受考
盞盤『家禮』 左手執盤『便覽』 右手執盞『家禮』 少傾『附註』三『便覽』祭于『家
禮』地『附註』上 以盞盤授執事者『家禮』 執事者受之興(今補) 反之故處『家
禮』 次(今補)受妣盞盤『家禮』 三『便覽』祭 以盞盤授執事者『家禮』 執事者
受之興(今補) 反之故處『家禮』 執事者皆降復位(今補) 終獻俛伏興少退
立 執事者『家禮』一人升(今補) 以楪盛炙『家禮』 次長升(今補) 奉之奠于
匙筯之南『家禮』 與執事者(今補)降復位『便覽』 終獻再拜 降復位

종헌『가례』례『의절』 다음 웃어른이 종헌을 한다. 종헌이 올라가서 신위 앞
에 나아가『가례』 북향하여 선다. 집사자 한 사람이『가례』 올라가서 술 주전
자를 들고 그 우측에 선다. 종헌이 고의 잔반을 받들고 신위 앞에 동향하
여 선다. 집사자가 서향하여 술을 따르고 종헌이 그것을 받들어 원래 자
리에 올린다. 다음으로 비의 잔반을 받들어 동향하여 서고 집사자가 서향
하여 술을 따른다. 종헌은 그것을 받들어 원래 자리에 올린다.『가례』 집사
자는 주전자를 원래 자리에 되돌려놓는다.『편람』 종헌이 신위 앞에 북향하
여 서고 집사자가 고의 잔반을 받들어 종헌의 왼쪽에 서서『가례』 동향한다.
또 한 사람이 올라가서 비의 잔반을 받들어 종헌의 오른쪽에 서서『가례』 서
향한다. 종헌이 꿇어앉으면 집사자도 또한 꿇어앉는다. 종헌이 고의 잔반

고전예서에 근거한 집안제사 해설

을 받아서『가례』 왼손으로 잔 받침을 잡고『편람』 오른손으로 잔을 잡아서『가례』 조금 기울여『부주』 땅『부주』 위에 세 번『편람』 좨하고『가례』 잔반을 집사자에게 준다.『가례』 집사자는 그것을 받고 일어나서 원래 자리에 되돌려놓는다.『가례』 다음으로 비의 잔반을 받아서『가례』 세 번『편람』 좨하고 잔반을 집사자에게 준다.『가례』 집사자는 그것을 받고 일어나서 원래 자리에 되돌려놓는다.『가례』 집사자는 모두 내려와 제자리로 돌라간다. 종헌은 고개를 숙이고 엎드렸다가 일어나 조금 물러나서 선다. 집사자『가례』 한 사람이 올라가서 접시에 적을 담고『가례』 다음 웃어른이 올라가서 그것을 받들어 시저의 남쪽에 올리고『가례』 집사자와 함께 내려와 제자리로 간다.『편람』 종헌이 두 번 절하고 내려와 제자리로 간다.

侑食　主人『家禮』升（今補）執注　就斟考妣之酒皆滿『家禮』反注故處（今補）　扱匙飯中西柄　正筯『家禮』於楪『輯覽』上西首『南溪』立於香案南再拜　降復位『家禮』肅俟『沙溪』如食間　一食九飯之頃『附註』主人升『便覽』徹羹『要訣』執事者一人升奉（今補）熟水　主人進『要訣』于徹羹處『便覽』以代『要訣』茶『家禮』執事者以羹（今補）先降復位『便覽』

　유식 주인『가례』이 올라가서 주전자를 잡고 나아가 고와 비의 술이 가득하도록 따르고『가례』 주전자를 원래 자리에 되돌려 놓는다. 숟가락을 메 가운데 꽂아 자루가 서쪽으로 가게하고, 시저접시『집람』 위에 젓가락을 바르게 하는데『가례』 머리가 서쪽으로 가게 한다.『남계』 향탁 남쪽에 서서 두 번 절하고 내려와 제자리로 가서『가례』 엄숙하게 기다리는데『사계』 마치 식사 시간과 같다. 한 번의 식사 시간은 아홉 번 밥 먹는 시간이다.『부주』 주인이 올라가서『편람』 갱을 물리고『요결』 집사자 한 사람이 올라가 숭늉을 받들면 주인이 갱을 물린 곳에『편람』 차를『가례』 대신하여『요결』 올린다.『요결』 집사자는 갱을 가지고 먼저 내려와 제자리로 간다.『편람』

飲福『儀節』受胙『家禮』服中 國恤中 不受胙(今補) 執事者『家禮』一人升 橫(今補)設席于香案前 主人就席北面『家禮』立(今補) 祝『家禮』升(今補)詣考前 擧酒盞盤 詣主人之右『家禮』西向『集考』主人跪 祝亦跪 主人受盞盤 祭酒『家禮』少許『儀節』于席前(今補) 啐酒『家禮』少許『儀節』 祝興 執事者取東階匕及盤以授祝(今補) 祝取匙盤 抄取考妣之飯各少許 奉以詣主人之左『家禮』東向『集考』立(今補) 嘏于主人 主人置酒于席前 俛伏興再拜『家禮』 受飯(今補) 跪嘗之實于左袂掛袂于『家禮』右手(今補)季指『家禮』左手(今補)取酒卒飲『家禮』 寫袂中之飯于盤(今補) 執事者『家禮』跪(今補)自右受盞『家禮』 興(今補)置注勿『家禮』 復跪(今補)自左受飯『家禮』 興(今補)置注旁『家禮』 降復位(今補) 主人俛伏興 立於東階西向 祝立於西階東向 告利成『家禮』曰利成『儀節』 降復位 與在位者皆再拜 主人不拜降復位『家禮』 執事者『要訣』一人(今補)升『要訣』 下匕筯『南溪』于楪中『便覽』 合飯蓋 降復位『要訣』

음복『의절』수조『가례』복服을 입는 동안이나 국상 중에는 수조하지 않는다. 집사자『가례』한 사람이 올라가서 향탁 앞에 가로로 자리를 마련한다. 주인이 자리로 나아가 북쪽을 향하여『가례』선다. 축이『가례』올라가서 고의 앞으로 나아가 술이 든 잔반을 들고 주인의 오른쪽으로 가서『가례』서향한다.『집고』주인이 꿇어앉으면 축도 또한 꿇어앉는다. 주인이 잔반을 받아 자리 앞에 조금『의절』좨주하고『가례』술을 조금『의절』맛본다.『가례』축이 일어나고 집사자는 동쪽 계단의 숟가락과 쟁반을 가져다 축에게 준다. 축은 숟가락과 쟁반을 가지고 고와 비의 메를 각각 조금씩 떠가지고 받들어 주인의 왼쪽으로 나아가서『가례』동향하고『집고』서서 주인에게 복을 내린다. 주인이 술을 자

고전예서에 근거한 집안제사 해설

리 앞에 두고 고개를 숙이고 엎드렸다가 일어나 두 번 절한다.『가례』메를 받아 꿇어앉아서 맛보고 왼쪽 소매에 채워서『가례』오른손 새끼손가락에 건다.『가례』왼손으로 술을 잡아 다 마시고『가례』소매 속의 메를 쟁반에 쏟는다. 집사자가『가례』꿇어앉아서 오른쪽에서 잔을 받고『가례』일어나 주전자 옆에 둔다.『가례』다시 꿇어앉아서 왼쪽에서 메를 받고『가례』일어나 주전자 곁에 두고『가례』내려와 제자리로 간다. 주인은 고개를 숙이고 엎드렸다 일어나 동쪽 계단 위에 서서 서향한다. 축은 서쪽 계단에 서서 동향하여 잘 마쳤음을 고하는데,『가례』'이성利成'이라고 말하고『의절』내려와 제자리로 가서, 자리한 사람들과 더불어 모두 두 번 절한다. 주인은 절하지 않고 내려와 다시 제자리에 간다.『가례』집사자『요결』한 사람이 올라가『요결』시저를 접시 안으로『편람』내리고『남계』메 뚜껑을 덮고 내려와 제자리로 간다.『요결』

辭神 主人以下皆再拜『家禮』贊禮進主人之左白(今補)禮畢『儀節』祝行於齋舍則(今補)焚紙牌『儀節』揭祝文焚之『家禮』執事者(今補)徹饌『開元』酒之在盞注佗器中者皆入于瓶緘封之『家禮』族有司監之(今補) 乃祭后土『家禮』別有儀 乃就齋舍(今補)餕『家禮』別有儀(今補) 滌祭器而藏之『家禮』

　사신 주인 이하는 모두 두 번 절한다.『가례』찬례가 주인의 왼쪽으로 나아가 제례를 마쳤음을 아뢴다.『의절』축은 재사에서 지내면 지방을 사른다.『의절』축문을 들어 불사른다.『가례』집사자는 음식을 물리고『개원』잔, 주전자와 다른 그릇에 있는 술은 모두 병에 넣어 봉하는데『가례』족유사가 그것을 살핀다. 곧 토지신에게 제사 지내는데『가례』따로 의식이 있다. 이에 재사로 나아가 준餕하는데『가례』별도의 의식이 있다. 제기를 씻어 보관한다.『가례』

[祝文式]

維[叔子]歲次干支幾月干支朔幾日干支[儀節]
五代六代以上隨稱或[今補]遠孫[叔子]某官[便覽]無官只
云某[今補]某[叔子]代行則云有故未得將事[屏溪]代某官某
若異行則云幾代孫某官某[今補]敢昭告于[叔子]
五代祖六代以上隨稱[今補]或始祖[便覽]先祖[叔子]代行則以
代行者屬稱[今補]考[家禮]某官府君[儀節]
五代祖[今補]妣[家禮]某封某氏[儀節]單葬則單書[今補]
之墓[家禮]行於齋舍則無此二字[今補]今以[叔子]草木
歸根之時[便覽]追惟報本禮不敢忘[叔子]瞻掃
封塋不勝感慕謹以[家禮]清酌庶羞[叔子]祗薦歲
事[家禮]尚
饗[叔子]

[축문식]

유세차 아무 년, 아무 월, 아무 일에 오대 육대 이상은 따라서 일컫는다. 혹은 먼 손孫. 아무 벼슬 벼슬이 없으면 다만 아무개라고 이른다. 아무개가 대신하여 지내면 '까닭이 있어 제사를 받들기 적합하지 못하여 대신 아무 벼슬 아무개가'라고 이른다. 만약 항렬이 다르면 '몇 대손, 아무 벼슬, 아무개가'라고 이른다. 오대조 육대 이상은 따라서 일컫고. 혹은 '시조', '선조'. 대신 지내면 대행하는 사람의 속칭을 쓴다. 아무 벼슬 할아버지와 아무 봉작 아무 씨 할머니의 한 분만 묻었으면 한 분만 쓴다. 묘에 재사에서 지내면 '之墓(지묘)' 이 두 글자가 없다. 감히 밝혀 고합니다. 이제 초목이 뿌리로 돌아가는 때에 추모하며 생각하니, 조상님께 보답해야 함을 도리로 감히 잊을 수 없습니다. 무덤을 우러러 뵙고 소제하매, 흠모하는 느낌을 이기지 못하겠습니다. 삼가 맑은 술과 여러 가지 음식으로, 경건히

고전예서에 근거한 집안제사 해설

세사를 올리오니 부디 흠향하소서.

[嘏辭式]
祖考命工祝承致多福于汝孝孫來汝孝孫
使汝受祿于天宜稼于田眉壽永年勿替
引之[家禮]妣位單葬則云祖妣[今補]

[設位降神告辭式]
今以[叔子]孟冬之月有事于
先祖考[家禮]或始祖幾代祖某官府君[儀節]
先祖妣[家禮]某封某氏[儀節]之墓適值有雨
就行于齋舍[今補]敢請
尊靈[家禮]降居神位[叔子]恭伸奠獻[家禮]

[하사식]

할아버지께서 공축으로 하여금 너 효손에게 많은 복을 받아 보내게 분부하셨다. 너 효손에게 내려주노라. 너로 하여금 하늘로부터 녹을 받고, 밭에서는 곡식이 순조롭게 하며, 눈썹이 세도록 오래 삶을 누리게 하고, 자자손손 쇠함 없이 이어가게 하노라! 비위妣位 한 분만 묻었으면 조비祖妣라 이른다.

[설위강신고사식]

이제 시월에 선조 혹 시조, 몇 대조 아무 벼슬 할아버지와 선조 아무 봉작 아무 씨 할머니의 묘에 제사가 있사온데, 마침 비를 만나 곧 재사에서 거행하고자 하므로, 존령께서는 신위에 내려와 자리하시기를 감히 청하여 공손히 제사를 올리려 합니다.

■ 祭后土儀 제후토의

墓祭徹　遂祭后土『家禮』 若是一山之內則諸位祭畢　行於最尊位之墓左『沙溪』
墓一獻無祝則后土同

　　묘제를 물리고 토지신에게 제사를 올린다.『가례』만약 묘제가 같은 산 안이면
모든 묘에 제사를 마치고 가장 높은 조상의 묘 왼쪽에 지낸다.『사계』묘제가 단헌에 축문
이 없으면 후토제도 같다.

主人帥執事者　就（今補）除地處『備要』雨則於近祭處（今補）　布席『家禮』新潔席
『便覽』　爲位南向（今補）　設魚肉米麪食四大盤『家禮』或與墓前一樣『大全』于
席之南端　盞盤筯楪于其北『家禮』　酒注酹酒盞盤徹酒器潔盆拭巾盥盆
帨巾『便覽』于東南（今補）　拜席『便覽』于前　又布序立席于其前　洗盞各置
其處（今補）　不設匙『要訣』爐盒『便覽』　主人以下序立『儀節』北向西上（今補）
主人及『便覽』亞終獻（今補）祝執事者『便覽』盥洗『儀節』

　　주인이 집사자를 이끌고 땅을 치운 곳에 나아가『비요』비가 오면 제사 지낸 곳
가까이에 자리를 펴고『가례』새로운 깨끗한 자리『편람』신위가 남쪽을 향하게 한다.
생선, 고기, 떡, 면식의 네 개의 큰 쟁반을『가례』혹은 묘소 앞과 같은 모양으로『대
전』자리의 남쪽 끝에, 잔반과 젓가락 접시를 그 북쪽에,『가례』술주전자, 뇌
주용 잔과 받침, 퇴주 그릇, 설거지 그릇, 행주, 세숫대야와 수건을『편람』동
남쪽에, 절하는 자리(배석)를『편람』앞에 차린다. 또 차례대로 서는 자리를 그
앞에 편다. 잔을 씻어 각각 그 곳에 둔다. 숟가락,『요결』향로와 향합은『편람』
차리지 않는다. 주인 이하 차례대로 서쪽을 상석으로 해서 북쪽을 향하여
선다.『의절』주인과『편람』아헌, 종헌, 축, 집사자는『편람』손을 씻는다.『의절』

降神『家禮』 主人詣位(今補)前跪『儀節』 執事者一人取注 進主人之右西
向跪 一人取酹酒盞盤 進主人之左東向跪 主人受注斟酒 反注取盞
左執盤 右執盞(今補) 酹酒『儀節』於地『便覽』反盞盤執事者皆興 反注及
盞盤於故處 退復位(今補) 主人俯伏興復位『儀節』

　강신『가례』 주인이 신위 앞에 나아가 꿇어앉으면『의절』 집사자 한 사람이
주전자를 들고 주인의 오른쪽으로 가서 서쪽을 향하여 꿇어앉는다. 한 사
람이 뇌주용 잔과 받침을 들고 주인의 왼쪽으로 가서 동쪽을 향하여 꿇어
앉는다. 주인이 주전자를 받아 술을 따르고 주전자를 되돌려주고 잔을 받
는다. 왼손으로 받침을 잡고 오른손으로 잔을 잡아 땅에『편람』 붓고(뇌주酹
酒)『의절』 잔과 받침을 집사자에게 돌려주고 모두 일어난다. 주전자와 잔과
받침을 원래 자리에 되돌려 놓고 물러나 제자리로 돌아간다. 주인은 엎드
렸다가 일어나 제자리로 돌아간다.『의절』

參神『家禮』 主人以下皆(今補)再拜『儀節』

　참신『가례』 주인 이하 모두 두 번 절한다.『의절』

初獻『家禮』 主人詣位前 奉盞盤東向立 執事者進執注 西向斟酒 主
人奠于故處 執事者反注故處 主人北向立 執事者正筯於楪上 退復
位 祝執板東向(今補)跪主人之左『儀節』 主人以下皆(今補)跪 讀祝『儀節』
畢 興置板故處 退復位 主人以下皆興 主人再拜 退復位 執事者進
(今補)徹酒『便覽』洗盞置故處 退復位(今補)

　초헌『가례』 주인이 신위 앞에 나아가 잔과 받침을 받들어 동쪽을 향하여
서고 집사자가 나아가 주전자를 잡고 서쪽을 향하여 술을 따른다. 주인이
원래 자리에 올리고 집사자는 주전자를 원래 자리에 돌려놓는다. 주인은

북쪽을 향하여 서고 집사자는 젓가락을 접시 위에 바르게 놓고 물러나 제자리로 간다. 축이 축판을 잡고 동쪽을 향하여 주인의 왼쪽에 꿇어앉고『의절』주인 이하 모두 꿇어앉는다. 축 읽기를『의절』마치면 일어나 축판을 원래 자리에 두고 물러나 제자리로 간다. 주인 이하는 모두 일어나고 주인은 두 번 절하고 물러나 제자리로 간다. 집사자가 나아가 술을 물리고『편람』잔을 씻어 원래 자리에 놓고 물러나 제자리로 간다.

亞獻『家禮』亞獻詣位前　奉盞盤東向立　執事者進執注　西向斟酒　亞獻奠于故處　執事者反注故處　退復位　亞獻北向再拜　退復位　執事者進(今補)徹酒『便覽』洗盞置故處　退復位(今補)

　아헌『가례』아헌이 신위 앞에 나아가 잔과 받침을 받들어 동향하여 서고 집사자가 나가서 주전자를 잡고 서쪽을 향하여 술을 따른다. 아헌이 원래 자리에 올리고 집사자는 주전자를 원래 자리에 돌려놓고 물러나 제자리로 간다. 아헌은 북쪽을 향하여 두 번 절하고 물러나 제자리로 간다. 집사자가 나가서 술을 물리고『편람』잔을 씻어 원래 자리에 놓고 물러나 제자리로 간다.

終獻『家禮』終獻詣位前　奉盞盤東向立　執事者進執注　西向斟酒　終獻奠于故處　執事者反注故處　退復位　終獻北向再拜　退復位　無侑食　小間　執事者進下筯于楪中　退復位(今補)

　종헌『가례』종헌이 신위 앞에 나아가 잔과 받침을 받들어 동쪽을 향하여 서고 집사자는 나아가 주전자를 잡고 서쪽을 향하여 술을 따른다. 종헌이 원래 자리에 올리고 집사자는 주전자를 원래 자리에 돌려놓고 물러나 제자리로 간다. 종헌이 북쪽을 향하여 두 번 절하고 물러나 제자리로 간다. 유식이 없고 잠시 후 집사자가 나아가 젓가락을 접시 가운데로 내리고 물러나 제자리로 간다.

辭神『家禮』主人以下皆(今補)再拜 焚祝文 禮畢『儀節』乃徹而退『家禮』

사신『가례』주인 이하 모두 두 번 절한다. 축문을 사르고 예를 마치면『의절』철상하고 물러난다.『가례』

饗[家禮]
神休敢以酒饌敬伸奠獻尚
葬不列書[今補]之墓維時保佑實賴
卑幼去府君二字[便覽]同原以最尊位書之[慎獨]合
[便覽]歲事于某親某官府君[家禮]或某封某氏
土地[儀節]之神某恭修[家禮]妻弟以下去恭字
官姓名敢昭告于[家禮]
維歲次干支幾月干支朔幾日干支[便覽]某
[祝文式]

[축문식]

아무 년, 아무 월, 아무 일에 아무 벼슬하는 아무개는 토지의 신께 감히 소상히 아룁니다. 아무개가 공손히 아내와 아우 이하는 '恭(공)' 자를 뺀다. 某親某官府君(모친모관부군)의 또는 某封某氏(모봉모씨), 항렬이 낮거나 어리면 '府君(부군)' 두 글자를 뺀다. 같은 언덕이면 가장 높은 묘위를 쓴다. 합장은 나란히 쓰지 않는다. 묘에 세사를 지냈습니다. 때를 맞추어 생각하건대 보살펴 도와주심은 진실로 신의 넉넉함에 힘입었기에 감히 술과 음식으로 경건히 제사를 펼치오니 흠향하소서.

豊年多黍多稌
亦有高廩　萬億及秭
爲酒爲醴　烝畀祖妣
以洽百禮　降福孔皆

풍년 들어 기장도 많고 벼도 잘되어

높은 곳간에 한없이 많이 쌓여 있네.

술을 빚고 단술을 걸러 조상님께 바치며

이처럼 모든 예를 갖추니 복을 두루 내리시리라.

〈시경〉

　　　　　　　　　　고전예서에 근거한 집안제사 해설